Weltmeister
Henry Maske in seiner
BILD-Serie »Schlag
auf Schlag«

»*Ein wahnsinniges Glücksgefühl erfaßte mich, als plötzlich die Stimme von Max Schmeling aus dem Lautsprecher drang. Schmeling gratulierte mir über eine Tonbandaufnahme, sagte:*

›Lieber Henry Maske!
Nun sind Sie Weltmeister geworden. Weltmeister sein ist eine große Verpflichtung. Und ich persönlich freue mich wahnsinnig darüber, daß Sie es geworden sind. Denn niemandem hätte ich es mehr gewünscht als Ihnen, diesen großen Titel zu besitzen. Noch mehr würde ich mich freuen, wenn Sie von den vier derzeitigen Weltmeistern in Ihrer Gewichtsklasse der einzige wären. An dieser Stelle darf ich mich auch gern an Ihren Besuch bei mir in Hollenstedt erinnern. Ich hoffe, daß Sie diesen Besuch recht bald wiederholen. Oder ich werde Sie bald einmal in Frankfurt/Oder besuchen. Alles Gute, mein lieber Henry Maske, und bleiben Sie gesund.‹

Wenn so eine Legende mit 87 Jahren mir eine solche Achtung entgegenbringt, dann darf man stolz sein ...«

Klaus Weise

HENRY MASKE AUF EIGENE FAUST

Der Weg zum Champion

SPORTVERLAG BERLIN

Inhalt

Live-Kommentar von
Werner Schneyder

VORBEMERKUNG

Die Abschrift des Originaltons ist an einigen Stellen gekürzt, da manche Bemerkungen ohne Bild nicht verständlich sind und da auch manche Passagen in der Hallenatmosphäre untergegangen sind. Dennoch meinen wir, daß der Text die Geschichte des Kampfes, in dem Henry Maske Weltmeister wurde, noch einmal erzählt.

Guten Abend, Boxfreunde, Boxskeptiker und Boxgegner. Es steht uns eine interessante Sache bevor. Ein deutscher Boxer kämpft um die Weltmeisterschaft im Halbschwergewicht. Eine Persönlichkeit, die in der letzten Woche nahezu alle Intelligenzblätter veranlaßt hat, sich ausführlich mit ihr zu befassen. Ein Athlet, der die Absurdität, Boxen als Hauptberuf zu betreiben, durchaus begreift und formulieren kann. Ein Mann, dessen Image in die Boxszene nicht wirklich hineinpaßt, und die er weitestgehend ablehnt, jedenfalls eine gewisse Boxszene. Ich werde heute sicher große Schwierigkeiten haben, diesen Kampf objektiv zu kommentieren, da ich den Typ Maske sehr mag.

Ich wünsche Ihnen und mir einen interessanten Boxkampf!

15	M. Männ	Hentschel	Ch. Hentschel
14	Gläser	Fechner	Drodowsky
13	D. Klaus	Wennicke	Gottschlag
12	Giessmann	H. Schmidt	F. Burdag
11	W. Scheibe	Werner	Kurth
10	S. Schmidt	Steussloff	Hauptmann
9	W. Engfer	Fruschki	DEFEKT
8	Fröhlich	Dr. Weiss	B. Böhme
7	Königsmann	M. Fröhlich	Ostermann
6	Monika Sohn	Naroska	J. Hoyer
5	Gaasch	Kretzschmar	Schulte-Rentrop
4	Vetterle	S. Banduhn	R. Lehmann
3	H. Beier	Reder	H. J. Kuhn
2	S. Decker	Eisermann	D. Höntzsch
1	Thiel/Edelmann	Thielemann	Kammradt

I. Runde
Geradeaus mit Umwegen

20. März 1993, Düsseldorf. 7000 Zuschauer in der Philipshalle schreien »Henry, Henry«. Deutschland hat wieder einen Profibox-Weltmeister. Einen, den man herzeigen kann. Einen würdigen Nachfolger des großen Max Schmeling, der den Mann, der aus dem Osten kam, mit würdigem Respekt zum »Glücksfall« für den jahrelang geschmähten und auch von ihm selbst gemiedenen Sport erhebt. Henry Maske, einst Vorzeige-Sportler der DDR, Europa- und Weltmeister, Weltcupgewinner und Olympiasieger bei den Amateuren, hat die mitternächtliche Geisterstunde am Rhein in eine Sternstunde für das deutsche Berufsboxen verwandelt. Charles Williams, den sie »Prince« nennen, wird in 12 Runden von dem einstigen NVA-Offizier aus Frankfurt (Oder) mit Leidenschaft, Kraft und Geist ausgeboxt – und ins Fußvolk der Faustkampfgilde zurückbeordert.

Henry Maske in der blauen Hose, ein Rechtsausleger. Er ist Distanzboxer, ein Rechner, der im Ring die Taktik umstellen kann, wenn er sieht, daß er schlecht eingestellt ist.

Charles Williams, ein Schläger, ein Knock-Outer. Er muß in die Halbdistanz. Das Problem für den Rechtsausleger ist, wegzukommen vom schlagenden Mann, ihn rechts abzufangen, ihn auf Distanz zu halten und immer wieder einmal die linke Schlaghand ins Ziel zu bringen.

Charles Williams deutet seine Gefährlichkeit an. Er boxt wie ein Herausforderer, er macht den Kampf. Das war zu erwarten.

Henry Maske ist ein Mann mit einer sensationellen Kondition. Seine Betreuer werden ihm sicherlich gesagt haben, daß der Amerikaner größte Gewichtsprobleme hatte. Er kam heute mit Übergewicht auf die Waage, mußte noch einmal abkochen – da gibt es verschiedene Methoden –, bis er schließlich das Gewicht haarscharf brachte. So was kann ermüden, wenn der Kampf lange dauert.

Eine gute Linke von Maske. – Er landet einen linken Haken. Ja, er muß die Rechte fliegen lassen. Er muß immer wieder die störende Rechte ins Ziel bringen. Jetzt hat er es einmal übersehen.

Henry Maske heißt der neue Champion der International Boxing Federation, eines der vier großen Profiverbände, des reputiertesten, wie Insider meinen.

Der »Prince« ist tot, es lebe der König! Noch zeigt sich die sogenannte »Box-Szene«, jenes im Habitus so unübersehbare Milieu zwischen Halb- und Unterwelt, reserviert bis ablehnend.

Doch Maske rekrutiert seine ständig wachsende Fan-Schar gerade aus jenen, die sich bis dato den Profibox-Ringen fernhielten. Er wird der Sympathieträger für den »einfachen Mann«, für Otto Normalverbraucher. 1993 – das Jahr des unaufhaltsamen Aufstiegs eines Stilisten, der das Fechten mit den Fäusten simplen Hau-drauf-Schlachten, bei denen die Menge vergossenen Blutes als Qualitäts-Marge gilt, vorzieht.

Als sich Henry Maske in Düsseldorf erschöpft nach 12 Runden engagierter Berufsausübung feiern läßt, ist er angekommen an einem Ziel, das er drei Jahre zuvor beim Wechsel zu den Profis still für sich behielt: Weltmeister! Als er es nach einem Jahr formulierte, da prophezeiten ihm die Alteingesessenen: Such dir kleinere Berge aus, diesen Gipfel schaffst du nicht, da geht dir vorher die Luft aus. Doch Gipfel waren schon immer ein besonderer Reiz für den ehrgeizigen Athleten, der sich nie daran gewöhnen konnte, auch mal zu verlieren. »Ich habe dieses Gefühl in meiner Laufbahn kennengelernt, ich kann darauf verzichten, es aufzufrischen«, sagt der vom Drang zur Perfektion angetriebene Champion.

Gipfel muß man besteigen, oder man muß sich begnügen mit der eigenen Unzulänglichkeit, dem inneren »Schweinehund« nachgegeben, nicht alles versucht zu haben. Henry Maske ist nie stehengeblieben, er ist stets weitergegangen. Auch wenn die Beine schwer wurden, die Muskeln schlaff, die Luft knapp. Auch wenn der Gipfel mal im brennenden Schweiß, der in die Augen rann, verschwamm, die Füße abrutschten und die Hände gierig Halt suchten. Geradeaus, mit Umwegen zwar, aber immer geradeaus. Das war, das ist die Selbstbestimmung des Henry Maske. Der »Gentleman«, dem heute die gesamte Box-Fachwelt huldigt, hat nicht vergessen, wo, wann und wie er losgelaufen ist. Geburt, Kindheit, Jugend – das läßt sich bei ihm in drei Ortsnamen fassen, in drei Provinzstädtchen im Brandenburgischen, die mit wenig mehr als ihrer Gewöhnlichkeit protzen können.

Am 6. Januar 1964 kam Maske in Treuenbrietzen zur Welt, im Sternzeichen des »Steinbock« mithin, dem Astrologen besondere Energie, Zähigkeit und Ausdauer, aber auch Gefühl nachsagen. Sein Aufenthalt in dem kleinen 6000-Einwohner-Ort, der Ende des 13. Jahrhunderts Stadtrecht und damit exakt 1296 die Erlaubnis

zum Mauerbau erhielt, war allerdings nur von überaus kurzer Dauer, weil allein dem Zwecke der Geburt geschuldet. Henry Maskes Eltern nämlich lebten in der wenige Kilometer entfernten Kreisstadt Jüterbog, die indes über keine Entbindungsstation verfügte. So gab es in aller Regel in jenen Jahren keine neugeborenen »Jüterboger«, zumindest nicht in offiziellen Amtsdokumenten. Der als Boxer zu Weltruhm gelangte Maske wird damit von jeher durch Journalisten jeder Couleur als Treuenbrietzener präsentiert. Was die einen wegen des erheblichen Werbewertes erfreut, die anderen, die die Berühmtheit immerhin fast acht Jahre beherbergten, aber um so mehr ärgert. Treuenbrietzen also sah Klein-Henry, der in der Geburtenstation des damaligen Kreiskrankenhauses, das seit dem 1. Januar 1994 vom Johanniter-Orden betrieben wird, seine ersten Schreie tat, nur Stunden und Tage. Ironie des Schicksals: Der Fall kann sich schwerlich wiederholen, denn heute werden dort keine Kinder mehr zur Welt gebracht, weil wegen rückläufiger Geburtenzahlen Kliniken in Wittenberg und Belzig das schöne Werk vollenden. Für Jüterbog hat sich dennoch nichts gebessert. Käme Henry Maske heute auf die Welt, dann wäre er aller Voraussicht nach ein Luckenwalder.

Jüterbog, das war die Kindheit für Henry, bis Familie Maske Ende 1971 nach Ludwigsfelde zog. Eine Stadt, deren Mittelalter-Ambiente mit Toren, Stadtmauer, Kirchen, Rathaus, Kloster den Atem der Historie durch die krummwinkligen, graubraun-tristen Gassen weht. Ablaß-Mönch Tetzel war 1517 hier und zwei Jahre später Tho-

My home is my castle: Jüterbog, Werderscher Weg 13. Familie Maske wohnte im 1. Stock.

mas Müntzer. Wallenstein gab seine Aufwartung, und 1756 sicherte Preußen-König Friedrich II. Jüterbog als Ausgangsort des 7jährigen Krieges einen zweifelhaften Platz in den Geschichtsbüchern. »Hier ballte sich Militär, wurde deutsche Geschichte geplant und vorbereitet«, liest man im städtischen Mitteilungsblatt. 1860 wurde Jüterbog preußische Garnison, 1935 kündete das neuangelegte Forst Zinna unter dem Namen Adolf-Hitler-Lager vom bevorstehenden Unheil. Das Ende des Krieges bedeutete den Einzug der Russen, ein Gutteil der Stadt ist heute sanierungsbedürftige Hinterlassenschaft.

Henry Maske ist mit Uniformen aufgewachsen. Der Vater war erst Polizist, später Zivilgestellter der DDR-Armee. Alltag in Jüterbog, später in Ludwigsfelde und Frankfurt (Oder). Im Januar 1945 waren Maskes Mutter, damals fünf Jahre alt, und Großmutter Martha – sie hatte mit Altersweisheit schon nach Henrys allerersten Versuchen verkündet: »Der Junge wird mal ein großer Boxer« – mit dem Flüchtlingstreck aus Ostpreußen in die Wald- und Hügellandschaft des Fläming gekommen. Die war entstellt, verzerrt, zerstört. Die schmutzige Fratze des Krieges zeigte sich überall – Heimat wurde nun da, wo man Aufnahme fand. Henrys Mutter lernte Dietrich Maske kennen, man heiratete, die Familie wuchs. Im Juni 1959 wurde Henrys Schwester Martina, im Februar 1961 Bruder Peter geboren – und drei Jahre später die Familie mit dem Jüngsten komplettiert. Zusammenhalt und Sinn für Gemeinsamkeit waren Lebensorder. Das prägte. Mutter Hannelore, die eigene Kindheit als traumatische Erfahrung nie vergessend, und Vater Dietrich gaben Wärme und Geradlinigkeit weiter. Charakterschulung für den Filius im Hause Maske: »Wer A sagt, muß auch B sagen.« Für Henry sind die elterlichen Vorgaben zur eigenen Maxime geworden. Seine Kindheit war so normal, so aufregend, so geheimnisvoll-spannend, so behütet und gewöhnlich wie die Tausender anderer Jungen und Mädchen in seiner Stadt und in seinem Land. Er wuchs zu Hause auf, mit Hühnern, Karnickel, einem Stückchen Garten, den üblichen Jungenstreichen mit den Kumpels aus der Siedlung. Es folgte ein Jahr Kindergarten, dann die Einschulung.

Gertrud Hönicke, seine Klassenlehrerin, kann sich deshalb gut erinnern, weil es ihre erste Klasse überhaupt war: »Eine muntere Truppe mit 27 Schülern, und Henry war einer der lebhaftesten.« Weniger im Unterricht, sagt sie, wo er sich unauffällig in die hinteren Bankreihen zurückgezogen hatte. »In den Pausen aber, da gehörte er immer zum aktiven Kern. Wenn ich ihn jetzt beim Kampf so schwitzen sehe, dann drängt sich mir das Bild des siebenjährigen Henry auf dem Schulhof auf.« In Mathe sei er

gut gewesen, im Sport natürlich auch. Doch mit den »feinmotorischen Dingen« wie Heftführung, da habe er seine Probleme gehabt. Bewegungsdrang und Konzentration aufs »Schönschreiben« rieben sich eben manchmal.

Jörg Krähe, heute in Jüterbog erfolgreicher Jungunternehmer in Sachen Computer und damals Schulkamerad Henry Maskes, weiß von guten oder schlechten Noten nichts, aber von manchem »Abenteuer« um so mehr. Mit einem dritten Jungen aus der Umgebung, der heute Kripo-Chef von Jüterbog ist, habe man die Gegend einigermaßen unsicher gemacht. Ein Klassentreffen, das erste nach einem Vierteljahrhundert, soll es noch 1995 geben – ob der Weltmeister die Reise in die Vergangenheit antritt?

Seinen Bewegungsdrang, dem in der Schule nur unzureichend entsprochen wurde, konnte Henry nur ein paar Meter entfernt stillen. Schräg über die Straße, genau diagonal zu der Geschwister-Scholl-Schule, da hallten jeden Tag aus dem »Haus des Sports« Geräusche mit magischer Anziehungskraft. Springende Bälle, fallendes Eisen, trommelnde Fäuste. Schulkamerad Randolph Flaig, später auch ein passabler Boxer beim ASK Vorwärts in Frankfurt (Oder), schleppte den

gerade mal Sechsjährigen mit zum Training und zu Übungsleiter Waldemar Franke. »Die beiden sind uns ganz schön auf den Senkel gegangen«, beschreibt der die ersten boxerischen Gehversuche des heutigen Champions im früheren »Bürgergarten«, einer Gaststätte mit Saal, der einst Henrys Mutter und Oma als Flüchtlinge aufgenommen hatte.

Wettkämpfe sind erst ab zehn Jahre erlaubt, es war also noch ein langer Weg, bis Henry endlich durfte, was er sofort wollte. »Die Handschuhe reichten ihm bis an die Ellenbogen, und beim Training haben er und sein Kumpel mehr gestört als genutzt.« Weggeschickt hat ihn Franke nicht, »wir haben ihn ins Vor-TZ (TZ – Trainingszentrum, d.A.) gesteckt, wo er sich ein bißchen austoben konnte«. Zweimal in der Wo-

Charles Williams ist in Amerika kein Superstar, aber daran ist vielleicht nicht er selbst schuld. Die großen Kämpfe hat er nicht gemacht. Die amerikanische Fachzeitschrift »The Ring« hat kürzlich sechs Boxer vorgestellt, die nicht so »gut« sind, wie sie eigentlich sein müßten, und da gehört er dazu. Eine wahnsinnig lebendige 1. Runde. Noch 40 Sekunden. Sehr beweglich Maske.

Energische Kommandos vom Ringrichter, das ist gut so. Gut ausgetanzt. Gut weggekommen, und nach dem Side-Step sofort geschlagen. Das ist Schule. Und wieder zwei Treffer. Der Gong ist da, die 1. Runde zumindest offen.

Fünfmal Maske: Ein Hausbuch kann ein wertvolles Dokument der Zeitgeschichte werden, wenn einer der fein säuberlich Eingetragenen zu Weltruhm gelangt. Henry, hier als letzter notiert, wird später der Erste im Boxring.

Abc-Schütze Henry Maske (hinterste Reihe, 3. von links). Rechts Lehrerin Gertrud Hönicke. (Seite 14/15)

17

che wurde Henry geduldet, 20 bis 30 Neue pro Jahr ließen für besondere Aufmerksamkeit und Zuwendung kaum Raum.

Als man sich später, Maske war längst ein Großer des Metiers, wiederbegegnete, fragte der Boxer seinen allerersten Übungsleiter: »Sie haben mich wohl sehr schnell vergessen, kennen mich gar nicht mehr?« In der Tat brachte sich Henry Maske bei Franke erst wieder in Erinnerung, als er 1977 in Leipzig für die BSG Motor Ludwigsfelde DDR-Spartakiadesieger, und daraufhin vom Potsdamer Bezirkstrainer Franke zum ASK nach Frankfurt (Oder) delegiert wurde. Heute übrigens, und da schließt sich ein seltsamer Kreis, ist Waldemar Franke Streetworker – in Treuenbrietzen. Dort herrscht in der rechten Szene teilweise »Faustrecht«, aber auf andere Weise, als es der berühmteste Treuenbrietzener – Henry Maske eben – verkörpert. Der wohnte seit November 1971 in Ludwigsfelde – und wurde dort endgültig zum Boxer. Schuld daran ist Hans Hörnlein, ein Boxverrückter, Trainer bei der BSG Motor. Einer jener, die nie im Scheinwerferlicht großen öffentlichen Interesses stehen werden, aber ohne die es keine Maskes geben würde. Die, von welchem Antrieb auch immer beseelt, nach der Arbeit Stunden um Stunden in tristen Schulturnhallen Kommandos geben, Witze reißen, Tränen trocknen, Jungs bei Laune halten. Die Konzepte schreiben, auf Straßen Muskelschau halten, hungrige Augen suchen – alles, um den oder die zu finden, aus denen etwas werden könnte. Hörnlein ist einer, der dafür ein Gespür hat. Der Mühe investiert, auch wenn sein Schützling nicht viel mehr als ein vages Zukunftsversprechen ist. Henry Maske hat bis heute Verbindung zu ihm, ist Ehrenmitglied seines früheren Heimatvereins, den er auch finanziell mit Spenden für die Nachwuchsarbeit unterstützt hat. »Ein guter Mann, der uns mit viel Gefühl begeistern und motivieren konnte, das Boxerische in den Vordergrund stellte, die blanke Keilerei regelrecht verabscheute«, lobt der Weltmeister seinen alten Box-Lehrer.

Hörnlein hielt den ungeduldigen Jungen auch bei der Stange, als dem das Warten auf den ersten Kampf schier endlos schien und die Lust am Training verhagelte. Der Ludwigsfelder Trainer hat im übrigen nicht nur Maske herausgebracht, sondern zum Beispiel auch den dunkelhäutigen René Ryl, der von Ludwigsfelde zum TSC Berlin ging, Vizeeuropameister wurde und sich auch mal, allerdings erfolglos, als Profi probierte. Daß Ryl nicht wie Henry Maske beim Armeesportklub in Frankfurt (Oder) landete, hatte Gründe. »Ein Farbiger in Armeekleidung, das ging nicht. Deshalb wurde René abgelehnt«, ist vom damaligen ASK-Cheftrainer Heinz Heine zu erfahren. Auch Maske hätte die Kinder- und Jugendsportschule, diese wichtige erste Stufe des sportlichen Aufstiegs, um ein Haar nie von innen gesehen. »Henry war ein unscheinbarer Bursche, der kaum auffiel, nur durch seinen unheimlichen Ehrgeiz aus der Reihe tanzte«, spult Hans Hörnlein den Film seiner Erinnerungen fast zwanzig Jahre zurück. So etwas, sagt der 57jährige, sei aber oft mehr wert als ein Riesen-Talent, dem der Eifer, seine Anlagen zu pflegen, abgeht.

Wie sein Jüterboger Kollege Franke weiß Hörnlein von Henrys nervender Ungeduld zu berichten, die im November 1973 endlich gestillt werden konnte. Der noch Neunjährige

bestand das »Vorboxen« und durfte von nun an endlich in den Ring, um sich und den anderen zu beweisen, was er draufhatte. Seine beiden ersten Kämpfe gewann er – vom Aufhören war nie wieder die Rede.

Hans Hörnlein, Schlosser-Kollege von Maskes Vater im Instandsetzungswerk, hatte ganze Arbeit geleistet – als Ludwigsfelder verlor Henry keinen Kampf. »Er war noch lange nicht ausgereift, aber seine Reaktionsfähigkeit bereits übernormal«, sagt der Trainer über die Anfängerjahre. Trainiert wurde damals in einer schmucklosen Schulturnhalle im Neubaugebiet, und der Ring, das Objekt der Begierde des boxhungrigen Ehrgeizlings, mußte vor jeder Übungsstunde erst mal auf- und danach wieder abgebaut werden. »Henry hat schon damals versucht, den Schlag des Gegners nicht zu bekommen, aber dafür selbst zu treffen. Er hat gerechnet und überlegt. Allerdings mußte ich ihm hin und wieder mal eine verpassen, damit er nicht zu passiv wird.« Ein wirksames Rezept, das Hörnlein und Maske-Vater Dietrich als pädagogisches Duett erfolgsträchtig umsetzten. »Es ist alles eine Frage der Zeit und der Entwicklung«, bilanziert Henry in seiner Rückschau. »Da ist der erste Wettkampf, dann freust du dich auf den zweiten und willst gewinnen. Irgendwann wirst du Meister einer kleinen Region, und das willst du einfach wieder schaffen. So entwickelst du halt deinen Anspruch.«

1976 wurde er Bezirksmeister, im Juli 1977 in Leipzig schließlich als 13jähriger DDR-Spartakiadesieger in seiner Altersklasse. Ein Champion en miniature. Der Beste eines ganzen Landes. Dreimal stieg der »lange Dürre« in den Ring, dreimal gewann er souverän, und als Lohn gab's die ersten eigenen Boxstiefel. »Das war ein ganz tolles Erlebnis, so etwas wie Klein-Olympia für die Jugend«, erinnert sich Maske. An die Eltern schickte er nach dem Sieg ein begeistertes Telegramm, das er bis heute aufgehoben hat. Und der Erfolg trieb seinen Ehrgeiz weiter an.

»Im Grunde hat er schon so geboxt wie heute. Beweglich, auf Konter angelegt, psychisch stark«, resümiert Hans Hörnlein den Leipziger Triumph, bei dem er in der Ringecke sekundierte. »Der war super konzentriert, ließ sich einfach von nichts ablenken, weil er wußte, daß es um alles geht. Henry, das war schon als Stift seine große Stärke, wußte immer genau, was er wollte.«

In Ludwigsfelde, der neosozialistischen Stadt der Automobilbauer, die wie Eisenhüttenstadt architektonisch Systemüberlegenheit beweisen sollte, aber nur in steriler Einheits-Tristesse dahinvegetierte, war Jung-Henry eine sportliche Größe. Er wurde in Zeitungsartikeln erwähnt, als Zukunftshoffnung gehandelt, in der Schule belobigt, Klassensprecher. Für einen 13jährigen eine ganze Menge, und doch wollte er mehr.

Spartakiade-Gold war im DDR-Sportfördersystem die Weiche zum Schnellzug-Anschluß für Sportler-Karrieren. Henry Maske sprang erst in letzter Sekunde auf. Die Kinder- und Jugendsportschulen (KJS) und die damit verbundenen Sportklubs galten als Garanten für die Kletterpartie an die Spitze. Wer in den Betriebssportgemeinschaften steckenblieb, hatte schon vor dem eigentlichen Kampf verloren.

»Daß wir ihn überhaupt genommen haben, verdankt Henry allein seinem Spartakiadesieg«, sagt ASK-Cheftrainer Heinz Heine, zuständig für die »Blutzufuhr« im Vorzeige-

Klub. »Bis dahin wollten wir den Jungen nicht. Er hatte Arme wie Trommelstöcke, kein Mensch wäre auf den Gedanken gekommen, daß aus dem jemals was werden könnte.« Für Heine, der sich die »Kader aus dem Einzugsbereich des Bezirkes Potsdam« angesehen hatte, gab es vor Maskes Leipziger Spartakiade-Auftritt keinerlei Anlaß, sich mit dem Ludwigsfelder zu beschäftigen. »Der war doch überhaupt nicht geeignet, spindeldürre und wirkte nahezu unterernährt. Obwohl er schulische Kriterien – Mindestdurchschnitt 2,0 – klar unterbot und damit fast zu schlau fürs Boxen war, stand er für uns nicht zur Debatte. Er war schlichtweg keine Größe.« Zweimal war zuvor gesiebt und gesichtet worden, wen man in die Frankfurter Leistungsschmiede mit KJS und Armeesportklub aufnehmen wollte. Durchgecheckt, wer auf die streng wissenschaftlich errechnete Schablone paßte: Größe, Gewicht, Reichweite, erwartetes biologisches Wachstum, Kraft, Ausdauer und – das allerdings weniger wissenschaftlich – Verwandtschaft. Kam die aus dem Westen, konnte das das Aus für alle sportliche Ambitionen bedeuten. »Ein Henry Maske tauchte in keiner Rechnung auf«, sagt Heine. Der Spartakiadesieg des Ludwigsfelders aber mischte mit ein paar trockenen linken und rechten Geraden, mit geschickten Meidbewegungen und einem klaren Punktsieg die Karten neu. Danach diktierte General Walter Herkner, Chef der Armeesportvereine in der DDR, seinem Untergebenen Heine in knapper Kommandosprache nur einen Satz: »Jetzt mußt du den nehmen!« Da stets ein, zwei Plätze in den Spezialklassen der KJS in Erwartung der Spartakiadeergebnisse freigelassen wurden, fand Henry Maske ab 1. September 1977 sein nächstes Zuhause: Frankfurt (Oder).

Heinz Heine kennt die rigorosen Auswahlmechanismen des DDR-Sports aus dem Effeff: »Wäre Henry nicht 1977 Spartakiadesieger geworden, dann gäbe es ihn heute als Boxer wahrscheinlich schon lange nicht mehr.« Ein Volksarmee-General hat, wenn man so will, Deutschland letztlich einen Profi-Weltmeister beschert. Der Junge aus der Provinz zog also nach Frankfurt und damit in die »große Welt des Sports«.

Der Abschied von daheim, von Eltern, die Henry zunächst nicht aus dem Haus lassen wollten, und Geschwistern, wurde mannhaft bewältigt. Der Ehrgeiz, das Abenteuer, der Traum von Titel und Medaillen, von Olympia gar, von Anerkennung und Respekt – all das zog viel zu sehr, um Heimweh aufkommen zu lassen. Der treibende Mann im Hintergrund war immer noch Hans Hörnlein, der seinem Schützling sagte: »Wenn du was schaffen willst, bist du da genau richtig aufgehoben.« Das fand Henry schließlich selbst auch, der zweimal zur Aufnahmeprüfung an die Oder fuhr, rumgeführt wurde, alles gezeigt bekam – und natürlich beeindruckt war. Keine umgebaute Gaststätte mit Zerfallscharme wie in Jüterbog, keine Schulturnhalle mit Behelfsring wie in Ludwigsfelde, statt dessen Technik, Spitzentrainer, auf Topleistungen ausgerichtetes, hartes Trimmen.

Ein Knochenmühle mit Effekt. Ein rücksichtsloses Sieb, das den Darwinismus im Sport kultivierte: Nur die Besten kommen durch! Rauh, manchmal brutal, aber wirkungsvoll – und genau das richtige für Henry Maske.

Mutter Hannelore und Vater Dietrich: Henrys Lebensmuster für Wärme und Geradlinigkeit.

Der sportliche Ersatzvater: Hans Hörnlein, Trainer in Ludwigsfelde, mit seinem ehemaligen Schützling (unten).

2. Runde
Einstecken und Austeilen

Bei Henry Maskes Fight gegen Charles Prince Williams hat alles gerade erst begonnen. Drei Minuten sind vorüber, drei für einen Profikampf sehr lebhafte. Doch die Karten werden erst gemischt, die Kräfte sortiert. Wer macht das Spiel, wer weiß sich richtig einzuschätzen, wer überreizt seine Möglichkeiten? »So ein Kampf geht ganz anders durch den Kopf als bei den Amateuren«, weiß Maske. Er ist der Herausforderer, ein Wort, das seine Antriebe, seinen Charakter als Boxer treffend umschreibt. Er weiß, daß die Herausforderung bleiben, ja, daß sie größer werden wird, wenn er der Champion werden sollte. Die Herausforderung durch hungrige Kontrahenten, aber vor allem die Herausforderung durch den eigenen Anspruch, sich würdig zu erweisen als der Beste. Auf eine Art und Weise, wie nur Maske sie repräsen-

tieren kann. Nicht nur zwei Fäuste, sondern vor allem auch ein Kopf für ein Hallelujah.

Was am Boxen anziehe, sagt die amerikanische Schriftstellerin Joyce Carol Oates, die 1988 das Essay »On Boxing« geschrieben hat, das sei die »fanatische Unterwerfung der eigenen Persönlichkeit unter ein selbstgewähltes Schicksal«. Die Professorin für Englisch an mehreren USA-Universitäten, die als Neunjährige von ihrem Vater erstmals zu einem Kampf mitgenommen wurde und sofort ein »Kribbeln im Bauch verspürte, das diese elektrisierte Atmosphäre um den Boxring herum mir vermittelte«, entdeckt im Boxen eine mystische und faszinierende »Systematik, mit der man bei diesem Sport lernt, Schmerzen zu ertragen, um ein Ziel, ein Lebensziel zu erreichen: die willentliche Verwandlung der Empfindung, die wir als Schmerz kennen, in ihr genaues Gegenteil. Wenn dies Masochismus

schneller das gelingt, um so drastischer entwickelt sich das Verhältnis zugunsten des Austeilens. Dazu gehörten physische Stärke, Ehrgeiz, Lernbereitschaft, der Wille, sich zu quälen und zu schinden, Einsicht, Talent, Technik und vor allem Geist.

Als Henry im Herbst 1977 an die Kinder- und Jugendsportschule »Fritz Lesch« nach Frankfurt (Oder) kam, da hat er von alldem ein bißchen. Von dem einen mehr – Ehrgeiz –, von dem anderen weniger – Physis. Sechs Jahre später, im Frühjahr 1983, legte der KJS-Schüler Maske, sichtlich gereift, sein Abitur ab. Mit der Gesamtnote »gut« und einem Zensurenschnitt von 1,6. Nun hatte er von dem, was einen Faustkämpfer von Klasse ausmacht, zwar bei weitem noch nicht genug, aber immerhin so viel, daß, so er sich denn nicht zufriedengab, die Hoffnung bestand, die Gipfel des Sports nicht nur aus der

Die Boxer-Klasse an der Frankfurter Kinder- und Jugendsportschule mit Henry Maske (hinten, 3. von links) und Andreas Otto (rechts daneben).

Vorhang auf in Jüterbog: Hier trug Henry erstmals Boxhandschuhe. (Seite 20/21)

Sieger beim Schweriner Juniorenturnier 1981. (Seite 21)

ist – und ich bezweifle, daß es nur simpler Masochismus ist –, dann braucht es dazu auch Intelligenz, List und strategisches Talent. Es ist ein Akt vollendeter Selbstbestimmung.« Selbstbestimmung, sich von Williams, der sich aus dem Schwarzen-Ghetto vom Underdog zum Champion hochgedient hat, mit rechten und linken Geraden traktieren zu lassen? Sich einem zu stellen, der nicht nur um Ruhm und Weltmeistergürtel, sondern um seine Existenz als Boxer, um seinen sozialen Status kämpft? Da heißt es heiß sein, leidenschaftlich, um in dieser Auseinandersetzung um Sein oder Nichtsein bestehen zu können. Und kühl zu bleiben, auf die eigenen Stärken zu vertrauen, dem Kontrahenten den Schlachtplan aufzuzwingen. Einstecken und Austeilen, das gehört zusammen. Aus dem einen lernt man, um das andere zu beherrschen. Je

Bodenperspektive bestaunen zu müssen. Bergsteiger sein, zur Not Umwege nehmen, aber auch, wenn Kulissen die Aussicht nach oben verstellen, die Vision stets vorm inneren Auge behalten, den Himmel anzukratzen. Henry Maske hat nicht zufällig Reinhold Messners Bücher gelesen. Den Drang, sich zu probieren, zu messen, auszuloten, immer wieder Herausforderer zu sein, fand er in den Erlebnissen des bärtigen Weltenwanderers bestätigt.

Als der 14jährige, daheim in Ludwigsfelde ein Ausnahmeathlet, in Frankfurt plötzlich nur einer von vielen »Ausnahmeathleten« wurde, da galt es sich zu entscheiden, ob durchkommen, mitlaufen oder ankommen und vornweglaufen das persönliche Motto sein sollte. Ein Jahr zuvor war Kugelstoßer Udo Beyer, wie Maske einst Schüler der KJS in der Oderstadt, in Montreal

Er hat auf diese Chance, Weltmeister zu werden, lange, lange warten müssen. Er hat trainiert und trainiert, doch kam es zu keinem Titelkampf. Einmal kam Vergil Hill nicht, dann ein zweites Mal Williams nicht. Aber heute will Maske nicht nur die Börse von 100.000 DM gewinnen, das ist nicht das wesentliche, denn davon bleibt ihm nicht viel. Er will einen Titel haben und den dann vermarkten, will den dann freiwillig verteidigen, da ist was zu verdienen, bis der Tag kommt, der für jeden Boxer einmal kommt, wo er den Titel entweder abgibt, also freiwillig zurücktritt, oder verliert.

sensationell Olympiasieger geworden. Gerademal 20 Jahre alt. Das war's doch! Als der Boxer Udos Coup acht Jahre später in Los Angeles nachexerzieren wollte, durfte er nicht, weil die DDR der Vorgabe aus Moskau folgte und die Spiele boykottierte. Wie Beyer war Maske da 20 und hatte die Weltspitze im Seilquadrat erreicht. Geschult, ausgebildet, getriezt, gefordert und gefördert an einer Schule, die auf verlorene Kindheiten wenig Rücksichten nehmen konnte, weil es einen klaren »Leistungsauftrag« von Partei und Staat gab, der nicht differenzierte, sondern lediglich zwischen Erfüllung und Nichterfüllung unterschied. Eine Knochenmühle, in der Rädchen um Rädchen ineinandergriff, um Medaillen für die Zukunft zu produzieren. Eine sportliche Elite-Einrichtung und Kaderschule, die in ihrer staatlich subventionierten Effektivität eine Art Karikatur der real existierenden Gesellschaft war. »Im Sport hatten wir eigentlich schon immer Marktwirtschaft«, sagt Henry Maske und sieht das als einen Grund für den Erfolg an. Marktwirtschaft aber will gelernt sein.

Der Beginn an der Leistungsschmiede war für den an die DDR-Grenze zu Polen verpflanzten Jungen aus dem Fläming die Zeit der Lektionen fürs Sportlerleben. »In Ludwigsfelde hatte ich die ersten Schritte hinter mich gebracht, ein bißchen reingerochen ins Boxen. Da ich nicht gerne aufgabe, war ich dabeigeblieben, und als auch Erfolge kamen, da schien das alles so, als könnte es gar nicht anders sein. Ehrgeiz hatte ich, aber irgendwie glaubte ich, das geht von allein seinen Gang. Ich war groß, schnell, besaß ein gutes Auge, meinte vielleicht, das reicht. Aber davon hatten wir mehr, und die meisten sind längst vergessen.« Im Mai 1978, Henry war ein Dreivierteljahr Frankfurter KJS-Schüler, wurde er in Rostock-Reutershagen DDR-Kindermeister (Altersklasse 14), landete gegen den Geraer Jens Hoyer einen überzeugenden 5:0-Punkterfolg. Bis dahin kannte der eckig wirkende Box-Eleve, der seine Kontrahenten mit Rechtsauslage und stochernder Führhand auf Distanz hielt, um dann mit sorgsam vorbereiteten, sparsamen Aktionen selbst Akzente zu setzen, das Gefühl der Niederlage gar nicht. Das durfte er erst schmecken, als er Ende 1978 bei Klubvergleichen in der DDR-Jugend-Oberliga gegen ältere und körperlich stärkere Gegner antreten mußte und Lehrgeld zahlte. Er verlor gegen den Berliner TSC-Boxer Streek, kurz darauf gegen den Cottbuser Axel Klein gar durch eine Abbruch-Niederlage in der 1. Runde. Der

Guter Treffer von Maske. In der DDR war sein Lebensweg vorgezeichnet, er wäre 1992 noch einmal zu den Olympischen Spielen gefahren. Er hätte dort gewinnen sollen, er war als Sieger sozusagen »geplant«, dann wäre er Sportlehrer geworden und hätte im Rahmen dieser Gesellschaft ein privilegiertes Leben gehabt. Mit Ende des Staates stand er im Grunde vor dem Abgrund. Da las er in der Zeitung, er würde Berufsboxer werden.

Helmut Kohl, Bundeskanzler:
Sie haben das Zeug, um an die Tradition von Max Schmeling anzuknüpfen. Lassen Sie sich nicht verbiegen. Nehmen Sie sich ein Beispiel an mir. Die Presse hat mich auch schon so oft k.o. geschrieben …

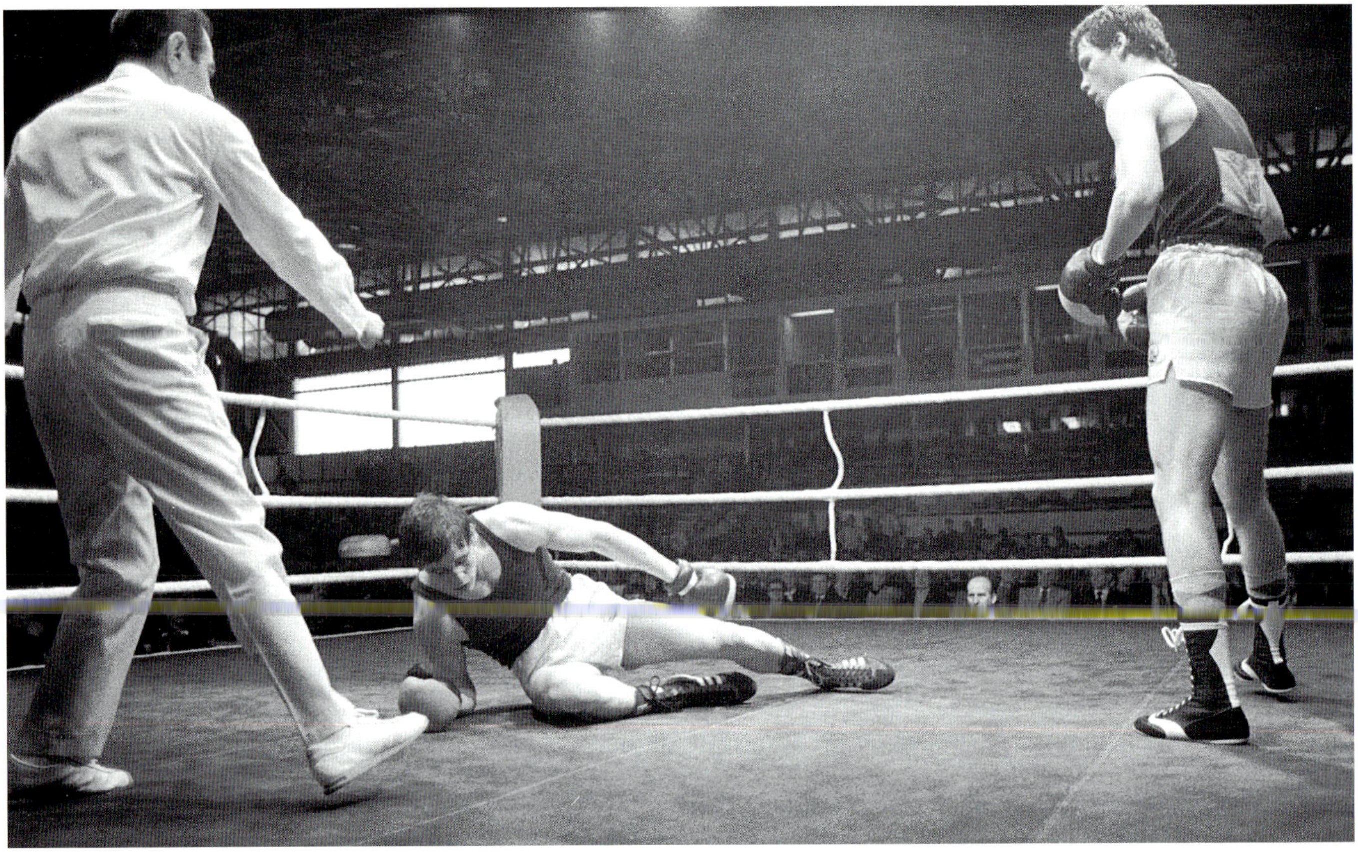

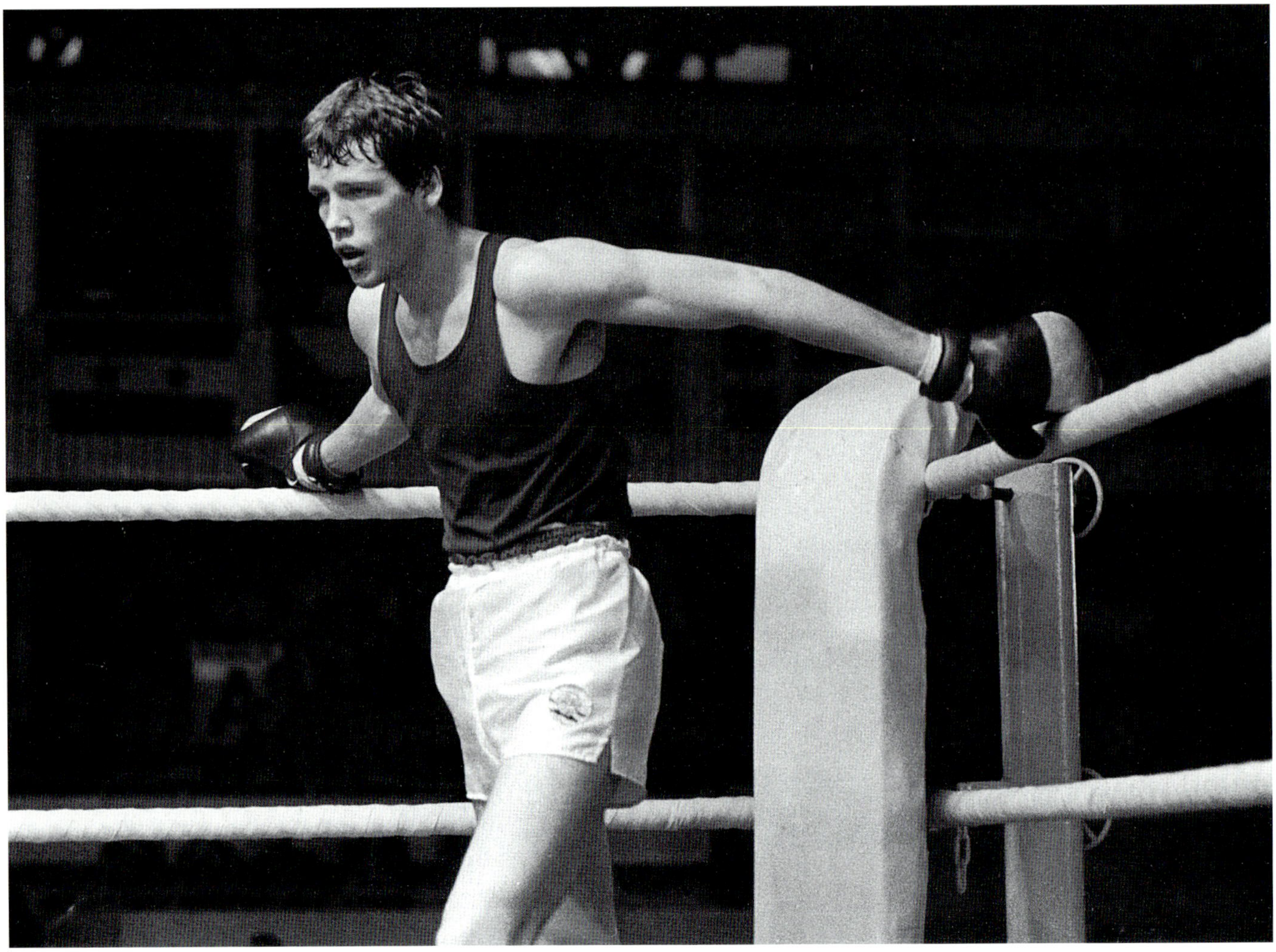

robuste Lausitzer hatte den aufsässigen Jüngling zu Boden geschickt. Henry Maske erinnerte sich daran wieder, als ihm bei seiner vierten Titelverteidigung als Profi-Weltmeister der Italiener Andrea Magi eine krachende Rechte an den Kopf feuerte und er angezählt wurde. Wann ihm denn so etwas zum letzten Male passiert sei, wurde der Champion gefragt: »Es gab da in grauer Vorzeit mal ein Cottbuser Klein, aber aus dem ist wohl nichts geworden.« Aus Henry Maske dagegen um so mehr.

Einstecken und Austeilen – auch Axel Klein hat seinen Teil dazu beigetragen, daß Maske diese Polarität heute weitgehend selbst bestimmen kann. »Ich hatte gute Trainer und Lehrer, die mich vor Genügsamkeit bewahrten«, die anstachelten und provozierten, um Entwicklungen in Gang zu setzen. Meist funktionierte das, nicht immer, aber immer öfter: »Ich stellte für mich den Grundsatz auf, der Beste sein zu wollen. Ich wollte alles ganz einfach etwas besser machen als die anderen.« Entscheidenden Anteil daran hatte Trainer Dietrich Bleck, der das richtige Maß zwischen Dirigieren und Motivieren fand. Drei Jahre lang betreute Bleck die Boxer-Klasse, zu der neben Maske auch Andreas Otto gehörte, der seit 1989, als er Vizeweltmeister wurde, als einziger deutscher Amateur-Faustkämpfer Medaillen bei allen internationalen Meisterschaften – Olympia 1992 ausgenommen – gewann. »Das war eine ganz starke Truppe«, sagt der Coach. Maske, Otto, Norbert Jentsch, mit dem Henry später im KJS-Internat das Zimmer teilte, und vier weitere Talente – gleich sieben aus dieser Klasse wurden vom Klub übernommen, eine Ausnahme und absolute Erfolgsquote. »Diese drei Jahre von der 8. bis zur 10. Klasse, das waren oft Schnittpunkte im Leben eines jungen Sportlers. Schaffte man danach den Sprung in den Förderkader, dann durfte man sich Hoffnungen machen, mal ganz oben zu landen. Fiel man durch dieses Sieb, gab es drei Möglichkeiten. Entweder man fand sich ab, orientierte sich auf ein anderes Ziel. Oder man hatte soviel Charakter zu sagen: Jetzt gerade, ich schaff's trotzdem! Oder man blieb auf der Strecke, bekam die Kurve für sich selbst nicht mehr.« Für jeden dieser Wege gibt es zig Beispiele. Mutmachende, alltägliche, tragische. Henry hatte keine größeren Probleme, weder im Boxring noch auf der Schulbank. »Er wollte nicht mittelmäßig sein, ärgerte sich über sich selbst, wenn er nicht zufrieden mit sich sein konnte«, berichtet Bleck. »Henry war nicht der Fleißigste im Unterricht, konzentrierte schon damals alles auf den Sport.« Dennoch schaffte er später ohne Probleme den Abiturkurs, kam mit den dann veränderten Bedingungen für die »geistige Nahrungsaufnahme« zurecht. Abschreiben vom Banknachbarn wie in der 20-Schüler-Klasse mit Fußballern oder Radsportlern war nicht mehr. Statt dessen Einzelunterricht, nachdem man sich durch »Gesundschrumpfung« – nur, wer Leistung brachte, blieb – und verschiedene Bildungswege auf Minigruppen reduziert hatte. Drei, vier Sportler waren in Henrys

Klasse übrig – jedem sein Sonderprogramm. Von Wettkämpfen, Meisterschaften, Turnieren, Lehrgängen diktiert.

»Das war schon eine besondere Situation«, ruft Dorit Hoffmann, Henrys Lehrerin in der 11. Klasse, ihre Gedächtnisprotokolle ab. »In kleinen Kabinetten, die maximal vier Leuten Platz boten, saß man sich vis-à-vis, sozusagen Auge in Auge, gegenüber. Es ist schwer, da eine Atmosphäre zustande zu bringen, in der man etwas bewegen kann. Dazu gehört der Wille, das Wollen beider Seiten. Verweigert sich einer, wird es vergeudete Zeit.« Henry Maske war, so meint Dorit Hoffmann unisono mit ihren Kollegen, keiner, der im Normal-Diagramm nach oben oder unten ausfiel. »Er hatte mal keine Lust, war auch mal ruppig, aber das sprengte nie den Rahmen. Wichtig war für ihn, daß er im Sport Spitze war, das andere nahm er als notwendiges Zubehör. Das mußte man hinter sich bringen, wenn auch so gut wie möglich.« Was Henry denn auch tat. Gute Zeugnisse, gute Beurteilungen, 10. Klasse, Abitur. Geschichte sei nicht seine Welt gewesen, weiß Frau Hoffmann zu berichten. »Arbeiterbewegung und Lenin-Schriften, nein, das war nicht seine Stärke.«

Dafür wußte er die Fäuste um so besser zu handhaben. »Er hat niemals betrogen im Training«, erzählt Dietrich Bleck. »Ich hatte Leute, die haben getrickst, wenn ich nicht hinsah, die haben abgekürzt, wenn es sich machen ließ. Nicht so Henry. Der war immer 100 Prozent, hat eher noch mehr gemacht, weil für ihn nur das sportliche Weiterkommen zählte.« Dabei, meint Bleck, sei Maske gar kein Talent im eigentlichen Sinne gewesen. »Er hatte zunächst erhebliche Probleme mit der Koordination, konnte nicht mal richtig Fußball spielen. Aber er war groß, und nach ein paar Jahren auch stattlich – der Muskelzuwachs schlug auf sein boxerisches Vermögen durch. Sein großer Vorzug war, daß er gut beobachten und mit den Informationen, die er aufnahm, auch etwas anfangen konnte.«

Schon damals war Maske im Stil festgelegt. Die Schweriner Michael Timm und Karsten Röwer, heute Trainer in der mecklenburgischen Landeshauptstadt, seinerzeit mehrfach Kontrahenten des Frankfurters, umschreiben diesen mit »ganz eklig«. Der eine immerhin hat Henry im einzigen internen Zweikampf, dem Spartakiade-Finale 1979 unter freiem Himmel in der Berliner Wuhlheide, klar besiegt. Der andere hat in zwei Duellen zweimal verloren. »Als Junior war er zwar lange nicht so stark wie heute, aber seine Anlagen waren alle schon ziemlich ausgereift«, sagt Röwer. »Zuvörderst wollte er das Konzept des Gegners zerstören, keine Kampfaktionen zulassen. Physisch war er noch nicht so stabil, um das in aller Konsequenz durchzuhalten. Ein robuster Kontrahent, der gnadenlos nach vorn ging, hatte seine Siegchance.« Einige nutzten sie. »Trat das ein, war Henry nicht nur schwer ge-, sondern auch ziemlich schlimm betroffen«, erinnert sich Bleck. »Er war mit sich und der Umwelt unzufrieden, aber er hat nie resigniert, eher fühlte er sich angespornt.« Das hieß für den Teenager, der sich selbst später als »Kopf-Menschen« bezeichnen wird, die Schraube des Ehrgeizes noch weiter anzuziehen. Bleck: »Für den Sport und das Training hat er alles gegeben.«

Andreas Otto, Mitschüler seit dem Frühjahr 1978 und einer der wenigen, den Henry Maske wohl als seinen Freund bezeichnen würde, kann das aus jahrelangem Erleben bestätigen. »Der war einfach besessen, von Anfang an. Während wir anderen uns immer mal ein paar Abschweifungen geleistet haben, weil wir doch wenigstens halbwegs mit ein bißchen Jux und Tollerei leben wollten, hat Henry zielstrebig an seinem Aufstieg gezimmert, nicht nach links und rechts gesehen, um sich ja nicht vom geraden Weg abbringen zu lassen.« Daß er schon seit der 9. Klasse mit seiner späteren ersten Frau Anke befreundet war, schränkte Maskes Abenteuerlust zudem auch auf anderen Gebieten ein, die für junge heranwachsende Männer in aller Regel überaus anziehend sind. Vormittags und nachmittags habe man trainiert, doch Henry danach mal zu einem Kinobesuch oder einem Bier zu bewegen, sei schwer gewesen. »Das ist vielleicht ein halbes dutzendmal vorgekommen«, schätzt Otto, der als Auswahlmitglied bei Wettkampfreisen drei Jahre lang, 1987 bis 1990, das Zimmer mit Henry Maske teilte. Rauchen, saufen, sagt er drastisch, das seien für den Asketen Tabus gewesen. Als sie ab Ende November 1987 gemeinsam bei Manfred Wolke trainierten, »da ist das auch für mich gut gewesen«. Man habe sich an Maskes Beispiel hochziehen können, an seiner Bedingungslosigkeit, seiner Härte gegen sich selbst, seinem Ehrgeiz, der sich das Rezept verschrieben hatte: Nichts ist unmöglich!

Henry Maske, der Musterschüler, wie mit dem Schnittmusterbogen paßgerecht gemacht für Siege und Medaillen? Intelligent dazu, einer zum Vorzeigen und für Wunsch-Texte also, wenn mal hoher Besuch von oben kam?

»Ein Musterschüler war er garantiert nicht«, antwortet Dietrich Bleck. Davon habe es wenige an der KJS gegeben, und ob die überhaupt das Durchsetzungsvermögen künftiger Top-Athleten gehabt hätten, sei sowieso höchst fraglich. Natürlich hätten die Jungs auch Mist gebaut, im Internat mal »Rabatz« gemacht. »Das war so etwas wie ein Ventil nach der immensen Beanspruchung den ganzen Tag über«, vermutet der Trainer. »Die waren doch gefordert wie Erwachsene, hatten ein Pensum zu leisten, das Körper und Geist enorm schlauchen mußte.« Zweimal täglich zwei Stunden verlangten die akribisch verfaßten »Rahmentrainingspläne«, zwanzig als Minimum pro Woche – und dazwischen lag der Unterricht. Frühmorgens mit müden Augen zwei Stunden Schule, dann die erste Einheit. Kurze Pause, Schule, zweite Einheit. Das erzieht zu hoher Belastungsfähigkeit, macht selbständig. »Man konnte Henry eine Aufgabe geben und sich dann darauf verlassen, daß er ehrlich daran arbeitet. Schattenboxen zum Beispiel. Die nur die Uhr im Hinterkopf hatten, das Ende des Trainings herbeisehnten, die schlugen beliebige Luftlöcher. Henry hat sich seine Auseinandersetzung mit dem gedachten Gegner allein entworfen. Meidbewegungen, geschlossene Deckung, Schlagkombinationen.« Henry Maske machte es seinem Trainer Dietrich Bleck leicht: »Es war nicht schwer, etwas in seinen Kopf hineinzukriegen, weil er, wenn er Sinn und Zweck begriffen hatte, alles sehr bewußt tat. Der nahm auch beim Heimurlaub keine Auszeit vom Boxen …« Während manche der Jungs Weihnachten nur nach dem Motto »Auf der Couch sitzen und Beine hoch« verlebten, kam Maske so fit zurück, wie er losgefahren war.

Bleck hat Henry Maske später noch einmal zweieinhalb Jahre betreut, von Mai 1985 bis November 1987, als dessen Coach Wolke wegen seiner Alkoholprobleme für längere Zeit vom angestammten Dienst, dem Training der Spitzenboxer, suspendiert worden war. Im Herbst 1985 haben Bleck & Maske im Frankfurter Vorstadt-Wald gar gemeinsam eine Weihnachtstanne geklaut, wurden vom Förster erwischt und mußten fünf Mark Strafe zahlen. Der grünuniformierte Hüter der Flora ließ bei Maskes wohl einziger größerer Missetat also Milde walten und hätte ein knappes Jahrzehnt später am liebsten auch noch die korrigiert: »Wenn ich gewußt hätte, daß der mal eine solche Berühmtheit und sogar Profi-Weltmeister wird, dann hätte ich ihm den Baum doch geschenkt.« Geschenkt bekam Henry in den KJS-Jahren nichts, »und das war gut so, weil diese Praxis die Realität des Spitzensports vorwegnahm«.

Bruno Schneider, Schuldirektor in Frankfurt, als der 14jährige Maske Eleve in der Leistungsschmiede wurde, hat sich die schnörkellose Geradlinigkeit des Jungen gemerkt. »Als wir Anfang 1978 beim Appell die Spartakiadesieger des Vorjahres vorstellten, da dachte ich: Mein Gott, wie will sich dieser lange, dürre Spund durchsetzen? Ein paar Monate später hat Cheftrainer Heinz Heine ihn mir gezeigt. Sieh dir den mal an, aus dem wird was! Er wirkte zwar etwas steif, aber seine Beinarbeit, wie er rechts-links ausgewichen ist, das war sagenhaft. Und er hatte es nicht nur in den Beinen und Fäusten, sondern auch im Kopf. Henry war kein Großmaul, klug, zurückhaltend, manchmal eigensinnig. Er gehörte zu den Guten, war aber keiner, mit dem man sich näher beschäftigen mußte.« Wie er es Jahre zuvor mit Rudi Fink erlebt hatte, Olympiasieger 1980 und auch ein Schützling von Wolke. »Den hätten wir hundertmal von der Schule feuern müssen, wenn wir uns sklavisch an vorgegebene Richtlinien gehalten hätten. Ein paar Fünfen hatte Rudi immer auf dem Zeugnis, aber wir haben trotzdem an ihm festgehalten – und aus ihm ist was geworden.«

Mit Henry Maske hatte Schneider nur einmal eine Begegnung der ernsteren Art. »Als nach der 10. Klasse die Schüler zum Abschluß das übliche Remmidemmi veranstalteten, sich in irgendwelche verrückten Kostümierungen warfen und mit Transparenten wie ›Schule – die Hölle auf Erden‹ durch die Innenstadt zogen, da haben wir ihnen gesagt: Schnaps ist Schnaps, und Dienst ist Dienst, so kommt ihr nicht in die Schule. Ein Fehler! Denn auch die, die gar nicht direkt beteiligt waren, meinten nun, wenn die nicht rein dürfen, bleiben wir auch draußen. Im Nu war der Schulhof, direkt an der Straße gelegen, schwarz vor Leuten. Was machte das für einen Eindruck, so etwas wie ein Sitzstreik an der KJS!« Henry Maske, quasi ungewollt ins Geschehen reingezogen, setzte sich beredt für seine Kameraden ein – Schneider pickte ihn sich heraus: »Henry, du kommst mit zum Chef!« Was folgte, hat der Direktor nicht vergessen: »Wo anderen die Knie weich wurden, blieb er ohne Hemmungen. Er hat sachlich, beherrscht und ohne Aufsässigkeit begründet, warum er und die anderen auf dem Schulhof waren und warum sie sich ungerecht behandelt fühlten. Er hat sich nicht kleingemacht, das war etwas, was ihn noch heute auszeichnet.«

Als Henry 1983 sein Abitur bestand, von der Schule abging, NVA-Angehöriger wurde und parallel dazu ein Sportstudium aufnahm, da war er bereits ein erfolgreicher Sportler – einer, der sich durch Glanz von Medaillen aus den vielen guten heraushob. Im März hatte er beim Chemiepokal in Halle den

Erster Erfolg,
unbeholfene Pose,
Unbeschwertheit,
Nachdenken.
Stationen einer Sport-
ler-Jugend: Spartakiade-
sieger 1977 in Leipzig
(unten rechts), Winter-
training in Johanngeor-
genstadt (oben rechts),
erste Autogrammkarte
(unten links).

kubanischen Olympiasieger José Gomez nach allen Regeln der Boxkunst ausgepunktet, später im Mai in Warna mit EM-Bronze die Sensation bestätigt. »Mir imponierte, daß er trotz dieser sportlichen Belastung zu den wenigen gehörte, die sowenig Streckung wie möglich wollten, was die Schule betraf«, erzählt Schneiders Direktor-Nachfolger an der KJS, Dr. Rudi Ramm. »Da kam keine Bitte, ein halbes Jahr anzuhängen. Es gab Einzelunterricht auch am Wochenende, und Henry schaffte mit Fleiß und Selbstbewußtsein den Abschluß in der normalen Zeit. Und das war kein Not-Abitur, wie manche heute geringschätzig weismachen wollen.« Henry Maske hatte seine eigenen Ansprüche erfüllt, nicht aufgegeben, sich durchgeboxt. Die KJS lag hinter ihm, er hatte sie bestanden, überstanden – mit Gewinn für seine Persönlichkeit, war stärker, reifer, bewußter geworden. »Es liegt an jedem selbst, was er aus sich macht«, sagt er. Die Schule, seine Schule, die heute nicht mehr nach dem Kommunisten Fritz Lesch benannt ist wie zu Maskes Zeiten, die zwar von den Frankfurtern noch KJS genannt wird, aber einstweilen nachwendegerecht eine »Sportbetonte Gesamtschule« geworden ist, hatte dafür ein ganz auf Zweckmäßigkeit ausgerichtetes Instrumentarium geliefert. »Das machte Sinn, und deshalb sollten meine Nachfolger in der Gegenwart dieselben Chancen haben.«

Henry Maske ist übrigens wie sein Trainer Manfred Wolke und die anderen Frankfurter Profi-Boxer Mitglied des Fördervereins der Schule, die im Herbst 1995 ihr Jubiläum des 40jährigen Bestehens feiert. Vorher aber soll der Weltmeister, dessen handsigniertes Foto im Foyer ebenso wie die mit Maske-Autogramm gezeichneten Olympiahandschuhe von 1988 auf den wohl berühmtesten Absolventen hinweisen, für die 14jährigen die Jugendweihe-Rede halten. »Wenn ich nicht gerade im Ring stehe, warum nicht?« Schließlich hat Henry Maske etwas zu vermitteln. 1983, nach der KJS, da lag für den Sportler, der über Treuenbrietzen, Jüterbog und Ludwigsfelde nach Frankfurt (Oder) gekommen war, die Box-Welt offen. Würde er sie erobern?

Er war auf dem Weg nach oben, vielleicht nach ganz oben.

3. Runde
Aufstieg, oben, ganz oben

»Henry, Henry«-Sprechchöre hallen durch die Düsseldorfer Philipshalle.

Der Herausforderer, der den »Prince« stürzen will, hat zwei Runden lang den Gegner studiert, dessen Respekt gespürt, ihm beigebracht, daß er um seinen Titel kämpfen muß, wenn er ihn behalten will. »Das ist wie ein Schachspiel«, sagt Maske, der seine Figuren in Stellung bringt. Ohne überstürzten Eifer, mit Bedacht und vorausdenkender Strategie. Williams marschiert und merkt doch, daß er vom angeblichen »Angstboxer« aus dem deutschen Osten in die geistige Defensive gedrängt wird. »Es ist mein Ziel, daß sich der Gegner mit mir beschäftigen muß, statt mit seinen eigenen Stärken«, wird Henry Maske später seine Faustkampf-Philosophie umschreiben. »Ich biete ihm nicht das, was er sucht. Das macht ihn unsicher, knebelt seine Wirkung, läßt ihn schlecht aussehen – und schafft mir die Möglichkeit, den

In der Rundenpause gab es die ersten Debatten, wie der Kampf steht. Unentschieden, meint man. Bis jetzt.

Die 3. Runde. Der deutsche Berufsboxer in der blauen Hose aus Frankfurt an der Oder, dessen zweite Frau das zweite Kind erwartet. Sie wird vor dem Bildschirm sitzen.

Der Amerikaner aus Mississippi hat als 16jähriger mit dem Profiboxen begonnen. 1987 gewann er die IBF-Weltmeisterschaft. Ein Familienmensch, ein religiöser Mann, wie häufig amerikanische Boxer. Sie fühlen sich des öfteren zum Missionieren veranlaßt. Auch Williams soll gelegentlich Vorträge halten.

Ich habe mit Henry Maske einmal ein langes privates Gespräch geführt, da hat er mir viel von seinem Umfeld erzählt, und das meiste davon möchte ich nicht wiedergeben, weil ich glaube, daß ich damit sein Vertrauen verletze. Aber das darf ich sagen, daß er gesagt hat, es war für ihn eine unglaubliche Situation, als die Mauer aufging und er die freie Marktwirtschaft und so auch die freie Boxwirtschaft erlernen mußte. Hier seine Quote: 19 Siege, 10 K.o.-Siege.

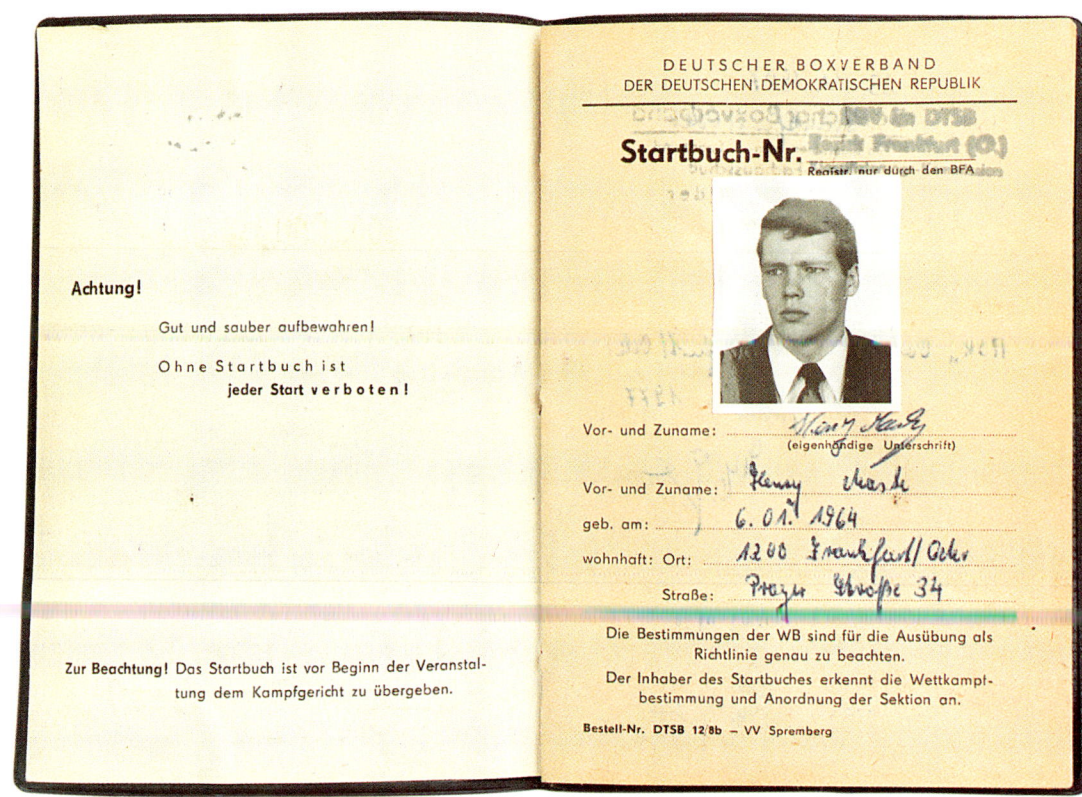

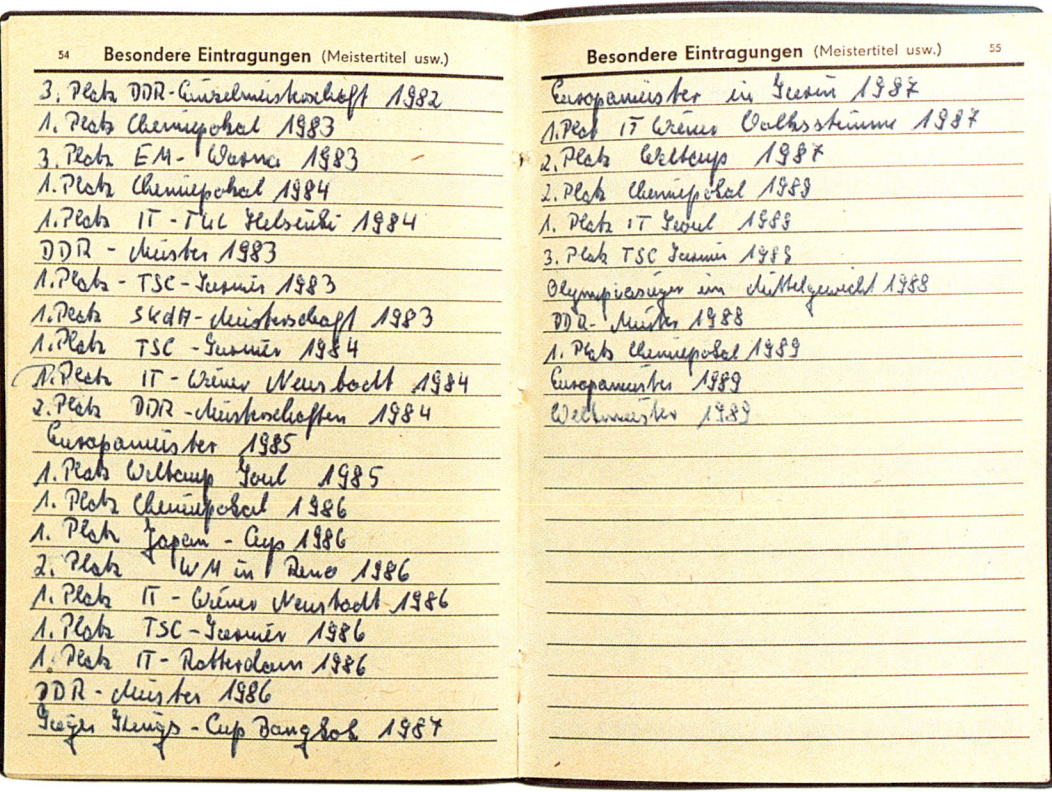

Der Fingerabdruck eines Boxers: das Startbuch. Henry Maske als schnell identifizierbarer Überzeugungstäter im Ring: Jede Menge »besondere Eintragungen« weisen eine erfolgreiche Amateurkarriere nach. Letzter Triumph: Weltmeister 1989.

Kampf nach eigenen Vorstellungen zu gestalten.« Das Profi-Boxen mit seinen 12-Runden-Kämpfen scheint Maske wie auf den Leib geschneidert. Während bei den Amateuren mit dem Boxpointer, der die Fehlbarkeit der Punktrichter ausmerzen sollte, ein hektisches Trefferhaschen mit – je nach dem Zwischenstand – häufig unattraktiver Schlußrunde (weil die Akteure mit diversen Zeichen von ihrer Klientel informiert werden) gang und gäbe ist, haben die Faustkämpfer bei den Berufsboxern Zeit, ihren gedanklichen Entwurf im Ring umzusetzen. Mit schwerem Säbel, wie die, die alles auf den harten Punch setzen, oder mit feiner Klinge, wie Henry Maske, der Boxen zwar als unerbittliches Duell begreift, das nur Sieg oder Niederlage kennt, aber dessen Fäuste immer kopfgesteuert sind.

Dritte Runde in Düsseldorf – als Amateur hätte Henry jetzt bereits alles gewonnen oder alles verloren. Hier hat es gerade begonnen. Ein langsames Tauziehen, bei dem der

zig Jahren Boxen gelernt hat – bei Franke in Jüterbog, Hörnlein in Ludwigsfelde, Bleck, Beyer und Wolke in Frankfurt (Oder). Fast alles ist anders, »zwischen Amateuren und Profis liegen Welten«, weiß er. Was geblieben ist, ist die Bedingungslosigkeit, die Hingabe an das Ziel, die kein Wenn und Aber kennt. Dies hatte er lange verinnerlicht, bevor er im März 1990 den Vertrag bei Wilfried Sauerland unterschrieb und damit den Neuanfang mit unsicherem Ausgang wagte.

Leidenschaft, die zwar manchmal Leiden, aber meistens Erfolge schafft. Schon in Vorwendezeiten wurde Henry Maske dank dieser Gabe ein Faustkämpfer mit Superlativen: erfolgreichster deutscher Amateur aller Zeiten. Dreimal Europameister, Weltcup-Gewinner, Olympiasieger, schließlich der erste DDR-Weltmeister der Branche – mehr Edelmetall konnte in den drei Runden-Auftritten im Seilgeviert nicht geschürft werden. Maske fühlte sich bereits damals in seinem Verständnis als Profi im besten Sinne des Wortes: »Eine Profi ist für meine Begriffe einer, der weiß, was er tut, und der es gut tut.«

Schon 1983, gerade mal 19 Jahre alt,

Oh, toller Schlagabtausch, das kennt man von Maske normalerweise nicht. Man hat Maske häufig schwache Leute vorgesetzt, oder Leute, die nicht gewinnen wollten, die ihn nur schlecht aussehen lassen wollten. Er hat darunter gelitten. Er hat mir erzählt, er wollte manchmal vor der Abwaage weggehen vor Wut, als er die Gegner gesehen hatte. Heute aber hat er einen Weltspitzenmann vor sich und ist ihm, bis jetzt mindestens, gewachsen. Ich will es nicht beschreien. Erstklassige Treffer. Natürlich mit hohem Risiko. Der Amerikaner drückt, der Ringrichter beruhigt. Ja, das kann natürlich zu einer Verletzung führen, wenn Charles Williams mit dem Kopf immer so tief runtergeht. Das wäre das schlimmste Ende für diesen Kampf,

IV-10-5 PzG 003/86 80

Funktion: Boxer.
Henry Maske »funktionierte« tadellos, gewann den Chemiepokal 1987.

Frankfurter den Noch-Champion, der sich stemmt mit schwitzenden Muskeln, mit wütenden Schlägen, mit verzweifeltem Staunen, Stück um Stück, Millimeter um Millimeter, Zentimeter um Zentimeter wegzieht von dem Punkt, auf dem er sich vor Kampfbeginn mit demonstrativem Selbstbewußtsein präsentiert hatte: Schau her, ich bin der Weltmeister, ich werde es bleiben! Bis hierher bist du gekommen, aber kein Stück weiter.

Nach drei Runden darf Charles Prince Williams noch glauben und hoffen, sicher sein kann er sich längst nicht mehr. Henry Maske, den sie in den USA als »ewigen Amateur« belächelt haben, ist nach drei Jahren Berufsboxen professioneller als die meisten seiner »Arbeitskollegen«. Er hat nichts von dem vergessen, was er in zwan-

zuvor nicht sonderlich aufgefallen und bei keiner internationalen Meisterschaft der Junioren vertreten, weil er gegen nationale Kontrahenten die entscheidenden Qualifikationskämpfe verlor, tat er es »gut«. Beim Chemiepokal im März überraschte er alle, sich selbst eingeschlossen, als er den kubanischen Olympiasieger José Gomez im Viertelfinale bezwang und danach bis zum Finalsieg durchmarschierte. Das DDR-Fachblatt »Boxring« resümierte hocherfreut: »Der 19jährige Maske schaffte mit seinem einstimmigen Punktsieg gegen den Goldmedaillengewinner von Moskau 1980 und Belgrad 1978 (WM – d. A.) die Turniersensation. Mit der rechten Führungshand beherrschte er die Distanz, zeigte sich beweglich und hatte auch mit einigen Angriffen Er-

ein Abbruch wegen Verletzung.
Eine glanzvolle Szene von Maske, und die Boxer standen so, daß Sie es genau sehen konnten, wie entschlossen er auf der Innenbahn durchgekommen ist. Jetzt allerdings ... Oh, oh. Das lasse ich unkommentiert. Eine äußerst unsaubere Szene. Die Zuschauer sind empört.

Die DDR-Sportmaxime galt auch für Boxer Maske: Der Wert eines Athleten wird in Medaillen gemessen.

was in seinem Sport möglich wird, wenn man das Herz in beide Fäuste nimmt und dabei sein Hirn gebraucht. Im März sprach Auswahltrainer Günter Debert, nicht unbedingt ein Freund von Wolkes Boxschule, noch vorsichtig von einem möglichen »Lichtblick für die künftige Besetzung des Mittelgewichts in der Auswahl«. Im Mai startete Maske bereits als Debütant bei den Box-Europameisterschaften in Warna. Es wurde – mit kleinen Abstrichen – ein »er kam, sah und siegte«. Nach Punkterfolgen gegen Österreichs Meister Brandau und den erfahrenen, 30jährigen Bulgaren Angelow scheiterte er im Halbfinale zwar am späteren Champion Melnik (UdSSR) mit einem 1:4-Urteil – aber Bronze beim ersten internationalen Meisterschaftsstart dokumentierte den kräftigen Leistungssprung des mit lediglich 61 Amateurkämpfen angereisten Youngsters. Daß danach Erfolge beim Berliner TSC-Turnier und bei den Armee-Meisterschaften der sozialistischen Länder folgten, machte Henry Maske 1983 im DDR-Boxsport zum »Aufsteiger des Jahres«.

Alles tutti paletti, möchte man meinen, doch trotz der Premiere des Frankfurters als Landesmeister im Dezember in Gera war es mit den Streicheleinheiten erst mal vorbei. Die FDJ-Zeitung »Junge Welt« mäkelte und empfand es als bedrückend, »wie weit sich im Mittelgewicht der mit seinem mageren Sieg (gegen den Magdeburger Woge – d. A.) zum Erfolg des ASK beitragende Henry Maske von Olympiamaß-

folg. Die Attacken von Gomez pendelte Maske geschickt aus und war eigentlich zu mitternächtlicher Stunde ungefährdet.«

Tauscht man die Namen aus, könnte diese Kampfbeschreibung auch ein Jahrzehnt später zu Papier gebracht worden sein, nur daß der reife Henry Maske da seinen Stil noch energischer, sicherer, überzeugender und perfekter – nun über 12 Runden – präsentierte. Seit September 1981 ging der Box-Geselle beim Meister Manfred Wolke in die Lehre, der die Faustkampf-Philosophie des »Treffens, ohne getroffen zu werden« auf seine Schützlinge übertrug. Maske hatte anfangs Probleme, mit den unnachgiebigen Forderungen Wolkes klarzukommen, fand nach einer Operation an der linken Schlaghand, die er als 17jähriger über sich ergehen lassen mußte, zudem nur schwer Anschluß an die kraftstrotzende Physis seiner meist ein, zwei Jahre älteren Kontrahenten. Der Coach, einer mit schlauer Listigkeit in der Verfolgung seiner Ziele, versuchte es mit der harten Tour. »Er hat mich so stark unter Druck gesetzt, daß ich nicht mehr wußte, ob ich Fisch oder Fleisch bin. Es gab eine knochenharte Auseinandersetzung. Die werde ich nie vergessen«, bekundet Maske. »Sie war der Knackpunkt zwischen ihm und mir. ›Bei dir schäme ich mich, in der Ecke zu stehen!‹, sagte er vor versammelter Mannschaft. Ich bin raus und habe überlegt: Wenn du jetzt mit dem Boxen aufhörst, wird dein Leben völlig anders sein. Dann klingelt morgens um sechs der Wecker, und abends um fünf fällt der Hammer.« Wolke mußte in den anderthalb Jahrzehnten danach, trotz manchen Maske-Tiefs, nie wieder zu derart drastischer Disziplinierung greifen. Die Lektion hatte gesessen und sich tief in die Seele eingebrannt.

Der Triumph gegen Gomez, den scheinbar Unbesiegbaren, trat bei Henry Maske eine Leistungsexplosion los, wirkte wie eine Initialzündung für einen, der noch auf der Suche nach sich selbst war – und plötzlich mit staunenden Augen sah,

stäben entfernt zeigte. Seine übertriebene Zurückhaltung dürfte nicht der Schlüssel zu internationalen Erfolgen auf Dauer sein.« Damit war ein Dauerthema geboren, das den Boxer Maske und seinen Trainer Manfred Wolke auf der einen und einen Teil der Sportjournalisten und des Publikums auf der anderen Seite im Dauerclinch sah. Unattraktives Defensivboxen, Taktiererei ohne Offensiv-Aktionen, unterkühlte Rechnerei auf dem »Punktzettel« im eigenen Kopf – Vorwürfe, die Henry Maske erst zunehmend erspart blieben, als sich seine Amateurkarriere unfreiwillig dem Ende zuneigte und die einmalige Erfolgsstatistik Kritik fast von selbst verbot. Die Praxis als Kriterium der Wahrheit. Und die Praxis war so, daß Maske sich fast immer die Gratulationen von denen abholen durfte, die die Nase über seine Art des Faustfechtens rümpften. Eine Art, die, so Henry Maske selbst, »allerdings die Bereitschaft verlangt, im Boxen mehr zu sehen als einen simplen Schlagabtausch«.

Im Ausland, so erinnert er sich an seine Amateurzeit, sei er mehr gefeiert und anerkannt worden als daheim. Bruno Schneider, Maskes früherer KJS-Direktor, Box-Fan und -Funktionär, berichtet von einem Seminar des DDR-Verbandes mit den Vorsitzenden der »Bezirks-Fachausschüsse« im Herbst 1985: »Wir standen in einer Pause auf dem Flur zusammen, als im Radio gemeldet wurde, daß Maske und sein ASK-Kollege Torsten Koch beim Weltcup in Seoul gewonnen hatten,

der zur gleichen Zeit stattfand. Präsident Schwidtmann und Generalsekretär Schan reagierten spontan: Um Gottes willen, ausgerechnet die beiden, die nicht boxen können. Es gab kaum Widerspruch, die nicht sonderlich hohe Meinung über das boxerische Vermögen der Wolke-Schützlinge war fast einhellig.« Unstrittig war, daß sich der mit boxerischen Anlagen wie Willenskraft gleichermaßen ausgerüstete 75-Kilo-Athlet in seinem nüchternen Kalkül hin und wieder vergaloppierte, damit selbst blockierte, den Gegner stark machte und über unnötige Niederlagen quittieren mußte. »Es brauchte seine Zeit, bis das in seinem Kopf durch war«, berichtet Schneiders Nachfolger Dr. Rudi Ramm. »Henry hatte eine ausgeprägte Intelligenz, einen vor dem inneren Auge mitlaufenden Film seines Kampfes. An sich eine Stärke, doch konnte daraus manchmal ein Hemmnis werden. Er hat die Punkte mitgezählt, meinte, wenn er hinten lag, eben noch so und so oft treffen zu müssen – und das würde dann reichen. Stimmte meistens, aber eben nicht immer. Bei Auswertungen haben wir auf ihn eingeredet: Junge, zählen ist gut, aber was passiert, wenn die Punktrichter anders zählen als du?«

1984 wurde das Jahr, in dem sich Henry Maske am häufigsten verspekulierte. Weh tat dabei vor allem die 2:3-Nieder-

Lohn für olympische Taten: Hinter Erich Honecker Diskuswerfer Schult, dahinter Maske.

Auftrag erfüllt: fünfmal Gold, einmal Silber für die DDR bei den EM 1985 in Budapest. Trainer Neef, Dieter Berg, Henry Maske, Siegfried Mehnert, Torsten Koch (Silber), Michael Timm, René Breitbarth, Trainer Sdunek (v l n r)

Henry als DDR-Meister 1986: Der Gürtel ist kleiner als der des Profi-Weltmeisters, der Stolz darauf nicht.

Zwei boxen sich durch: Henry Maske vorm Haus von Trainer Dietrich Bleck mit dessen Sohn Thomas, der heute Fußball-Profi bei Hansa Rostock ist.

lage gegen den Polen Henryk Petrich, einem der Dauerkontrahenten in Maskes Karriere, beim Boxturnier »Amistad« (Freundschaft) im August in Havanna. Bei den Funktionären daheim war das wegen des Los-Angeles-Boykotts als Olympia-Ersatz veranstaltete Ereignis der hochgehandelte Jahreshöhepunkt schlechthin. Am Ende gab es elf kubanische Sieger, nur der Schweriner Weltergewichtler Torsten Schmitz brach in die Phalanx der schlagstarken Schützlinge von Trainer Alcides Sagarra ein. Maske, zuvor für DDR-Auswahlchef Debert eine »Bank«, durfte nach einem Freilos bereits nach seinem ersten Auftritt in der Arena del Coliseo die Boxhandschuhe wieder einpacken. Deberts Urteil fiel kurz aus: »Henry hat sein Können nicht selbstbewußt eingesetzt, nicht konsequent um den Sieg gekämpft.« Der Stachel der Enttäuschung über das eigene Versagen saß tief, und der Frust wurde durch die »Abrechner« im Verband und im DTSB noch verstärkt, die Maske ihren Ärger über die Nichterfüllung der »Aufgabenstellung« deutlich spüren ließen. Als er im Dezember schließlich auch noch im Finale der DDR-Meister-

wirkungsvolle Kampfesführung begeistert gefeiert, ein in der DDR bisher einmaliges Publikumsvotum für die Leistung des Frankfurters.« Europas Bester bei den EM in Budapest im Mai, der Welt Bester beim Weltcup im November in Seoul, dazu die Rückeroberung des im Jahr zuvor verlorenen DDR-Meister-Titels – Maske billigte sich selbst zu, »daß ich mich auf dem richtigen Weg befinde«, daß ihm die vorausgegangenen »Nackenschläge« geholfen haben, wegzukommen von der Defensivhaltung, hin zum kampfbestimmenden Stil«. Und er versprach den immer noch skeptischen Faustkampf-Fans: In Zukunft keine »Schlafrunden« und »Wackeldinger« mehr. Von seinen 19 Kämpfen des Jahres 1985 hatte Henry Maske 17 gewonnen, darunter alle von größerer Bedeutung – die Leistung wurde mit Anerkennung und Vertrauen bezahlt, der Frankfurter erstmals zum »DDR-Boxer des Jahres« gewählt. Und die »Junge Welt«, die zwei Jahre zuvor den Mittelgewichtler am liebsten zum »Versuch eines Boxers« erklärt hätte, zeigte sich nicht nachtragend und mäkelte nicht mehr. Bei den DDR-Meisterschaften im Dezember in Ro-

schaften gegen den Berliner Eike Walther nur zweiter Sieger blieb, gaben manche Experten, die es schon immer gewußt haben wollten, keinen Pfifferling mehr auf Maske.

Der aber war mit sich selbst in Klausur gegangen, hatte die verlorenen Fights im Geiste wieder und wieder durchgekaut, um sie so zu verdauen. Das kann doch nicht alles gewesen sein, sagte sich Maske und begann sich zu korrigieren, ohne sich grundsätzlich als Boxer zu verwandeln. »Agieren statt reagieren, da mußte ich wieder hin. Dem Gegner meinen Stil, meine Art der Auseinandersetzung aufzuzwingen, das ist doch meine Stärke.« Beim 85er Chemiepokal in Halle hatte er mit Julio Quintana wieder einen Kubaner vor den Fäusten, und im »Boxring« bekam man danach Ungewohntes zu lesen: »Am Ende wurde Maske für seine sehr konzentrierte und

stock verteilte das Blatt Lobeshymnen für den neuen Maske: »Den Könnern voran marschierte Weltranglisten-Erster Henry Maske, der in allen Kämpfen sein gewachsenes Vermögen zeigte. Als bester Boxer dieser Titelkämpfe deklassierte er seine Rivalen und zeigte, mit welcher Konsequenz heute ein Weltklasseathlet auftreten muß.«

1986 bestätigte Maske dieses Qualitätsetikett bei den Weltmeisterschaften im US-amerikanischen Reno, wo er bei einem Skandal-Championat mit unwürdiger Organisation, Fehlurteilen und Zuschauerverweigerung (insgesamt 10 000 bei 18 Veranstaltungen!) im Finale gegen den 21jährigen USA-Meister Darin Allen durch ein 1:4-Punkturteil unterlag. Eher eine vergebene Chance für den Deutschen, der wohl auch gegen den Heimvorteil des Kontrahenten boxte. Allen sollte später noch einmal den Weg des Frankfurters kreuzen. Als Sparringspartner des Profis Maske war der Amerikaner seinem WM-Finalpartner von 1986, der in allen Belangen deutlich zugelegt hatte, klar unterlegen. Reno sah den einzigen Kampf des Jahres, den Henry Maske verlor. Die übrigen 15mal verließ er als Sieger den Ring, wurde als Gewinner der Turniere von Halle, Chiba (Japan), Wien, Rotterdam und Berlin gefeiert.

Und er stockte kräftig weiter auf der Habenseite seines Sportlerlebens auf: Im Februar wurde er »Verdienter Meister des Sports« der DDR, am 14. Oktober hefiele ihm Landesvater Erich Honecker den »Vaterländischen Verdienstorden in Gold« an das Revers der Uniform.

Die war als Lohn für Volltreffer zum Ruhme der sozialistischen Heimat inzwischen die eines Offiziers der Nationalen Volksarmee. Mit WM-Silber hatte sich der Frankfurter quasi auf eigene Faust zum Unterleutnant befördert. Zwei Jahre danach übersprang er mit dem Olympiasieg einen Dienstgrad. Gold war drei Sterne auf den Epauletten wert, alles unterhalb eines Armee-Oberleutnants hatte nun Männchen vor dem eher unmilitärischen Dienstsportler zu machen. Aber selten genug war Maske Uniform-, so gut wie nie Waffenträger. Selbst um die sechswöchige obligate Grundausbildung war er herumgekommen, weil da ein »Kampfauftrag« im Boxring Vorrang hatte. KJS-Direktor Rudi Ramm kann heute laut darüber lachen, wenn er an die Sportler in Steingrau denkt. »Appelle beim ASK hätte man filmen müssen, Schwejk wäre ein blasser Aufguß dagegen. Mit denen hätte man keine Schlacht gewinnen können. Natürlich nur militärisch gesehen.« Denn bei den Schlachten in den Arenen des Sports, da schlugen sie oft genug ganze Armeen von Gegnern aus dem Felde. Und empfingen Orden und Auszeichnungen der Landesväter. Die Oktober-Zeremonie 1986 war nur eine von mehreren Begegnungen Maskes mit Staats- und Parteichef Honecker, den der Frankfurter als SED-Mitglied seit Mai 1984 eigentlich mit »Genosse« und »Du« hätte ansprechen dürfen können. »Ich habe ihm ein paarmal die Hand geschüttelt«, erzählte der Boxer nach der Wende über seine Kurzaufenthalte unter den zumeist greisen Mitgliedern des »Rates der Götter«. »Ich habe kein Problem damit, und ich hatte auch nie das Gefühl, durch ihn irgendwie beeinträchtigt gewesen zu sein.«

1986 – rundum ein Erfolgsjahr für Henry Maske, das endet, wie es begann. Er schaffte es, als erster DDR-Faustkämpfer Weltranglisten-Erster in seiner Gewichtsklasse zu werden. Er wurde bei den Meisterschaften im Dezember in Schwerin – wie zwölf Monate zuvor – als bester Boxer des Turniers geehrt. Er wurde abermals »DDR-Boxer des Jahres«, ein Dacapo, was vor ihm auch noch keiner erreichte. Einer mit goldenen Händen, nein besser Fäusten, ein Erfolgs- und Tatmensch, der sich dennoch nicht begnügte.

Reno, sagte Maske, das war gut, aber nicht optimal. Er war unzufrieden. Grübelte, tüftelte, warum die Geraden, die Pendelbewegungen des Oberkörpers, die Rechts-links-Kombinationen im Ring manchmal nicht so kamen, wie er sie zuvor auf dem Reißbrett seiner Gedanken entworfen hatte. Wolke, der in dieser Zeit seinen Vorzeige-Schützling nur aus der Ferne sah, weil er – vom Oberstleutnant zum Major der NVA degradiert – statt Elite den Nachwuchs an der KJS be-

treuen mußte, ahnte, daß Henrys Medaillen die taktischen und technischen Probleme nur auf Zeit verdeckten. »Wie er 1986 geboxt hat, das war schlimm. Da stimmte zu vieles nicht.«

Erstaunlich, wie Maske die Defizite dennoch immer wieder kompensierte. Im Juni 1987 wurde der Kapitän der DDR-Mannschaft in Turin zum zweitenmal Europameister. Im Finale gegen Henryk Petrich, jenen Polen, der ihm im August 1984 in Kuba eine seiner schmerzlichsten Niederlagen beigefügt hatte, gelang ihm im vierten Aufeinandertreffen der dritte Sieg. Und als einzigem Boxer eine erfolgreiche Titelverteidigung. Die Experten waren angetan von der Art und Weise, wie der Frankfurter seine Kontrahenten ausboxte. Sie sozusagen wie mit dem Skalpell eines Chirurgen sezierte, ohne dabei Blut zu vergießen. Ein Credo, das er mitnahm in sein Profi-Dasein und das ihm ein Teil der Box-»Szene« bis heute so gern ausreden möchte. Der skeptische Auswahltrainer Debert attestierte Maske »Klasseleistungen«, die Boxsport-Journalisten klatschten mit der Auszeichnung als technisch bester Boxer des Turniers Beifall. Dennoch endete wenige Monate später die Zusammenarbeit mit Trainer Dietrich Bleck, der seit Mitte 1985 als »Auswechselspieler« für Manfred Wolke, der von der Klubführung wegen seiner Alkoholprobleme vorübergehend zur »Ernüchterung« auf die Strafbank geschickt worden war, eine glänzende Partie absolviert hatte.

Henry Maske weiß um Blecks Anteile an seiner sportlichen Bilanz, hatte aber das Gefühl, auf dem Weg zum Gipfel stehengeblieben zu sein, ihm nicht näher zu kommen. »Ich mußte etwas unternehmen mit Blick auf Olympia 1988. Und ich denke, als Sportler kann man ruhig mal aufmucken, wenn Leistung dahintersteht.« Maske – da kommt einem unwillkürlich die Szene aus der 10. KJS-Klasse mit Direktor Bruno Schneider in Erinnerung – ging zu seinem obersten NVA-Dienstherrn General Walter Herkner, erklärte ohne Angst und bestimmt: »Ich brauche Manfred Wolke als Trainer.« Der Box-Fan mit den geflochtenen Schulterstücken, schon bei Maskes Frankfurter Start (»Den muß du jetzt nehmen«, hatte er nach dem Spartakiadesieg des Ludwigsfelders ASK-Cheftrainer Heine nahegelegt) dessen Protegé, gab nach und gegen den Willen der Führung des DDR-Boxverbandes Befehle: Wolke wieder zu den Spitzenleuten, Bleck als Chef zum Nachwuchs. Für Dietrich Bleck war das keine ganz schmerzfreie Erfahrung. »Weltcupsieger, Vizeweltmeister, Europameister – es hatte schon was Kurioses, daß der Trainer, der mit Henry als einziger die sportlichen Leistungsvorgaben erfüllt hatte, auf einen anderen Posten versetzt wurde.« Bleck ist fair genug, trotzdem nicht nachzukarten. »Manne ist ein erstklassiger Mann, und es hat sich im Rückblick als richtig erwiesen, daß er Henry wieder betreute. Ich habe keine Probleme damit, das einzugestehen.« Die Psyche des Athleten spielte im Trainer-Rollentausch eine entscheidende Rolle.

»Zwischenolympische« Schiffsreise der Box-Auswahl 1986. Auch an Bord wird natürlich trainiert: Schatten-Boxer Henry Maske (rechts oben), den es auch immer wieder ans Meer zieht …

Urlaub mit dem Schweriner Michael Timm (rechts) in Rumänien 1985: »Belobigung für die EM-Titel von Budapest«.

Stand
riere:
Allen
Länd
Sven
von D
zurüc
Der H
in Se

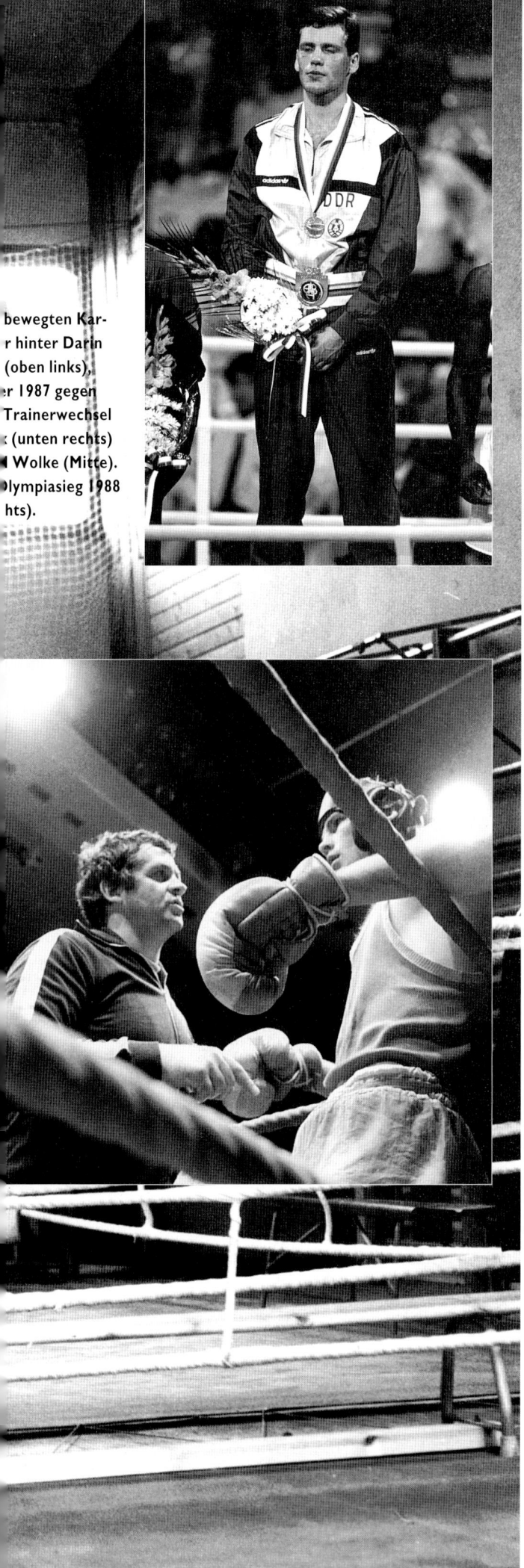

bewegten Kar-
r hinter Darin
(oben links),
r 1987 gegen
Trainerwechsel
(unten rechts)
Wolke (Mitte).
lympiasieg 1988
hts).

Henry Maske gewann das Gefühl, aus der Starre, gut zu sein, aber nicht besser werden zu können, erlöst zu sein. Sich mit Wolke wieder zu bewegen. Sich produktiv aneinander reiben zu können. Reibung erzeugt Leistung.

»Mit Wolke begannen wir einen Neuanfang, bauten die Verteidigung ordentlich auf, ich gewann wieder an Selbstvertrauen.« Beim Berliner TSC-Turnier im Herbst 1987 war der ASK-Mann so »hungrig«, daß er den keineswegs hasenfüßigen (West-)Berliner Sven Ottke schon vor dem Endkampf in Ehrfurcht fast erstarren ließ. »Der reißt mich auseinander. Maske ist viel zu schnell für mich. Werfen Sie das Handtuch, bevor ich k. o. gehe«, förderte Ottke seinen Trainer Gerhard »Bubi« Dieter auf. Den Knockout hob sich Maske damals noch zwei Monate auf. Beim Länderkampf zwischen der DDR und der BRD am 20. November in Rostock, den die Gastgeber mit 20:4 Punkten für sich entschieden, schickte der Frankfurter den Noch-Nicht-Landsmann mit einer kurzen Rechten zur Leber Mitte der ersten Runde über die Zeit zu Boden – für den nicht eben als harten Puncher geltenden Maske ein angenehmes Ausnahmeerlebnis.

Zum für 1989 vereinbarten Rückkampf zwischen den beiden Nationalstaffeln kam es im übrigen nicht mehr, weil sich der Drei-Buchstaben-Staat im Osten einstweilen eilends auf den Weg aus der politischen Geographie gemacht hatte – wo er dann schließlich am 3. Oktober 1990 als »Republikflüchtiger« beim bis zum Wende-Herbst 1989 als kapitalistischen Erzfeind verschrienen West-Nachbarn ankam. Für Henry Maske aber hatte sich die Welt schon Monate vorher gedreht. Zwei Tage nach dem »Tag der Deutschen Einheit« gewann er bereits seinen vierten Profikampf, und längst war alles ganz anders als in jenem Jahr 1987, da er mit seinem Knockout gegen Ottke brav den »Klassenauftrag« erfüllt hatte. Damals lagen noch Maskes größte Amateurerfolge vor ihm, aber auch ein personifizierter Alptraum: Angel Espinosa. Dreimal zwischen Oktober 1987 und Juli 1988 stand Henry ihm im Ring gegenüber, dreimal war er – auch mit Wolke in der Ecke – chancenlos. Bei Olympia 1988 in Seoul fehlte Espinosa, weil die Kubaner die Spiele boykottierten. »Er war der einzige, der mich hätte schlagen können«, ist sich Maske sicher, gibt zu, irgendwo ein Sportler zu sein, »der sich bei einem Sieg nicht ganz wohl fühlt, wenn der stärkste Kontrahent gefehlt hat«. Ob Espinosa auch ein viertes Mal gewonnen hätte, wird Spekulation bleiben. Das olympische Turnier jedenfalls erlebte einen Henry Maske auf der Höhe seines Könnens, selbstbewußt und seiner Mittel sicher. Ein gutes halbes Jahr später wurde er in Athen auch Europameister, schaltete dabei im Halbfinale den Russen Andrej Kurnjawka mit 5:0 aus. Derselbe Kurnjawka ließ schließlich im Spätherbst 1989 im Mittelgewichts-Endkampf der Moskauer WM dem als unschlagbar gerühmten Angel Espinosa nicht die Spur einer Chance. Henry Maske war da, bei seiner letzten Meisterschaft als Amateur, eine Klasse höher zu den Halbschweren geklettert – und gewann als erster und letzter DDR-Boxer einen Weltmeistertitel. Vier Monate nach dem EM-Triumph im angestammten 75-Kilo-Limit ein Kunststück, das die Exekutive der AIBA, des Amateurbox-Weltverbandes, einmütig mit dem Russell-Cup für den besten Boxer der WM honorierte. Und auch die Kubaner konnten Henry Maske nicht mehr aufhalten: der zweifache Weltmeister Pablo

41

Romero steckte viel mehr ein, als er gegen den schnellfüßigen Gegner austeilen konnte. Für die Güte des neuen Titelträgers sprach, daß er der einzige Olympiasieger war, der ein Jahr später in Moskau auch Weltchampion wurde.

Seoul, sagt Maske später, sei »der ereignisreichste Moment« in seinem Sportler-Leben gewesen. In seinem ersten wohlgemerkt, denn die Intensität, die Erlebnisdichte ist für den Berufsboxer Maske eine ganz andere geworden.

Er ist eine Person öffentlichen Interesses – Sportler, Talk-Show-Gast, Model, Werbeträger, Meinungs-Multiplikator, Vorbild, Olympiasieger dagegen wurde er fast unauffällig, unmerklich. Weil die DDR davon Dutzende hatte, weil der verordnete Kollektivismus Stars nur ungern zuließ und auf ein Einheitsmaß zurechtstutzen wollte.

Olympia war für Henry Maske dennoch etwas, das bleibt, ein Erlebnis, das einem niemand wegnehmen kann. Sportlich, weil es im Wettstreit mit den Besten der Welt gilt, nicht nur »Normalform« zu bringen, sondern Mobilisation abzurufen, von der man bis dahin nicht einmal wußte, daß man sie aufbringen kann. Emotional, weil »man selbst drinsteckt in dem Ganzen, auf einmal spürt, was mit der leicht stereotyp wirkenden Festellung vom Treff der Jugend der Welt gemeint ist: dieses Gewimmel von Hunderten verschiedenen Trainingsanzügen, von Nationen, Sprachen und Gesichtern – und alle treiben auf irgendeine Art Sport und warten auf ihre ganz persönliche Sekunde. Es ist großartig!« Wobei die verbissene Ernsthaftigkeit beim Kampf um Medaillen, künftige Werbeverträge da, Medaillen zum Ruhm der sozialistischen Heimat dort, wenig Raum ließ für Gänsehaut und aufsteigendes Augenwasser bei einem Ereignis der großen Gefühle.

Am dritten Tag der Spiele bestritt Henry Maske seinen ersten Turnierkampf gegen einen Boxer aus Malawi, am vorletzten den fünften, das Finale gegen den Kanadier Egerton Marcus. 34 Boxer hatten um die vier Medaillen im Mittelgewicht – Bronze wird zweimal vergeben – gestritten, nur einer bekam Gold am 1. Oktober: Henry Maske. »Die reine Euphorie«, beschreibt der den Moment des Sieges. »Explosionsartig wurden die Gefühle frei – erst war nur die Hoffnung dagewesen, dann war das Ziel etwas Greifbares geworden, und jetzt die Erlösung!« Als seinen »bisher größten Kampf« bezeichnete Henry seine olympische Abschiedsvorstellung gegen Marcus, der später – nie bewiesen – über seine angeblich gebrochene Schlaghand und »Pitsch-Patsch-Treffer« Maskes meditierte. Als man sich sechseinhalb Jahre später – der Kanadier als Herausforderer, Henry Maske als Profi-Champion – im Ring der Frankfurter Festhalle zu einem 12-Runden-Fight wiedertraf, war nur ein paar Minuten lang von Revanche die Rede, dann ist alles wie in Seoul: Maske ist der Herr des Ringes, Marcus der Verlierer. Ehrenvoll, aber deutlich. »Ich konnte hier so boxen, wie es mir liegt, meine Reichweite und Technik stets ausnutzen«, beschrieb der weltbeste Mittelgewichtler seinen olympischen Südostasien-Trip. »Maske nutzte seine Stärken, agierte schneller, ließ dem Gegner gar nicht erst Zeit, zu seinem Konzept zu finden, und feierte im typischen Maske-Stil – sparsam, aber wirkungsvoll boxend – seinen Gold-Triumph«, formulierte der Fachkommentar. Nur knapp, mit 13:14 Stimmen, unterlag der Frankfurter schließlich dem US-Amerikaner Roy Jones bei der Wahl des besten, mit dem Val-Barker-Cup ausgezeich-

neten Technikers. Wolkes Meisterschüler, einst ob seiner Kampfesweise geschmäht, hat seine Kritiker erzogen. Die haben, widerwillig erst, dann mit zunehmender »Sprachfreude« die Box-Vokabeln des Henry Maske gelernt.

Daß 1989 sein letztes Amateur-Jahr werden wird, hat Maske nicht ahnen können. Als er am 10. November 1988 auf einer Festveranstaltung der Armeesportvereinigung (ASV) Vorwärts durch den Minister für Nationale Verteidigung der DDR, Armeegeneral Heinz Keßler, als Dank für seine olympischen Großtaten befördert wurde, schien die Mauer fest und unverrückbar in die zerrissene deutsche Erde zementiert. Daß sie genau 364 Tage danach nur noch ein anachronistisches Baudenkmal der deutschen Nachkriegsgeschichte war, hätte man anno '88 für Fieberphantasien eines Verrückten gehalten. Da gewinnt es fast symbolische Bedeutung, daß Henry Maske am 11.11. desselben Jahres »für außerordentliche Leistungen zur Stärkung des sozialistischen Vaterlandes und zum Ruhme des Sports und der olympische Ideale« zum zweitenmal mit dem »Vaterländischen Verdienstorden in Gold« und Trainer Wolke mit dem Orden »Banner der Arbeit, Stufe I« geschmückt wurde. Spätsozialistischer Karneval ohne Happy-End. Statt »Wolle mer se reinlasse?« wurde das »Wolle mer se rauslasse?« zur Existenzfrage des Systems, dessen Lauf angeblich weder Ochs noch Esel aufzuhalten in der Lage sein sollten.

Doch Henry Maske boxte und siegte weiter. Vor, mit und nach der Zeitwende. Für sich, für Wolke, für den Klub, auch noch für die DDR. Er wurde in Athen ungefährdeter Europameister, zum dritten Mal in Folge. Danach kletterte er ins Halbschwergewicht, wurde damit die konditionellen und psychologischen Probleme los, vor jedem Wettkampf mehrere Kilo Gewicht »abkochen« zu müssen. Andererseits mußte Maske damit beim TSC-Turnier im August den Schweriner Sven Lange, kurz zuvor ebenfalls kontinentaler Champion geworden, aus dem Weg räumen, um sich ein Ticket für die Moskauer WM zu erboxen. Und auch ein Kubaner stand ihm in Berlin wieder einmal im Wege. Landesmeister Orlando Despaigne versuchte mit reichlich unkonventionellen Mitteln, dem unbequemen Widerpart beizukommen. »In der dritten Runde verlor er völlig die Übersicht, biß Maske in die Schulter und wurde daraufhin vom Ringrichter disqualifiziert«, wußte der »Boxring« zu berichten. Im Weltmeisterschafts-Finale gegen Despaignes Landsmann Romero, der Henry im gemeinsamen Sparring mit den DDR-Boxern drei Wochen vor dem Titelkampf noch ein »Veilchen« verpaßt hatte, ging das Duell zwar ohne weiteren »Gebißabdruck« über die volle Zeit, doch Auswahlcoach Debert mußte auch da kaum um seinen Gold-Favoriten zittern. »Mit Henry Maske gewann unser derzeit bester Boxer verdient. Gegen den zweifachen Weltmeister behielt er stets kühlen Kopf, hatte den Kampf in jeder Phase unter Kontrolle und punktete mit Überlegung.« Manfred Wolke hatte zuvor ein zumindest ungewöhnlich formuliertes Drei-Runden-Rezept ausgegeben: »Du stehst wie ein Hochhaus und läßt dich auf keinerlei Risiko ein.« Maskes Triumph wurde für AIBA-Präsident Anwar Chowdry aus Pakistan zur »Kunst des Faustfechtens in Perfektion«. Mit seinem 160. Sieg im 178. Kampf war der Frankfurter nach Anfang, Mühsal, Aufstieg, oben – nun ganz oben.

»Dieser Sieg ist mir wert mehr als alle bisherigen, denn

hier war die ganze Welt. Es war jener Erfolg, der mir noch fehlte. Dafür bin ich an die Grenze des physisch Zumutbaren gegangen.« Im Dezember danach, als die Nachwende-Zeitrechnung schon begonnen hatte, gewann Henry Maske in Manila sein letztes Amateur-Turnier. Zum dritten Mal nach 1985 und 1986 wurde er DDR-Boxer des Jahres, der letzte seiner Art. Alle 21 Kämpfe, die er 1989 bestritt, hatte er gewonnen. Ein ungeschlagener Champion, der er bis heute geblieben ist. Die Zeit der Niederlagen war vorbei, aber nicht vergessen. »Ich kenne dieses Gefühl, ich weiß, wie es ist. Ich brauche es nicht mehr.« Ein Verzicht, der Verzicht verlangt. Und Stärke.

1989, noch mitten in der Vorwende: Henry Maske besiegt beim Chemiepokal den Kubaner Duvergel (oben), fährt mit einem starken **DDR**-Team zu den **EM** nach Athen (Mitte), erhält von Generaloberst Brünner den Kampforden der **NVA** (unten) – und wird in Moskau Weltmeister!

4. Runde
Niederlagen tun weh –
und heilen

Als Henry Maske noch ein heranwachsender Jüngling von eher schmächtiger Gestalt war, da fiel er im Boxring beim Training und bei den Wettkämpfen mehr durch seine scheinbare körperliche Zerbrechlichkeit denn mit sportlichen Großtaten auf. »Was willste denn mit diesem Dürren«, spotteten die Kollegen, wenn Dietrich Bleck oder später Manfred Wolke mit dem lang aufgeschossenen Schlaks antraten. Andere protzten mit ihrer Robustheit, demonstrierten erstaunliche Muskelberge und schiere Kraft, die aus dem Wege zu räumen versprach, was sich in den Weg stellte. Doch dieses Versprechen war schwer einzuhalten, wenn man auf einen wie Henry Maske traf. Denn dessen porzellanene Fragilität täuschte, verwandelte sich im Ring in

»Nicht klammern«, höre ich aus der Ecke. In der Halbdistanz geht er das Risiko ein, sich diesen Haken einzufangen. Distanzboxen!

Was mag er sich vor dem Kampf gedacht haben? Nach Jahren konzentrierten Trainings Gott sei Dank konnte er hier eine Meidbewegung anbringen. Sehr schön, rechts links, rechts links, aber jetzt ein harter Treffer von Williams.

Wie ist es um die Luft von Williams bestellt, wenn die Rundendistanz länger wird? Er hat Gewichtssorgen gehabt, er hat abgekocht.

Vorbildlich die Kampfleitung des amerikanischen Ringrichters. Bis jetzt.

Eine für Sie sehr informative Kameraeinstellung, sie beobachtet die Beinarbeit.

Die letzte Minute in der 4. Runde. Auch diese Rechte fand nicht ihr Ziel.

energische Zähigkeit, in Widerstand und Aufbegehren. In Behauptungswillen, der dem oftmals baß erstaunten Kontrahenten mehr zusetzte, als die Treffer durch Henrys Fäuste. Da entschied sich der Kampf, da neigte sich die Waage, da siegte der Kopf über die körperliche Wucht. Manchmal erst mit verzögerter Wirkung, nach schmerzlichen Niederlagen für den jungen Maske. Der speicherte das Erlebte in seinem Gedächtnis, legte sich ein geistiges Archiv seiner Kämpfe an, um bei der nächsten Gelegenheit gegen denselben Gegner das Drei-Runden-Drehbuch nach eigenem Gusto umzuschreiben.

Selten hat er zweimal hintereinander gegen einen Kontrahenten verloren — nur der Kubaner Angel Espinosa schaffte das und gewann sogar den dritten Vergleich in Folge im »Head-to-head«-Duell mit Maske. Die einzige Ausnahme in zwei Jahrzehnten Faustkämpfer-Dasein, bei der der erfolgreichste deutsche Amateur nicht die probaten Antworten auf die Prüfung durch eine Niederlage fand. In allen anderen Fällen wartete der brave Soldat (und spätere Offizier) Henry Maske nicht auf Befehle von oben, sondern erteilte sich selbst die passende Order zur Kurskorrektur. Gespeist von einer Melange aus Frust und Lust, Ärger über sich selbst und Ehrgeiz: »Das passiert dir nicht noch einmal.«

Im Trainingscamp in der Jugendzeit, erinnert er sich, da sei einer gewesen, bärenstark und von sich überzeugt, »der hat uns alle in den Schatten gestellt, der hat über uns gelacht«. Einer, der sich so gut wie perfekt wähnte. »Der hatte nur ein Problem: Der hat nie gelernt zu lernen.« Henry Maske gibt zu, daß es Phasen gab, wo auch ihm das schwerfiel. Daß er da ab und an verlor, sieht er im Rückblick fast als Glücksfall an. Besser damals als später! Galt es im Ring, ging es um Titel und Medaillen, war der Frankfurter die personifizierte Zuverlässigkeit. Vom 84er Olympia-Ersatz in Havanna abgesehen, gab es seit den Europameisterschaften 1983 in Warna, dem internationalen Debüt des 19jährigen, kein Championat, von dem er nicht dekoriert zurückgekehrt wäre. Der Junge aus dem Camp dagegen träumt heute wahrscheinlich davon, was aus ihm hätte werden können. Wenn, ja, wenn …

Erstaunlich bleibt es allemal, daß der Teenager von der Oder bereits früh jene nicht unbedingt altersübliche Charakterreife besaß, für sich alle Eventualitäten eines »Was wäre, wenn …« ausschließen zu wollen. »Von Anbeginn meiner Laufbahn war ich ein schlechter Verlierer. Ich wollte immer der Beste sein, und oftmals kam es mir in den Sinn, ich müßte morgens beim Aufwachen sofort daran denken, daß mich gestern jemand schlug, bloß, weil ich zuwenig gearbeitet hatte. Ich kann mich im Wettkampf nur wohl fühlen, wenn ich dafür im Training genug getan

habe.« Das hat er sich früh zur Maxime gemacht, und nie als Grundsatz losgelassen.

»Henry«, sagt Box-Kollege und Freund Andreas Otto, »hätte gegen die eigene Natur handeln müssen, wenn er es anders gemacht hätte«. Bei ihm ist das ewige Dilemma menschlicher Unfertigkeit, der schleichenden Sucht zur bequemen Faulheit nachzugeben, den weniger anstrengenden Flach-Pfad dem steilen Anstieg vorzuziehen, besessener Zielstrebigkeit unterlegen. »Der hat im Training immer 110 Prozent oder mehr gemacht, das war für die anderen manchmal ganz schön belastend. Henry, der erschien einem oft wie ein Hinweis auf eigene Schwächen und Nachlässigkeiten. Wenn er verlor, was ihn einigermaßen mitnahm, ohne daß er es spüren ließ, dann wollte er wenigstens mit der Überzeugung unterliegen, daß der Kontrahent besser war.« Der Geist der Champions.

Muhammad Ali, für den Profi Henry Maske der »Größte«, wußte, daß ein Boxer-Leben nicht nur aus Siegen besteht, und konnte damit umgehen. »Wenn ich einen Kampf abschließe, akzeptiere ich auch die Konsequenzen. Ich tue alles, um den Kampf für mich zu entscheiden, aber wenn ich besiegt werde, muß ich wieder aufstehen und erneut in den Ring steigen, auch wenn die Niederlage noch so demütigend ist.« Maske übersetzt das auf seine Art: »Der Sieg beginnt im Kopf.« Und ein verlorener Kampf kann sehr wohl dazugehören. »Das ist keine Niederlage, sondern ein Ergebnis«, relativiert der Faustkämpfer im Vollbesitz seiner geistigen Kräfte seinen Beruf. »Eine Niederlage wäre es, wenn ich mich nach einem verlorenen Kampf aufhängen würde.« 18 seiner 181 Amateurkämpfe hat Henry Maske nicht als Sieger beendet, statistisch also jeden zehnten. Statistik, die, so simpel übertragen, den Blick auf sein Boxer-Leben verzerrt. Denn Maskes Karriere — im Ausschnitt schon mal fieberkurvig, in der Gesamtschau aber stetig kletternd — gleicht einem Steigerungslauf mit ständig beschleunigender Schrittfrequenz. Einem Ziel-Spiel mit permanent sinkender Fehlerquote. Im Februar 1985 hat er bei einem Vorrundenkampf der DDR-Mannschaftsmeisterschaft letztmals gegen einen Deutschen, den Hallenser Maik Koudele, verloren. Ein Jahrzehnt ist er seitdem der Herr im eigenen Hause — in Maskes immer länger werdenden Schatten frieren seit der Wende und dem Wechsel des Frankfurters ins Profilager auch die besten Preisboxer aus dem Westen des Vaterlandes. Selbst bei noch ausstehenden Duellen mit Graciano Rocchigiani oder Dariusz Michalczewski, dem Weltmeister des allerdings eher geringgeschätzten Profiboxverbandes WBO, wagt längst keiner mehr die Ausnahmestellung Henry Maskes anzuzweifeln. Der wurde bereits 1990, in seinem ersten Berufsjahr, deutscher

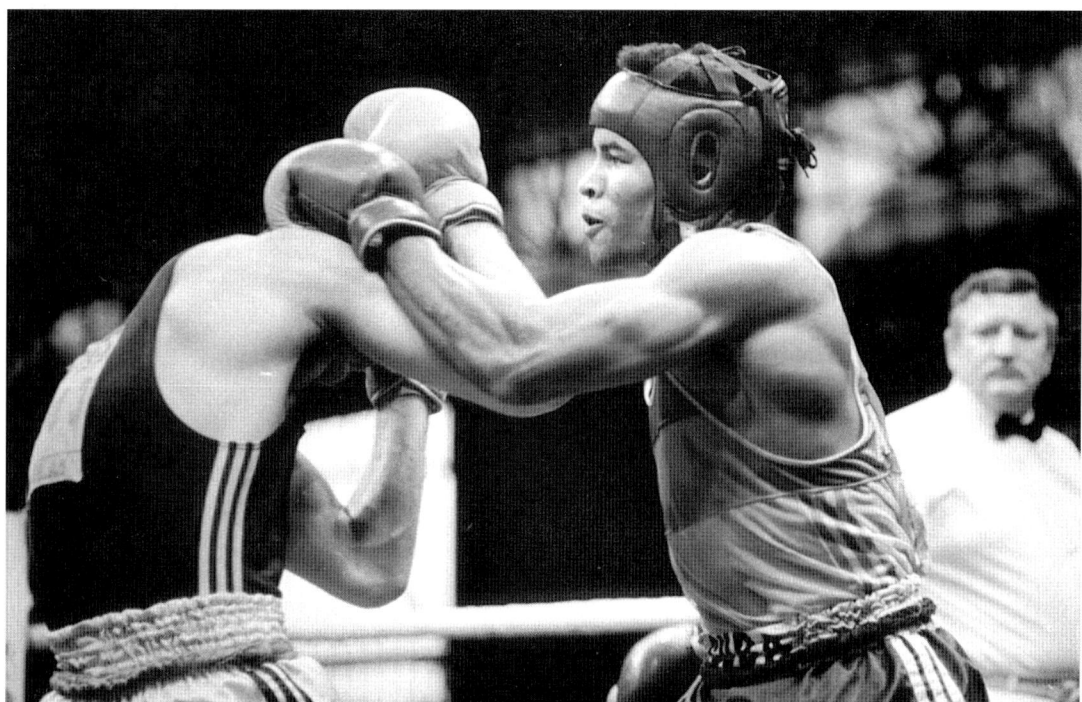

Angel Espinosa, der
kubanische Alptraum
für Henry Maske.
Dreimal trat der Frank-
furter 1987 und 1988
gegen ihn an, dreimal
verlor er.

Januar 1987: Henry
Maske mit seinem
knapp dreijährigen
Sohn Steven. (Seite 45)

47

»Profiboxer des Jahres« – und demonstrierte seither in 26 Kämpfen mit 26 Siegen die Berechtigung dieser Wahl.

Der Champion ist überzeugt, daß seine Siege nicht erst mit dem Auftritt im Ring beginnen. »Ich setze mich in der Vorbereitung ständig mit meinem Gegner auseinander. Ich versuche, auf alle Fragen eine Antwort zu finden. Das wichtigste, um einen Kampf zu gewinnen, ist die Zeit davor.« Maske will im Ring nicht erschrecken über das, was plötzlich auf ihn zukommt. Er mag es lieber andersherum: »Das Ärgste erwarten und hinterher feststellen, es ist ja gar nicht so schlimm.« Verdrängung löst die Probleme nicht, sondern potenziert sie. Der Profi Maske ist einer, der sich tage- und wochenlang mit seinem Gegner beschäftigt. Er geht mit ihm schlafen, er steht mit ihm auf, er sparrt mit ihm beim Training, er studiert ihn, er lebt mit ihm. Das kommt dem Mann entgegen, läßt ihn sozusagen mit Punktvorsprung in die 12-Runden-Tortur einsteigen. Als Amateur hat er diese Zeit nicht gehabt, außerhalb des Ringes nicht, und in der Dreimal-drei-Minuten-Hatz des Kampfes erst recht nicht. Vielleicht hat er deshalb einige seiner Faust-Duelle verloren – die Geschichte war schon vorbei und zu Ende, ehe Maske den »Lernstoff« beherrschte.

Es gab Niederlagen, die taten ihm besonders weh. Die gegen den Polen Petrich etwa beim 84er Turnier der Freundschaft auf Kuba, die gegen TSC-Mann Eike Walther im Finale der DDR-Meisterschaften im gleichen Jahr, die gegen »Alptraum« Angel Espinosa 1987 und 1988. Das 2:3 gegen Petrich vor den Augen von Box-Fan Fidel Castro verdarb Maske nicht nur die Ersatz-Befriedigung, gar nicht so weit von Los Angeles wenigstens Ersatz-Olympiasieger zu werden, sondern auch die Gönnerschaft einiger Medaillenrechner und Erfolgs-Buchhalter in der DDR-Sportführung. »Wenn die Erfolgreichen begrüßt worden sind und man ihnen gratuliert hat, kommt der Rest der Mannschaft so als Rattenschwanz hinterher. Da fühlt man sich dann, auf gut deutsch gesagt, als Arschloch der Nation. Ich war für einige so etwas wie die größte Null des DDR-Sports, und so wurde ich auch behandelt«, beschreibt Maske sein damaliges erschüttertes Seelenleben, das er noch einige Zeit mit durch den Ring schleppte.

Angezählt, mit hängender Deckung, zaghafter Gegenwehr – Maske mußte sich wiederfinden. Für einen 20jährigen an sich nichts Unnormales, aber der Sport vergibt nun mal keinen Bonus. Fürs Alter nicht, für die unerfahrene Jugend nicht. »Im Boxen gewinnst du oder verlierst du, dazwischen ist nichts«, lautete die Lektion, die Henry Maske, 1983 noch als die »Entdeckung des Jahres« gefeiert,

danach lernen mußte. So schmerzhaft, daß er sich in Kuba zwei Tage von der Außenwelt abriegelte, weil niemand seine Tränen der Wut und Enttäuschung sehen sollte.

Trainer Manfred Wolke schob den Schützling, energisch stoßend und behutsam führend zugleich, wieder aufs richtige Gleis. »Niederlagen tun weh, aber sie können auch heilen«, sagt er. »Das entscheidende ist, was man aus ihnen macht. Meistens helfen sie sogar. So war es bei mir. Ich wußte dann, da mußte du jetzt ran. Den Fehler darfst du nicht wieder machen. Es gibt Niederlagen, die können zerschmetternd, karrierebeendend sein. Doch wenn es soweit kommt, dann haben Boxer und Trainer schon vorher sehr viel falsch gemacht.«

Zerschmettert war Maske nach der Kuba-Pleite nicht, da war Wolke vor!

Aber die Psyche wieder auf die Beine zu bringen, die Blockade der Fäuste durch den Kopf, den Zweifel an sich selbst, aufzuheben, das nahm Henry Maske mit ins nächste Jahr. Als er im Dezember 1984 in Berlin seinen DDR-Meister-Titel an den TSC-Boxer Eike Walther verlor, da hieß es in der Presse mokant: »Für den Berliner ein schöner Erfolg, für Henry Maske wohl aber doch Anstoß, seine auf Konter aufgebaute Taktik zu überdenken. Um erfolgreich zu sein, ist einfach mehr Aktivität erforderlich.« Walther gewann klar, und gab danach sein Siegrezept weiter. »Ich bin mit dem festen Vorsatz in den Ring gegangen, mich nicht zu verstecken und von Beginn an durch Angriffsdruck um den Sieg zu kämpfen. Zwei Runden konnte ich ihn so beschäftigen und in die Defensive drängen. Das brachte mir den Erfolg.«

Die einfache, schwere Wahrheit. Denn auch Walther weiß, daß seine Stärke zum Gutteil aus der Schwäche des Kontrahenten wuchs. »Henry hatte boxerisch alle Möglichkeiten, setzte sie aber nicht immer um. Eigentlich hat er seinen Stil von damals bis heute beibehalten: sehr rationell, taktisch nahe an der Perfektion, den Gegner ständig bedrohend. Seine Größe und die Rechtsauslage machten jedem Kontrahenten zu schaffen. Es war stets die gleiche Manöverhandlung bei ihm: ein bißchen drücken, dem anderen mit der langen Führhand vor dem Gesicht herumfummeln. Gewinnen konnte man gegen ihn eigentlich nur, wenn man selbst einen ausgesprochen guten, er dagegen einen schlechten Tag erwischt hatte.«

Walther, schon 1987 aus dem Boxsport ausgestiegen, »weil ich das nie als einziges Ziel für mich sah«, hat auch heute eine Empfehlung, wie der als Profi-Champion weiter erstarkte Henry Maske bezwungen werden könnte. »Im ersten Angriff zu Kopf oder Körper darf man gegen ihn nur möglichst wenig Energie verbrauchen. Folgt sofort ein zweiter mit voller Power, dann ist er mitunter hilflos – auch heute noch, daran hat sich nichts geändert. Aber um das durchzuziehen, braucht man fast übermenschliche Kondition. Man muß ihn überrennen, ihn ›auffressen‹.« Nur ist weit und breit niemand zu sehen, der einen Brocken wie Maske ohne erhebliche Magenprobleme verdauen könnte. Bei den Profis, denen in aller Regel die selbstquälerische Konsequenz des Frankfurters abgeht, noch weniger als bei den Amateuren.

Da immerhin gab es mal einen, an dem Henry Maske, der Eiserne, Unbeugsame, fast zu zerbrechen drohte. Der knapp drei Jahre jüngere Kubaner Angel Espinosa, 1986 in Reno

Der Hallenser René Suetovius darf sich rühmen, Henry Maske einmal bezwungen zu haben.

durch einen Finalsieg über den Geraer Enrico Richter Weltmeister im Halbmittelgewicht geworden, hatte trotz des Sprungs in die nächsthöhere Kategorie nichts an Klasse eingebüßt. Beim Weltcup im Oktober 1987 in Belgrad wies er Maske, der nach einem schweren rechten Cross Mühe hatte, den ersten Knockout seiner Laufbahn zu vermeiden, den Statisten-Part zu. »Espinosa bestätigte seinen Ruf als gegenwärtig bester Boxer der Welt, und Henry Maske wird es künftig auch bei besserer Einstellung auf diesen Kontrahenten und weiterem Klassezuwachs sehr schwer haben gegen diesen Ausnahmeboxer«, kommentierte das DDR-Verbandsblatt die im Richterurteil – 60:55, 60:53, 60:55, 60:56 und 60:56 – dokumentierte ungleiche Rollenverteilung. »Mich traf damals beinahe der moralische K.o.«, berichtet Maske über seine unheimliche Begegnung mit einem Boxer der besonderen Art. »Bis dato glaubte ich, die Nummer eins im Mittelgewicht zu sein. Doch der Kubaner führte mich im Ring vor wie einen kleinen Jungen.«

Espinosa, ein Geist-Boxer wie der Deutsche, wiederholte seine Demonstrationen am lebenden Objekt, das Henry Maske hieß, beim Hallenser Chemiepokal im März 1988 und beim Berliner TSC-Turnier im Juli. »Mögliche Zweifel wird es jetzt nicht mehr geben. An diesem Angel Espinosa kommt Henry Maske nicht vorbei, es sei denn, einer der beiden wechselt die Gewichtsklasse«, war sich »Boxring« sicher. »Der Frankfurter konnte in der Vergangenheit mit den ihm eigenen Möglichkeiten manchen guten Mann schlecht aussehen lassen. Nun degradiert Espinosa ihn selbst beinahe zum Anfänger. Gegen ihn zu verlieren ist beileibe keine Schande.«

Beim letzten Aufeinandertreffen der beiden im Juli 1988 durfte vorsichtig registriert werden, daß Maske »einige Male mit Rechts-links-Kombinationen traf und zeigte, daß er durchaus gegen diesen Ausnahmeboxer nicht chancenlos ist«. Wolke lobte seinen Schützling für seinen »besten Kampf«, Auswahl-

chef Debert indes flippte aus, weil er Siegeswillen vermißte – und Überleben allein keine Goldmedaillen verhieß. Angel Espinosa spürte, daß sich Maske gegen Angst, Selbstaufgabe, Resignation auflehnte. Der Kubaner respektierte denn auch seinen Gegner als einen »intelligenten Athleten«, mit dem er sich durch eine sinnverwandte Box-Philosophie verbunden fühlte: »Da treffen zwei sportliche Kontrahenten aufeinander, die innerhalb der Regeln versuchen, ihren Kampfstil durchzusetzen. Dazu sind Kraft und Stärke nötig, aber mehr noch Überlegung. Boxen hat viel mit dem Kopf zu tun. Ich liebe das technisch saubere, überlegene Kämpfen mit den Fäusten, nicht das wilde Drauflosschlagen.«

Wenige Monate später, bei Olympia, fehlten die Kubaner, weil Castros Insel-Republik die Spiele in Seoul boykottierte. Das mögliche vierte Duell zwischen Henry Maske und Angel Espinosa fand nicht statt. Gekämpft indes hat der Wolke-Musterschüler noch oft gegen den Kubaner – nicht gegen den aus Fleisch und Blut, sondern gegen die unsichtbare Herausforderung. Im Sparring, beim Schattenboxen, bei der geistigen Vor- und Nachbereitung zig späterer Kämpfe. Und er hat dabei nie aufgehört zu lernen.

Eike Walther (rechts) wurde 1984 gegen Maske DDR-Meister. – Als Wolke »out« war, stand wieder Dietrich Bleck in der Ecke.

Kein Davonlaufen vor Problemen, sondern innere Sammlung.

Daß Henry Maske heute so stark ist, hat auch mit Angel Espinosa zu tun. Trotz, wegen der drei Niederlagen. Im Jahr nach dem »Jahr ohne die Kubaner« hatte Maske im WM-Finale wieder einen, der als nicht aufzuhaltende Kampfmaschine galt, vor seinen Fäusten. Der Frankfurter war einstweilen Halbschwergewichtler, Anfänger im 81-Kilo-Limit, und traf auf Pablo Romero, der in dieser Klasse schon zweimal Weltmeister geworden war. Alle Ringauftritte bis zum Finale hatte der Kubaner kurzrundig für sich entschieden. Gegen Maske erging es ihm wie jenem zuvor gegen Espinosa: Er wehrte sich nach Kräften, aber wurde klassisch vorgeführt. Was er da nicht wußte: Seine Niederlage gegen Henry Maske resultierte vor allem auch daraus, wie dieser mit seinen Niederlagen umging. Wie war das mit dem Jungen aus dem Trainingscamp? Der hatte nie gelernt zu lernen. Maske hat damit früh angefangen, und – was wichtiger ist – bis heute nicht aufgehört. Eine Niederlage sei Schmerz ohne Ende, wie eine Steinigung, wird Maske als Profi sagen. Mit der Erfahrung, daß mit einem verlorenen Kampf das erreichte oder verheißene Paradies verloren sein kann. Daß es nicht wie beim Tennis eine Woche später das nächste Turnier geben wird, wo die Hierarchie schon wieder geradegerückt werden kann. »Trotzdem, in den Keller würde ich nicht fallen, wenn es doch mal passiert«, ist er sich sicher. »Ich würde wiederkommen.«

Auch außerhalb des Boxrings hat sich Henry Maske auf diese Weise aus Niederlagen herausgezogen. Da er feste Bezugspunkte braucht, ein geordnetes Umfeld, in dem die Dinge an dem Platz sind, wo sie hingehören, war die frühe Bindung an seine spätere erste Ehefrau Anke irgendwie folgerichtig.

»Wer im Leben A sagt, muß auch B sagen« – die im Elternhaus quasi schon mit der Muttermilch aufgesogene Marschorder war eine Maxime für alle Fälle. Da hatte alles eine gewisse Endgültigkeit, die Sicherheit gab, behütete, schützte. Ein Refugium, das den Aufbruch ins Risiko des Hochleistungssports, ins Sein oder Nichtsein einer ausschließlich an Erfolgskoordinaten fixierten Welt neben der wirklichen Welt erlaubte, weil die Rückkehr garantiert schien. Als 19jähriger heiratete Henry, man wohnte bereits einige Zeit zusammen. Als 20jähriger wurde er Vater, Sohn Steven – geboren am 20. März, jenem Tag, an dem Henry Maske 1993 in der Düsseldorfer Philipshalle Profi-Weltmeister wurde – ist heute 11 Jahre alt, lebt bei seiner Mutter in Leipzig. Einer, der in familiärer Nestwärme aufgewachsen ist, muß diese Trennung als Schmerz, als Niederlage für sich selbst empfinden. 1989 wurde die Ehe geschieden, der Vollzug einer länger andauernden inneren Entfernung, die in amtlichen Protokollen von Partnerschafts-Auflösungen so trivial mit »die Parteien haben sich auseinandergelebt« umschrieben wird. »Ich war 25, anfangs kopflos und leer. Habe eine Nacht lang getrunken und dann versucht, das alles zu vergessen.« Sein Sohn besucht ihn heute manchmal in Frankfurt. Er will, wen wundert's, Boxer werden. Henry, der Vater, sieht es mit Skepsis. Vielleicht weiß er zuviel von der einfachen, harten Wahrheit des Faustkampfes. Daß nur einer ankommt, der einstecken und austeilen kann. Vielleicht will er seinem Sohn das Einstecken und Austeilen ersparen. Vielleicht hat er einfach nur Angst, daß seine eigene Fähigkeit, an Niederlagen nicht zu zerbrechen, sondern zu wachsen, nicht zu Stevens Erbanlagen gehört. Vielleicht, und das wäre einem Vater nicht zu verdenken, will er ihn vor Niederlagen schützen.

Der Hallenser Maik Koudele (links) bezwang im Februar 1985 als letzter Deutscher Henry Maske.

5. Runde
Die Wende: Ende und Anfang

Als Henry Maske am 1. Oktober 1989 in Moskau Weltmeister im Halbschwergewicht wurde, da ahnte er nicht, daß das sein letzter großer Erfolg als Amateur werden würde. Da war sein Leben noch ein minutiös eingehaltener Fahrplan, und daß der Zug, in dem er mit 17 Millionen Landsleuten saß, nur eine Woche später aus dem Gleis geworfen werden könnte, war ein schlichtweg undenkbarer Gedanke. Doch statt Jubelgesänge zum 40. Jahrestag des Arbeiter-und-Bauern-Staates skandierten die still Gehorsamen auf den Straßen plötzlich, staunend erschrocken angesichts der eigenen Kraft, »Wir sind das Volk!« Der »Eiserne Vorhang« schmolz im Tiegel der Emotionen, nur einen Monat länger noch stand die verhaßte Mauer mitten in Berlin, die zum tragischen Symbol des Nachkriegs in Europa und deutscher Teilung geworden war. »Es wird nichts mehr sein, wie es war«, mutmaßte Manfred Wolke. Die Wende – unter diesem simpel-bedeutungsschwangerem Begriff firmierten von nun an die 89er Oktobertage.

Man hat den Eindruck, daß Maske gelegentlich richtig zornig wird über die Art und Weise, wie Charles Williams im Nahkampf agiert. Er sollte nicht klammern, das ist falsch. Lösen, lösen und punkten! Ja! Nun, er ist kein k.-o.-Schläger, das weiß man von ihm. Er muß häufig treffen, um einen Gegner zermürben zu können. Er muß den Amerikaner auspunkten. Das war das Rezept. Eins, zwei und weg!

Das Publikum jubelt, auch wenn nur der Handschuh des Gegners getroffen wird. Jede Initiative von Maske löst Begeisterung aus, aber die Physis des Amerikaners ist unübersehbar, auch wenn Sie Boxlaie sein sollten. Er hat unheimlich viel Kraft. Gut, ja, das ist richtig, gut für Maske, laß die Rechte fliegen.

Meine Parteilichkeit geht mit mir durch, ich muß mich zur Ordnung rufen!

Letzte halbe Minute in der 5. Runde.

Ein Sportstudium hatte Maske begonnen und dann abgebrochen. Nach der Scheidung von der ersten Frau durfte er eine Zeitlang nicht ins Ausland, weil man Angst gehabt hatte, er könnte dort bleiben. Dann mußten ein paar Leute für ihn bürgen.

Wende – fast symbolisch besteht dieses Wort zu vier Fünfteln aus »Ende«. Ein Ende für die Gutwilligen, die wie Maske, der »Diplomat im Trainingsanzug«, an die hehre, doch sinnentleerte Botschaft glaubten. Noch am 9. November 1989 hatte der Frankfurter bei einem Podiumsgespräch in Potsdam seine »gesellschaftliche Pflicht« als ASK-Sportler erfüllt, wenige Stunden danach erfuhr er vom Fall der Mauer, »an der zu kratzen, mir nicht in den Sinn gekommen ist«, wie er offen zugibt. Die Wende – das Ende auch für die Nutznießer, die Wasser predigten und Wein soffen. Für die Spitzel und Betrüger, die ihren Machtrausch mit Angst und Gleichschaltung stillten. Ein Ende wie eine Befreiung, die dennoch mit suchender Ratlosigkeit verbunden war. Denn nichts war mehr so wie es war. Wolke, der Trainer, Major der Nationalen Volksarmee, SED-Mitglied, Fahnenträger der DDR-Olympiamannschaft bei den Spielen 1972 in München, blieb sich selber treu und gab die Devise aus: »Wir können uns jetzt nicht aufgeben, müssen uns neu orientieren. Unsere Leistung war echt, damit werden wir wuchern. Wir müssen uns nicht verstellen, nicht verstecken, sondern nur das verkaufen, was wir selber sind.«

Vor das »Ende« war damit für Wolke und seinen Musterschüler Henry Maske das so wichtige »W« gesetzt. W – wie Wagnis, Wahl, Wandel. W – wie Wegweiser, Weitblick, Wille. W – wie Wissen, Wort halten, Würde.

Doch aus einem Amateur, zeit seiner Karriere zur Verachtung des Berufsboxens erzogen, wird nicht über Nacht ein Muster-Profi. Noch in seiner 89er Dezemberausgabe verkündet das DDR-Verbandsblatt »Boxring« unter dem Titel »Die Revanche ist programmiert«: »Am 4. März 1990 um 15.00 Uhr wird in Berlin (West) der erste Gong zu den Challenge Matches ertönen. In jenem Wettbewerb ist es von der AIBA ausgewählten Boxern möglich, für erlittene WM-Niederlagen Revanche zu nehmen. So wirken die WM-Tage von Moskau bis in das kommende Jahr hinein nach.« Aber die angesetzte Paarung im Halbschwergewicht zwischen Henry Maske und Pablo Romero (an dessen Stelle später Mittelgewichts-Weltmeister Andrej Kurnjawka trat) sollte nie stattfinden. Der Frankfurter besiegelte nur vier Tage später, am 8. März, mit seiner Unterschrift bei Manager Wilfried Sauerland seinen Wechsel ins Profi-Lager. Seit wann er mit diesem Gedanken schwanger ging, das vermag er heute nicht mehr zu sagen. Es war halt wie bei einer richtigen Schwangerschaft: ehe man weiß, daß man »guter Hoffnung« ist, ist das Kind schon gezeugt worden. Übelkeit, Schwindelgefühle, Erbrechen. Es braucht seine Zeit, bis die neuen Umstände angenommen sind. Das Kind wächst, boxt sich erst zaghaft, dann heftig ins Leben. Die

Geburt macht Schmerzen, schöne, erlösende Schmerzen. Henry Maske machte das alles im Schnelldurchlauf, quasi im Brutkasten eines unvorstellbaren Zeit- und Wertewandels, durch.

Daß ausgerechnet die »BILD«-Zeitung Hebamme spielte, gehört zu den Kuriositäten dieser Monate. Am 14. November verkündete das Boulevard-Blatt in fetten Lettern die »Box-Nachricht des Jahres«: »DDR-Olympiasieger Maske will Profi werden: Im Osten leben, im Westen boxen«. Mitgeteilt wurde die Sensation von Rocchigiani-Trainer Wolfgang Wilke, der sich – ist es Größenwahn oder Dreistigkeit? – gleich selbst als der Spiritus rector des spektakulären Vorgangs präsentierte. Er solle, plauderte er aus, in Frankfurt (Oder) ein Trainingszentrum für den Ausnahme-Amateur aufbauen und einen Managervertrag abschließen. RIAS/TV zog nach – und Henry Maske geriet ins große Staunen. »Ich kam an einem Dienstag morgen in die ASK-Halle, als mich ein Klubkamerad ganz aufgeregt fragte: Sag mal, du willst wirklich Profi werden? Ich fiel aus allen Wolken. Ich konnte allen nur sagen, daß an diesem Gerücht nichts dran ist. Eine echte Medien-Ente! Die Lawine aber war losgetreten.« Anrufe von Presse und Fernsehen, Sticheleien und Ermutigungen aus den Reihen der Sportler-Kollegen, erregtes Unverständnis bei den Funktionären. Dabei war noch nichts, überhaupt nichts passiert. Ein paar Tage später fragte Manfred Wolke zum erstenmal leise: »Mensch, warum eigentlich nicht?«

Die Gedanken eilten der Noch-Wirklichkeit voraus, es blieb keine Zeit zum Ordnen, und so verschanzte sich Henry Maske erst einmal hinter der sicheren Deckung mundgerechter Erklärungen, wie er sie in seinem DDR-Leben gelernt hatte. Er beklagte die »Hemmungslosigkeit dieser Lüge« und beruhigte die aufgeregten Verbandsgemüter: »Ich werde nicht in einen Profiring klettern. Mein Ziel ist, 1992 in Barcelona am olympischen Boxturnier teilzunehmen – und zwar für die Deutsche Demokratische Republik.« Bei diesen Worten, die wie eine Wettbewerbsverpflichtung klangen, hatte das SED-Zentralorgan »Neues Deutschland« allerdings kräftig mitgeschrieben. Maske fühlte sich benutzt, monierte: »Das hatte ich nicht gesagt. Das stimmte zu diesem Zeitpunkt nicht mehr, schon da hatte sich der Sinneswandel vollzogen.« Die von dem Frankfurter geforderte Korrektur behielt das Blatt für sich. In der »Jungen Welt« vom gleichen Tag, mitten im November '89, sprach Maske ohne Maske, bekannte, daß er einen Mann wie Sugar Ray Leonard für einen Klasseboxer hält. »Interessieren würde mich die Sache schon«, las man, »aber große Gedanken habe ich mir über das Thema noch nicht gemacht. Für mich ist der Inhalt des Sports entscheidend, die Auseinandersetzung auf hohem Niveau. Insofern wäre es dasselbe Motiv, das ich jetzt habe. Mir ging es um das Ausschöpfen meiner Sportart, wenn man so will, um die Perfektionierung des Stils.«

Henry Maske redete zwar in der Möglichkeitsform, aber das besagte genug: Nichts mehr ist unmöglich, nichts mehr ist undenkbar, die Gedanken sind frei. Der Frankfurter nahm sie mit zum 1. Internationalen Turnier von Manila. Auf den Philippinen erlebte er im Dezember 1989 seinen letzten Auftritt als Amateur – ein letzter Sieg zu Ehren des nicht mal mehr halbsozialistischen Vaterlandes, ein ehrenvoller Abschied von der Vergangenheit, die da noch Gegenwart war. Ein Militärputsch gegen Präsidentin Aquino hielt damals die kleine DDR-Delegation mit den Boxern Maske, Otto und Schulz sowie den Trainern Wolke und Debert eine Woche lang im Hotel in Manila fest. Sie verkürzten sich die Zeit in den Zimmern vor den Fernsehapparaten. Hauptunterhaltung: stundenlange Übertragungen vom Berufsboxen mit ständigen Hinweisen auf bevorstehende WM-Kämpfe! »Da fing es an«, erzählt Andreas Otto. »Wir haben erstmals offen darüber gesprochen, wie es wohl als Profi sein würde. Manfred Wolke hat dabei auf seine typische Art und Weise versucht, unsere Meinung herauszulocken, und uns so immer näher an die Geschichte herangeschoben.« Wolke, sagt Otto, der schließlich doch Amateur blieb (»Weil wir nicht alle auf einmal das Lager wechseln konnten«), habe dabei eigentlich am meisten zu verlieren gehabt. »Aber er war der, der wußte, daß man nicht auf den Ausgang der Entwicklung daheim warten konnte, sondern selbst Einfluß auf das nehmen mußte, was mit einem geschah.« Nach dem Rezept, das der Trainer seinen Schützlingen immer mit auf den Weg in den Ring gegeben hatte: Agieren statt reagieren. Wieder daheim, fiel die Entscheidung. Kurz vor Weihnachten 1989 erklärte Maske im DDR-Fernsehen: »Ich bin nicht abgeneigt«. Und am 14. Januar 1990 schließlich vermeldete die DDR-Nachrichtenagentur ADN die sechs Maske-Worte: »Ich werde auf alle Fälle Profi!«

Daß dieser Schritt im schroffen Gegensatz zu seinen früheren Statements über das Berufsboxen stand, warf ihn nicht um. Auch, wenn sie ihm später noch so oft vorgehalten wurden. Amateur- und Profiboxen, das sei wie Feuer und Wasser, hatte er da wunschgemäß jenen Journalisten gesagt, die sich selbst meist eilfertig die Nachwende-Amnestie des Vergessens gewährten. Er hasse es, wenn der Mensch zur Ware und schließlich einfach weggeworfen werde. Schau und Schiebereien seien an der Tagesordnung, der sportliche Wert bei den Amateuren ungleich höher. Es fiel ihm nicht sonderlich schwer, das zu revidieren: »Was habe ich damals denn gewußt? Das konnte nur oberflächlich sein, weil wir alle auf ganz bestimmte Sichtweisen gepolt waren, gar nichts anderes hörten. Ich hätte aber auch da nie in Abrede gestellt, daß Ali, Hagler oder Leonard Große des Faustkampfes sind.« Sätze, deren Ehrlichkeit wenig Beifall erhielten. »Sachverhalte und Aussagen kommentieren sich selbst. Viel Verständnis dafür können wir nicht aufbringen«, zeigte sich das »Neue Deutschland« bissig.

Ein Schriftzug verändert ein Sportlerleben, das bis 1989 wie ein exakt eingehaltener Fahrplan ablief. Am 8. März 1990 unterzeichnet Henry Maske im Berliner »Hotel Hamburg« einen Profivertrag bei Manager Sauerland.

weil ich und mein Trainer Manfred Wolke alles in unserem Leben für das Boxen gegeben haben. Von unseren Erfolgen haben auch andere gelebt, und das sehr gut.« Beschämend und beleidigend sei es, machte er im »Deutschen Sportecho« seinem Ärger Luft, daß »wir von allen Seiten in den Dreck gezogen werden«. Dabei habe sich an ihm »ein ganzer Wasserkessel gesundgestoßen«.

Die in der Zeitung wiedergegebene Meinung eines Boxfans aus Magdeburg blieb damals die Ausnahme: »Du bist ein normaler Mensch und hast dich dafür entschieden. Ist doch Quatsch, wenn dich jetzt andere ablehnen dafür.«

In der Tat hatte sich Henry Maske entschieden, in der Sache und schließlich auch für Personen. Nach Gesprächen und Verhandlungen mit einem halben Dutzend Box-Managern unterschrieben er und Wolke am 8. März im Berliner »Hotel Hamburg« einen Fünfjahresvertrag bei Wilfried Sauerland. Sieben Kameras und Dutzende Fotoapparate waren dabei, als sich die beiden aus »Fernost« in ein Abenteuer stürzten, das sie selbst als »gewagtes Unternehmen« bezeichneten. Die Rollen beim Neubeginn, der statt im DDR-Trainingsschick im tags zuvor vom Manager besorgten feinen Zwirn zelebriert wurde, waren klar verteilt. Henry Maske meditierte über die neue sportliche Herausforderung,

Vom »Beiprogramm« des Hauptkampfes (Seite 59) zum Namen auf dem Umschlag (unten) bis zum Titelbild (oben).

Und im Frankfurter Armeesportklub wurde die Wagenburg gegenüber den Abtrünnigen, den »Verrätern«, dichtgemacht. »In der Sportleitung wird noch viel zuviel in den alten Strukturen gedacht«, beklagte Manfred Wolke, sprach von »Schwierigkeiten, die ich niemandem erzählen kann« und bilanzierte boxtypische Erfahrungen: »Weil wir die ersten sind, die Profis werden wollen, müssen wir die ganzen Prügel einstecken.« Warum wurde einer wie Maske Berufssportler? »Eigentlich habe ich nur meinen Sport. Er ist das einzige, was ich hundertprozentig gelernt habe«, begründete der einst hofierte Vorzeigeathlet seinen Weg mit entwaffnender Logik.

Da in der DDR keine Berufsboxer-Vereinigung existierte, hatte die Absicht von Maske und Wolke Konsequenzen. Weil, so ließ der Arbeitsausschuß des DDR-Verbandes am 19. Januar 1990 im Kommuniqué seiner Tagung mitteilen, »der Übertritt ins Profilager einen Verstoß gegen das Statut des DBV der DDR darstellt und den Ausschluß aus dem Verband nach sich zieht«. Henry empfand das Sperrfeuer des DBV als »unfair,

für die ihm Unternehmer Sauerland die Perspektive biete. Sauerland über die Fähigkeit seiner Neuerwerbung, in zwei Jahren um die Weltmeisterschaft boxen zu können, über die guten Reflexe des Herrn Maske und seine hervorstechende Eigenschaft, »vor allen Dingen wenig einzustecken«. Das Agreement zwischen Arbeitgeber und Arbeitnehmer: 100 000 Mark Jahressalär, davon je 3000 Mark Monatsgehalt, und der Rest über die zu erwartenden Kampfbörsen verrechnet. Wolke gar erledigte seinen Job zunächst als »Billigarbeiter« mit Spitzenniveau für 2750 Mark im Monat. Doch ums Geld, so bekunden die beiden »abhängig Beschäftigten« unisono, gehe es erst in zweiter Linie. »Zunächst muß erst einmal die Leistung stimmen, dann kommt das Geld von ganze alleine. Ich verschwinde ganz schnell in der Versenkung, wenn ich nicht genug leiste«, wußte Maske.

Der triumphale Erfolg der Folgejahre machte die Ausgangskonditionen spätestens ab 1993 zu Makulatur. Dank Sauerland stimmten alsbald nicht nur die finanziellen, sondern auch wieder die Trainingsbedingungen für die Wildost-Faustkämpfer, die seit August 1990 mit Schwergewichtler Axel Schulz zum Profi-Trio geworden waren. Weil sich der ASK geprellt fühlte, hatte der einstige Maske & Wolke-Klub seine Aushängeschilder ausgesperrt. Cheftrainer Hartmut Heyse erklärte nach dem Schulz-Wechsel »alle Absprachen für hinfällig« und »daß dem Profibereich Boxen nun keine Trainingsmöglichkeiten mehr im Objekt des ASK und der KJS zur Verfügung gestellt werden«. Das tat weh, »denn es ist ein Gefühl, als ob einer gegen deinen Willen an deiner Biographie radiert«, meinte Wolke. Die neue Heimat: Ein Camp auf dem Reichsbahngelände, in einer Baracke mitten in zerrütteter Industrielandschaft aus Lokschuppen, Ölgestank, baufälligen Hallen und rumpelnden Güterzügen. 65 Quadratmeter, die das Dreigestirn – My home is my castle – so sorgfältig malerte wie das eigene Wohnzimmer. 65 Quadratmeter, die sich alsbald vollsogen mit dem Schweiß der Athleten, mit der nervösen Energie des Coaches, mit herausgepreßten Schreien der Anstrengung. »Alles passiert hier in diesem Kabuff«, sagt Wolke und nimmt das verständnisinnige Nicken des Fragers nicht allzu ernst. Jeder Zentimeter in der Enge der Boxerschule ist intensiv erlebte Nachwendegeschichte, ist verwirklichte Hoffnung, geträumte Zukunft.

Maisbirne, Sandsack, Hanteln, der Ring – ihnen hat Maske gehört, bevor er seinen ersten Profi-Kampf bestritt. Ihnen gehörte er wieder und wieder, bis er am 20. März 1993 Weltmeister wurde. Ihnen wird er immer gehören, solange er den Titel verteidigt und die Herausforderung stets aufs neue im Ring sucht.

Am 31. März 1990 wurden Oberleutnant Henry Maske und Major Manfred Wolke aus dem Dienst der Nationalen Volksarmee entlassen, deren Chef – oh, welche Wende – bald darauf der Pfarrer Rainer Eppelmann werden sollte. Ab 1. April hatten sie einen neuen Vorgesetzten. Als Angestellte von Wilfried Sauerland, der sein Geld im Normalberuf mit dem Vertrieb von Getränkeabfüllanlagen verdient, hörten sie nun auf dessen Befehl.

Nur fünf Wochen begab sich Henry in die Warteschleife, dann feierte er in London seine Profi-Premiere. Was ihm in anderthalb Jahrzehnten so gut wie nie gelang, war am 9. Mai in der Wembley Hall kein Problem. Mit dem ersten ernsthaf-

ten Schlag des Frankfurters ging der Mexikaner Antonio »Teo« Arvizu zu Boden. 54 Sekunden bis zum Knockout – das hatte die weite Anreise kaum gelohnt. Der Südamerikaner, dessen letzter nachweisbarer Erfolg aus dem Jahre 1984 stammte, legte sich nach einem genauen Aufwärtshaken und einer harten Linken aufs rechte Auge in der Ringmitte auf dasselbe und ließ sich auszählen. Maske war mehr frustriert denn erfreut: »Das hatte ich mir anders vorgestellt. Der Treffer war zwar gut, aber etwas länger hätte der Kerl schon stehenbleiben können.«

Weitere sechs Kämpfe in Maskes erstem Jahr als Berufsfighter folgten – sechs Siege, bei denen er sich ausprobierte, von Wolke mitunter gebremst wurde, um über volle sechs oder acht Runden die Kondition zu testen. Obwohl seine Art zu kämpfen die Nörgler in der Profi-Szene, denen allein ein sogenannter Pitbull-Fight als akzeptabel gilt, nicht verstummen ließ, wurde Henry Maske schon 1990 »Berufsboxer des Jahres«. Markus Bott und Graciano Rocchigiani, beide alles andere denn Freunde des Frankfurters, leckten sich auf Rang zwei und drei die Wunden des damit angekratzten Selbstbewußtseins. 1991 folgten sechs, 1992 fünf Maske-Auftritte – allesamt von zwar unterschiedlicher, aber doch unbestrittener Souveränität. Nicht nur einmal wollte der Wolke-Schützling dabei schon beim Wiegen wieder kehrtmachen und die Koffer packen. »Mitunter war ich regelrecht wütend. Du brauchtest den Leuten nur in die Augen zu sehen, um zu

---

Internationaler Berufsboxkampftag Düsseldorf, Philipshalle Freitag, den 01. 03. 1991, 20.00 Uhr

Die Kampffolge:

Rote Ecke (Red corner)	Blaue Ecke (Blue corner)
1. Kampf (First fight), Leichtschwergewicht (Cruiserweight), 4 Runden (Rounds):	
Darco Stanojevic (Düsseldorf, kg) geb. am 12. 12. 1963 in Titograd 3 Profikämpfe, 2 Siege	**Fredric Porter** (Nürnberg, kg) geb. am 05. 12. 1964 in Georgia (USA) 2 Profikämpfe, 1 Unentschieden
2. Kampf (Second fight), Mittelgewicht (Middleweight), 6 Runden (Rounds):	
Tritmir Jandrek (Jugoslawien, kg) geb. am 19. 10. 1960 in Zagreb 27 Profikämpfe, 6 Siege	**Michael Kopzog** (Deutschland, kg) geb. am 28. 06. 1960 in Gelsenkirchen 4 Profikämpfe, 4 Siege
3. Kampf (Third fight), Halbschwergewicht (Lightheavyweight), 8 Runden (Rounds):	
Miguel Angel Maldonado (Arg., kg) geb. am 25. 06. 1959 in Trandil 49 Profikämpfe, 28 Siege, 7 Unentsch.	**Henry Maske** (Deutschland, kg) geb. am 06. 01. 1964 in Treuenbrietzen 8 Profikämpfe, 8 Siege
20 Minuten Pause (There will be a interval of 20 minutes)	
4. Kampf (Fourth fight), Schwergewicht (Heavyweight), 6 Runden (Rounds):	
Ramon Voorn (Holland, kg) geb. am 06. 07. 1960 in Amsterdam 15 Profikämpfe, 8 Siege, 1 Unentsch.	**Axel Schulz** (Deutschland kg) geb. am 09. 11. 1968 in Bad Saarow 4 Profikämpfe, 4 Siege
5. Kampf (Fifth fight), angesetzt auf 12 Runden (12 Rounds) Europameisterschaft im Halbschwergewicht (European Championship-Lightheavyweight)	
Crawford „Gary" Ashley (Engl., kg) geb. am 25. 05. 1964 in Leeds 18 Profikämpfe, 15 KO.-Siege 2 P.-Niederl., 1 KO.-Niederl.	**Graziano Rocchigiani** (BRD, kg) geb. am 29. 12. 1963 in Rheinhausen 30 Profikämpfe, 30 Siege
6. Kampf (Sixth fight) Internationale Deutsche Meisterschaft im Halbschwergewicht, 10 Runden (International German Championship, Lightheavyweight, 10 Rounds):	
Saidi Ali (Stuttgart, kg) Titelverteidiger geb. am 01. 10. 1962 in Tunesien 4 Profikämpfe, 4 Siege	**Nelson „Alex" Alves** (D'dorf, kg) Herausforderer geb. am 29. 03. 1961 in Essen 16 Profikämpfe, 16 Siege

Das Schicksal in die eigenen Hände nehmen: Maske mit Axel Schulz im Frankfurter Trainingscamp (Mitte) und in London vor, nach und rund um seinen ersten Profi-Fight gegen den Mexikaner Teo Arvizu, der nach 54 s endete.

wissen, daß ich in diesem Kampf, auch wenn ich gewann, nichts gewinnen konnte. Daß mich das nicht ein Stückchen weiterbrachte. Einige, gegen die ich antreten mußte, waren als Aufgabe eine Zumutung.« Henry Maske registrierte mißmutig, »daß die gar nicht gewinnen wollen, sondern nur darauf aus sind, ihr Geld abzuholen und mich schlecht aussehen zu lassen«.

Manager Sauerland mußte seine Gefühlswelt zwischen Freude über Maskes schnelle Lernfähigkeit und nüchterne Geschäftskalkulation teilen, weil »es immer schwerer wird, geeignete Gegner zu tragbaren Preisen für Henry zu finden«. Aus dem Lehrling im Profi-Geschäft war längst der Geselle Maske geworden. Er hatte im Januar 1991 in den USA geboxt, dort mit einem klaren Punktsieg in Miami Beach gegen Saleem Muhammad beeindruckt – und die amerikanischen Promoter (die ihm gern den Beinamen »Weißer Tiger übergeholfen hätten) überzeugt, daß man dem unbequemen Rechtsausleger lieber aus dem Weg geht. Roberto Duran, die Boxlegende, aber prophezeite Maske in Florida hellseherisch: »Du gehst deinen Weg bei den Profis.« Und Starcoach Lou Duva, der mehr als zwanzig Boxer, unter ihnen Schwergewichtler Evander Holyfield, zu Weltmeistern gemacht hatte, wußte schon zwei Jahre bevor es soweit war: »Henry kann Champion werden.« Er sollte recht behalten, doch am 11. Februar 1995, da wünschte Duva, er hätte geirrt. Bei Maskes sechster Titelverteidigung als IBF-Weltmeister in der Frankfurter Festhalle stand der 71jährige als Chefsekundant in der Ecke von Herausforderer Egerton Marcus. Der Champion blieb der Champion.

Einer seiner wichtigsten Kämpfe auf dem Weg dorthin fand am 31. Mai 1991 statt. Da potenzierte Maske in Berlin die allgemeine Zurückhaltung, mit ihm in den Ring zu steigen, als er mit dem Ugander Yawe Davis einen Weltklassemann nach Punkten distanzierte. Als »Stunde der Wahrheit« für Henry Maske hatte das Fachblatt »Boxsport« zuvor dessen ersten 10-Runden-Fight apostrophiert und lobte den Premieren-Auftritt des Frankfurters als Hauptkämpfer einer Profi-Veranstaltung danach ab: »Das war eine Lehrstunde, wie ein Techniker mit der richtigen Taktik einem gewieften, ausgebufften Aggressor das Konzept versalzen kann.« Englands Box-»Professor« Mickey Duff, der den Deutschen von Beginn an hoch einrangierte (»Einer, der Olympiasieger und ein Jahr später in der nächsthöheren Gewichtsklasse Weltmeister wird, kann kein Schlechter sein«), pries denn auch Maske für eine »perfekte technische Demonstration«. Das knappe 2:1 gegen die Nummer 3 der WBC-Rangliste, gegen einen trotz seiner Stärke von Henry Maske selbst ausgewählten Kontrahenten, betrachtet der Kämpfer von der Oder bis heute als einen Meilenstein für die folgende Karriere. Jean-Marcel Nartz, lange Jahre Chefkoch in Nürnberg und heute als Technischer Leiter und Matchmaker »Küchenjunge« bei Sauerland, bilanzierte danach wie einst die DTSB-Funktionäre in der DDR: »Bei Maske, Schulz und Wolke stimmen Ordnung, Trainingsfleiß und Disziplin. Wir sind auf dem besten Wege, Maske schon jetzt, Schulz in absehbarer Zeit als boxerische und menschliche Vorbilder präsentieren zu können.«

Doch 1992 wurde für Henry Maske noch einmal ein Jahr frustrierend langen Wartens. Zwölf verlorene Monate für den Champion in spe, der von der Konkurrenz mit allen legalen und illegalen Tricks von den Früchten des Box-Paradieses ferngehalten werden sollte. Leslie Stewart, Steve McCarthy, Lenzie Morgan, Samson Cohen und Frankie Minton – die Gegner aus Trinidad, England und den USA waren mitunter eher Aufwärmpartner mit schnellem Zerfallsdatum als Wegmarkierungen auf Maskes erhofftem Marsch an die Spitze. Manfred Wolke, der nicht bestätigt haben wollte, was er eh schon wußte (»Wir sind aus Charakter gut«), sondern auf den nächsten Schritt drängte, wetterte: »In Zukunft muß sich was ändern. Wir wollen Gegner, die uns besiegen wollen, und nicht nur Gegner, die sich verstecken, gutes Geld absahnen und uns nicht weiterbringen.« Das hieß nichts anderes als: Kampf um die Weltmeisterschaft! Doch wie in den drei Jahren als Lehrling und Geselle, als es für Maske serienweise Absagen aus aller Herren Länder regnete, obwohl Manager Sauerland einstweilen in der Branche unüblich hohe 10 000-Mark-Gagen und mehr bot, waren die Champions wenig willens, ihren Thron gegen den deutschen Ehrgeizling aufs Spiel zu setzen.

»Kein Großer aus der Branche wollte gegen mich antreten, denn sie hätten ja wohl nur verlieren können – an Prestige und damit auch an Geld«, beklagte Maske die elende Ungewißheit.

IBF-Titelträger Charles Prince Williams mußte zweimal fest terminierte Kämpfe wegen Handverletzungen absagen. WBA-Gürtelträger Frank Tate hatte offenbar zu viele Videos des Box-Intellektuellen aus Frankfurt (Oder) gesehen und verzichtete, sein Nachfolger Virgil Hill tat es ihm gleich. Wie mit einem Seismographen hatten die US-Amerikaner registriert, daß mit »Sir Henry«, der inzwischen als »Gentleman« in die Arenen einzog, eine weitere Bastion für die überseeische Box-Domäne verlorenzugehen drohte. Für Juni, Oktober und Dezember 1992 geplante WM-Fights platzten unter zum Teil dubiosen Umständen.

Ohne Kampf kein Sieg – dieses ganz anders gemeinte Motto erhielt für Henry Maske plötzlich eine fatale Sinnumkehr, die ihn nervte und belastete. Wieder war es Manfred Wolke, der als Amateurcoach mit seinen Schützlingen in den Ringen der Welt 30 Medaillen gewonnen hatte, der die Ungeduld in produktive Kanäle lenkte: »Wären wir auf irgend jemand außer auf uns selbst angewiesen gewesen, hätten wir einpacken können. Ich hatte ganz schnell meine Vorstellung. Und die galt es hart und konsequent umzusetzen. Wir hatten ein Ziel, und wir begannen, es allen zu beweisen.« Der Tag, das wußte Wolke, der Tag würde kommen.

Und er kam. Und er wurde der Tag des Henry Maske.

»Ich bin kein Schauspieler«: Maske tut sich schwer mit martialischer Show im Ring.

6. Runde
Antreiber und Seelenklempner
Manfred Wolke

Licht geht an, wenn vorher Strom erzeugt wird. Auch Henry Maskes Stern leuchtet nur so hell, weil hinter, mit und neben ihm ein Kraftwerk arbeitet. Manfred Wolke ist pure, greifbare Energie. Wer in seine Nähe gerät, spürt das Knistern, den Funkenschlag. Den Chansonier Gilbert Becaud hat man wegen seiner hypnotischen Expressivität auf allen Bühnen der Welt als »Monsieur 5000 Volt« gefeiert – Wolke ist in seinem Metier einer vom Schlage des Franzosen. Ein Hochleistungs-Generator mit dem unstillbaren

Jetzt gebe ich an Kai Ebel ab – zu einem Interview mit Wolke ...

Ja, das war nicht gerade strahlender Optimismus, aber auch keineswegs Pessimismus. Wolke hat gesagt, was ich auch andeuten wollte: auf Distanz boxen!

Ich wiederhole mich, ein aufmerksamer und positiv autoritärer Ringrichter. Ein 71jähriger Mann, erstaunlich!

Gefährlich der tiefe Kopf. Aufpassen, Henry Maske, nicht auflaufen! Sie haben die Handbewegung des Ringrichters gesehen. Laß den Kopf oben, Landsmann! Er hat ihm ja schon einmal einen Punkt abgezogen.

Drang nach Perfektion. Bedingungslos, hart gegen sich selbst und andere, fordernd.

Der 52jährige mit dem Bürstenhaar hat alles durch auf der sportlichen Hühnerleiter, als Athlet und als Trainer, schwebte im Himmel des Erfolges und ging durch die Hölle menschlicher Lebenskrisen. Erst als 22jähriger kam Wolke aus der Filmstadt Babelsberg mit seinem Coach Martin Neef zum Armeesportklub »Vorwärts«, dennoch war er schon zwei Jahre später, 1967, Vizeeuropameister und nach weiteren zwölf Monaten – in Mexiko-Stadt – gar Olympiasieger. 1972 marschierte er bei den Spielen in München als Fahnenträger der DDR-Mannschaft ins Stadion ein. 258mal kletterte Wolke als Amateur durch die Seile, 236mal verließ er den Ring als Sieger. Getrieben von sich selbst speisendem Ehrgeiz: Oben kommt nur an, wer auf den Gipfel und nicht nach unten sieht.

»Es kann immer einer besser sein«, sagt er. »Aber man darf sich selber nie den Vorwurf machen müssen, nicht alles dafür getan zu haben, selbst der Beste zu sein.« Das

hat er sich als Faustkämpfer bis zu seinem Abschied aus dem Ring 1972 abverlangt, das ist er sich als Trainer schuldig.

Als er vor mehr als einem Vierteljahrhundert in Babelsberg Punchingball und Sandsäcke traktierte, da tat er das mit solcher Hingabe und

Besessenheit, daß er vom Hallenwart abends in der Trainingsstätte eingeschlossen wurde, weil der längst alle daheim wähnte.

Wolke lebt Boxen, so war der Schritt in die Ringecke nur logisch. Der Coach tat das, was er als Boxer mit

Sternstunde für den Boxer Manfred Wolke am 26. Oktober in Mexiko-Stadt: Olympiasieger im Weltergewicht durch einen Finalsieg gegen Joseph Bessala (Kamerun). – Wolke, der Trainer, erklärt, Otto, Eigenbrodt, Schulz und Maske (v.l.n.r.) begreifen ...

Martin Neef machte Wolke zum Olympiasieger und gab später sein Trainervorbild ab. (Seite 65)

»Keiner hat solchen Instinkt, aus den Leuten etwas herauszukitzeln. Die Fähigkeit, Athleten zu motivieren, zu begeistern, zu überzeugen. Da zählt für die Sportler vor allem das Beispiel«, meint Heine mit Respekt. »Die Jungs sind ihrem Trainer fast hörig, weil der sich für sie mit allem, was er hat, in die Bresche wirft. Weil sie spüren, der boxt mit, läßt sie nicht allein im Ring.«

Henry Maske umschreibt das Verhältnis mit dem Coach in einem Satz, der fast anderthalb Jahrzehnte Leben als ständige Herausforderung zusammenfaßt: »Wir haben uns aneinander hochgezogen.« Wolke, sagt Maske respektvoll, sei als »sehr komplizierter Trainer« der ideale Partner für einen »komplizierten Boxer« wie ihn. »Wir haben beide einen äußerst hohen Leistungsanspruch. Meine

Es ist erstaunlich, welche Qualitätsunterschiede es in diesem Berufsboxen gibt. Sie mußten sich die Rahmenkämpfe des heutigen Abends nicht ansehen, aber das ist einfach runde fünf Klassen höher als das bisher Gesehene.

Noch 50 Sekunden in der 6. Runde. Ja, ins Leere geschlagen. Das kostet Kraft, und das demoralisiert. Stop holding. Halten und schlagen. Williams hat da nach dieser Situation noch einen Treffer erzielt. »Henry«-Sprechchöre. Sie hören es.

Schweißbächen, mit Tränen, mit Erschöpfung, mit trotziger Selbstbehauptung inhaliert hatte: Er gab alles. Manchmal ohne Rücksicht auf die Umwelt, auf die Familie, Frau Brigitte – »ohne sie wäre ich verraten und verkauft gewesen« – und die drei Kinder. Mit egomanischer Rigorosität, die den Kompromiß ablehnte und die Konflikte – »man muß sich reiben, sonst bewegt sich nichts« – nicht scheute.

Trainer-Kollegen wissen zu berichten, »daß es schwierig war, mit Manne zusammenzuarbeiten«. Weil er bis an die Grenzen ging, die »Normen« verschob, auf die anderen übertrug, was er sich selbst zumutete. Eine Schule, die für seine Schützlinge alles andere denn ein Zuckerschlecken war und ist, aber – wenn sie denn »wollten« – so etwas wie eine Erfolgsgarantie bedeutete.

»In Wolkes Gruppe zu kommen war eine Auszeichnung«, sagt Halbweltergewichtler Andreas Otto, einer der medaillenträchtigsten deutschen Amateure. »Wurde man dort rausgenommen und wieder zu den sogenannten Anschlußkadern gesteckt, dann konnte man getrost auch mit dem Boxen aufhören.«

Methodisch, so sagt der einstige Cheftrainer beim ASK, Heinz Heine, sei Wolke ein »schwieriger Kandidat« gewesen, der seine Hausaufgaben nicht immer wie gewünscht erledigte. Abgeforderte »Individual-Trainingspläne« (ITP), Schreibtisch-Arbeit, ließen auf sich warten oder blieben aus. Das machte dem Workaholic Wolke im uniformierten Dienstbetrieb des Armeesportklubs nicht nur Freunde. Er schützte sich mit Leistung, mit Medaillen.

Qualität zu boxen ist die Vervollkommnung seines früher selbstgeprägten Stils. Ich bin für ihn der Sportler, in dem er sich selbst verwirklicht sieht.«

Manfred Wolke ist in der Ringecke nie in »Zivil«, er ist – unsichtbar – immer Faustkämpfer, hat zehn Unzen auf den Händen, weicht den Schlägen des Gegners aus, kontert mit Haken und Gera-

Auch außerhalb des Rings boxt Wolke immer mit (oben). Und sein Protegé Generalmajor Walter Herkner hielt die Hand über ihn, wenn er mal einen Tiefschlag landete.

den. Die Hände zucken, der Oberkörper pendelt, die Gesichtszüge straffen sich vor Überkonzentration. Wird sein Boxer getroffen, empfindet Manfred Wolke den Schmerz, als habe er selbst den Hieb abbekommen. Er fühlt wie Ex-Profi-Champion Eddie Mustafa Mohammad, der ebenfalls in den Trainerberuf gewechselt ist: »Ich bin das dritte Auge, die dritte Hand, das zweite Gehirn.« Wer Wolke erlebt – beim Training in Frankfurt (Oder), in der Ringecke bei den Kämpfen, im Gespräch über Boxen, Boxen und noch mal Boxen – der kann sich der scheinbar magnetischen Ausstrahlung des kleinen, großen Mannes schwer entziehen. Statt über ihn zu reden, soll er deshalb selber reden – Wolke im Interview.

Herr Wolke, Sie arbeiten in Frankfurt (Oder) unter Bedingungen, über die einige sogenannte Experten anderswo lachen. Warum bauen Sie sich nicht ein richtig feines Boxstudio?

Wir haben ja gerade eine neue Halle hingestellt. Aber das hat rein zweckmäßige Gründe. Für fünf Leute, die ich inzwischen betreue, wird es auf den 65 Quadratmetern des alten Raumes zu eng. Doch wir gehen nur um die Ecke, bleiben am gewohnten Standort. Mich stört die triste Umgebung des Bahngeländes nicht. Es kommt darauf an, ob und wie man dort Leistung produzieren kann. Und das haben wir mit Henry Maske, Axel Schulz und den Gebrüdern May doch getan, oder?! Die Halle gehörte dabei irgendwie dazu, wir haben dort als Profis angefangen, selbst mit Hand angelegt, um sie für uns boxfertig zu machen. Da gibt es eine innere Bindung.

Das heißt, Ihr Boxcamp, das ist so etwas wie ein Zuhause?

Genau. Das ist ein Wohnzimmer, wo wir uns ausgesprochen wohl fühlen. Da konnte ich immer das Fluidum reinbringen, das ich zum Training brauche.

So was ist andernorts in steriler Kälte gar nicht machbar. Wenn wir dort zu Gange waren, mit Sparring, Technik, Schlagvarianten, Angriffsweiterführung, dann war da eine besondere Spannung in der Halle, richtig

schön. Dieses Gefühl beweist mir immer wieder, warum ich Boxer geworden und dabeigeblieben bin. Das ist wie eine Sucht, die einen nie losläßt.

Empfinden das Ihre Schützlinge genauso?

Ich glaube schon, zumindest im großen Maße. Sicher ist das für Otto Normalverbraucher nicht so leicht nachvollziehbar. Das Training im Boxen läuft anders als im Normalsport. Deshalb bleiben wir dabei auch am liebsten unter uns. Wenn man in die Leistungsbereiche rein will, in denen wir uns bewegen, da muß man ganz nah an die Persönlichkeit, an ihre Schwäche, in Intimsphären. Bringe ich jemanden auf einen 230er Puls, dann ist das nicht mehr Friede, Freude, Eierkuchen. Da drehe ich mal durch, da dreht der Athlet mal durch – eine hochsensible Ebene, auf der sich das abspielt. Man geht an Eigenschaften heran, die einen dritten nicht zu interessieren haben. Aber das muß ich tun, wenn ich hohe Ziele durchsetzen will. Wie weit kann ich gehen, was ist wann für wen die richtige Ansprache? Das hat mit Instinkt, mit Kreativität, ja, mit ein bißchen Genie zu tun. Das eben reizt mich.

Sind Sie autoritär, diktatorisch?

Es gibt viele, die das so beschreiben. Entscheidend ist die Begriffsbestimmung, was versteht man darunter? Über bestimmte Dinge wird bei mir nicht diskutiert. Debatten über Inhalte des Trainings gibt es nicht. Über anderes können wir stundenlang reden. Die Jungs wissen sehr genau, daß ich von meinen Forderungen in Sachen Sport nicht abzubringen bin. Das Thema existiert deshalb gar nicht bei uns. Da träfe man bei mir auf taube Ohren. Wenn einer jammert, das erreicht mich nicht, das höre ich nicht.

Bleibt es deshalb auch beim »Sie« zwischen Ihnen und Ihren Sportlern?

Von außen sieht sich das offenbar wichtiger an, als es für uns in der Praxis ist. Als ich 1973 Trainer wurde, habe ich mich mit der Anrede schwergetan. Geilich, Rostankowski, Beyer – die waren ja gerade mal drei, vier Jahre jünger als ich. Der Verband verlangte das »Sie« zwischen mir und den Athle-

ten, und ich habe die Herren gefragt: Habt ihr einen kleinen Knall? Die Aktiven haben »du« gesagt, erst später mit den Jüngeren hat sich das verändert.

Als ich 1968 Olympiasieger wurde, hatte mir mein damaliger Chef das Duz-Verhältnis angeboten – ich konnte das nie. Da war einfach ein bestimmter Abstand, der aber für das sportliche Ziel produktiv wirkte. Ähnlich ist es wohl mit Henry, dem ich freistellen würde, wie er mich anredet. Das ändert nichts daran, daß ich Forderungen stellen muß, die Respekt, Achtung und Vertrauen zugleich abverlangen.

Sie sagen, Boxen ist anders als Normalsport. Inwiefern?

Ich tue dem anderen weh. Beim Boxen wird nicht mit Wattebäuschchen geworfen.

Das müssen wirkliche Kerle sein, die sich in den Ring stellen und warten, daß 350 Kilo auf sie zugeflogen kommen. Man muß den Nerv haben, hinzugucken, den Kopf wegzunehmen und dann selber zu treffen. Sich diesem Streß zu unterwerfen, das erfordert nicht nur Physis, sondern Charakter. Es gehört neben der Leidenschaft auch kühle Berechnung dazu. Das ist es, was ich meinen Leuten beizubringen versuche: Es ist keine Auszeichnung, getroffen zu werden! Um Gottes willen! Dem Gegner die Stärke nehmen und selber treffen, das ist für mich das wichtigste am Boxen. Als Trainer habe ich da eine hohe Verantwortung. Ich darf nie vergessen, den Sportler als Mensch zu sehen, auch wenn es mal um viel Geld geht. Man muß nicht nur drinstehen und feuern.

Genau dies aber will doch ein Teil des Publikums sehen ...

Das ist inzwischen eine Minderheit. Die Haltung der Leute hat sich geändert.

Sie mögen es, wenn ein Kampf geführt wird. Die vollen Hallen, die Fernsehquoten bei Henrys Auftritten beweisen das doch. Wenn man Erfolg hat, indem man nicht getroffen wird, wegnimmt, rauskommt aus Bedrängungen und selbst Aktionen anbringt, dann akzeptiert das das Publikum. Dann akzeptieren das alle in der Welt. Das hat im übrigen nichts mit Defen-

**Jürgen Möllemann,
Ex-Wirtschafts-
minister:**
*Ich bewundere Henry
Maske, weil der ein
Boxer mit Kopf ist. Der
ist mir trotz gewagter
Sätze lieber als andere,
die keinen zu Ende
formulieren können.*

**Alfred Biolek,
Showmaster**
*Henry Maske ist ein
hochinteressanter
Mensch. Er hat sich bei
mir in der Sendung als
vielseitiger Gesprächs-
partner gezeigt. Er geht
mit anderen Menschen
respektvoll um und ist
einfach sehr sympa-
thisch. Man muß ihn
einfach mögen.*

**Dr. Gregor Gysi,
PDS-Bundestags-
abgeordneter:**
*An Henry Maske be-
eindruckt mich vieles.
Sein Können, seine
Zielstrebigkeit, seine
sportliche Fairneß.
Darüber hinaus strahlt
er für mich menschliche
Wärme und Anstand
aus.*

Hand aufs Herz: Man-
fred **Wolke,** der Unbe-
stechliche, verlangt von
seinen Schützlingen
Leidenschaft, die
manchmal auch körper-
liche »Leiden« schafft.

sive zu tun. Offensiv sein, aber sich trotzdem nicht treffen lassen – das ist es. Ich meine, wir haben in das Profiboxen eine gewisse Sauberkeit reingebracht, die sich jetzt mehr und mehr auszahlt.

Dennoch sind Vorbehalte geblieben. Halten Sie den von Ihnen eingeschlagenen Weg für unumkehrbar?

Ich bin nicht ins Profi-Geschäft eingestiegen, um mich nach zwei, drei Jahren wieder zu verabschieden. Wer seine Vorbehalte aus Rocky-Filmen bezieht, der kann sie durch das aktuelle Boxen, wie wir es bieten, korrigieren. Daß nicht alle diesen Weg gehen, ist schlimm – zeigt aber um so deutlicher, wie wichtig unsere Box-Schule für das Metier ist. Ich lebe mit meinen Sportlern und die mit mir, wir sind eine geballte Macht. Das Geld spielt eine Rolle in der Branche, aber es ist nicht der erste Antrieb der Wolke-Truppe. Ich bin im Herzen immer Sportler geblieben. Ich will die Auseinandersetzung mit der Weltspitze. Bin ich in der Lage, die großen Amis zu gefährden? Das war es, was mich gereizt hat, als ich mit Henry am 8. März 1990 den Sprung ins kalte Wasser gewagt habe und bei Wilfried Sauerland den Vertrag unterschrieb. Mit dem Traum, daß die Leute in Amerika eines Tages nachts aufstehen und den Fernseher anmachen, um die deutschen Meisterboxer zu sehen.

Waren Sie sicher, den Durchbruch bei den Profis zu schaffen?

Sicher nicht, aber ich wußte, daß ich eine Chance habe, wenn man mich arbeiten läßt. Diese Chance gab es bei Sauerland. Natürlich war es ein gewaltiges Risiko. Du bist bescheuert, haben sie mir beim ASK gesagt. In deinem Alter, mit den Amateur-Erfolgen, und von der Bundeswehr würdest du auch übernommen werden. Als ich dabei blieb, haben die Leute vom DDR-Verband prophezeit: Der liegt bald in der Gosse, säuft wieder, geht unter. Denen wollte ich es beweisen! Intuitiv wußte ich, daß mit dem Ende der DDR über kurz oder lang auch das Ende der Amateur-Herrlichkeit da war. Und ich wollte im Boxen weiter Weltspitze sein! An Sicherheiten und

Vorteile habe ich nicht gedacht – der Weg zu den Profis war für mich folgerichtig. Dort ist eben jetzt in unserem Sport ganz oben. Sicher, ich habe hinterher gesehen, wie beschissen es mit ein bißchen Pech hätte werden können. In den beiden ersten Jahren habe ich als Trainer nicht viel Geld verdient, auch heute bin ich nicht Millionär. Doch das ist für mich sowieso sekundär.

Wie haben Sie es geschafft, sich so schnell im Profi-Geschäft zu behaupten?

Erstens haben wir schon immer Spitzenleistungen produziert – und unter den veränderten Verhältnissen nach der Wende diese professionelle Einstellung, die wir bereits als Amateure hatten, beibehalten. Zweitens gab es im Berufsboxen eine Reihe von Defiziten. Über Trainingskonzepte und andere inhaltliche Fragen hat man sich gar keinen Kopf gemacht. Ehrlich gesagt, war ich am Anfang ziemlich erschrocken über die verbreitete Inkompetenz. Das kannte ich so von den Amateuren nicht. Auf der anderen Seite muß man sich vor Verklärung hüten. Zwar war das DDR-Sportsystem im Grundsatz gut, aber wir hätten damals noch weitaus besser arbeiten können, wenn nicht ein riesiger bürokratischer Wust die Entwicklung behindert hätte.

Diese Einschätzung muß angesichts der Medaillen-Flut verwundern.

Wer die Decke mal hochhebt und richtig druntersieht, der wird mir recht geben. Jeder im DDR-Sport, der einen kleinen Posten hatte, hat doch sofort vergessen, was unten passierte. Parteisekretär, Klubleiter, Cheftrainer, Verbandsfunktionäre – dieser ganze Wasserkopf war über den gesetzt, der den Spitzensportler mit seiner Hände Arbeit und seinem Geist produzierte. Alle wollten mitreden, das wuchs sich zu einer Macke und Schwäche der gut gedachten Förderstrukturen aus. Es schwammen zu viele mit wie Fettaugen auf der Suppe. Auch in der DDR gab es nur wenige wirklich gute Box-Trainer.

Der Erfolg hängt immer nur an zwei, drei Personen und deren Ehrgeiz und

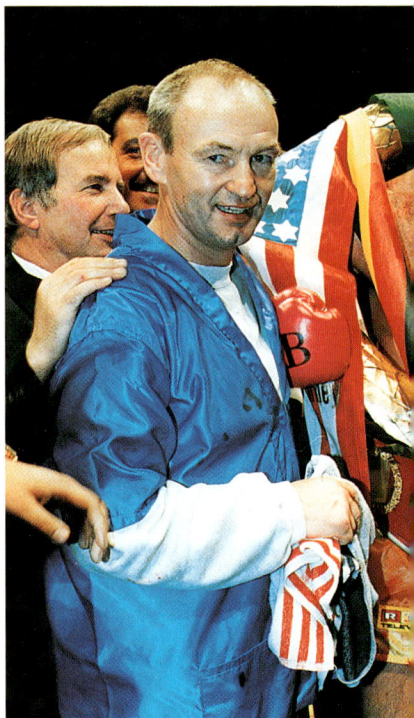

Energie, Hochdruck, Verstand, Gefühl:
Manfred Wolke auf der Suche nach
der Perfektion. Losgelassen am Ring,
sanft bei Ehefrau Brigitte (oben rechts),
gelöst nach dem Sieg, bestimmt im
Trainingscamp (mit den Brüdern
May, Schulz und Maske), gestenreich
im Gespräch mit Journalisten.

Besessenheit – nicht aber an Gesellschaftssystemen.

Sind Sie ein Einzelgänger?

In gewisser Weise ja. Ich weiß, was mich angeht, worauf ich mich verlassen kann, was möglich und was unmöglich ist. Nach der Wende und dem Abschied aus dem wohlbehüteten Nest des Sportklubs habe ich mich gefragt: Kann ich es alleine? Schaffe ich es von Frankfurt (Oder) aus, langfristig gute Leute zu entwickeln? Daß ich im Grundsatz nichts anderes tun mußte als früher, daß nun sogar gewisse Hemmnisse wegfielen, hat mir die Entscheidung erleichtert.

Im Prinzip hängen in unserem Camp irgendwie alle Dinge an mir. Aber das belastet mich nicht, sondern schmeichelt eher. Ich bin froh, daß ich die alleinige Verantwortung habe. Wilfried Sauerland hat vor fünf Jahren jeden Tag angerufen, im zweiten Jahr dreimal die Woche, im dritten einmal.

Jetzt muß ich bei gelegentlichen Kontakten sagen: Wilfried, du lebst ja auch noch. Das ist ein Zeichen für funktionierende Zusammenarbeit.

Woher haben Sie Ihre Motivationskünste?

Es stört mich, daß ich immer wieder als großer Motivator bezeichnet werde. Der bin ich nicht. Ich bin sogar dagegen, daß ich jemanden motivieren muß. Da sollte man dann eher überlegen, ob es nicht besser ist, sich zu trennen. Die Motivation muß dasein, die passiert jeden Tag. Das ist ein ständiger Prozeß, der sich immer abspielt. Werden andere Sachen als das Boxen für meine Jungs wichtiger, dann würde ich ihnen – auch Henry – raten aufzuhören. Natürlich ist es meine ureigenste Pflicht, meine Sportler körperlich und geistig so fit zu machen, daß sie mit besten Chancen in den Ring steigen. Aber das hat mit Motivation nichts zu tun. Ebensowenig wie der logischerweise differenzierte Umgang mit jedem einzelnen.

Heißt das, es gibt eine Hierarchie, eine Hackordnung im Wolke-Stall?

Nein, das heißt es nicht. Bei mir gibt es keine Nummer 1, 2 oder 3. Aber es ist doch klar, daß der 19jährige Rüdi-ger May eine andere Zuwendung verlangt als der 31jährige Henry Maske. Das ist doch gerade meine Kunst als Trainer, nicht eine Schablone aufzulegen, nach der alle den gleichen Schnitt verpaßt bekommen. Das hat mit unterschiedlichen Mentalitäten, mit dem Alter, Familiensituation und vielen anderen Faktoren zu tun. Es gibt immer mehrere Phasen im Verhältnis zwischen Trainer und Sportler. Beginnt die Zusammenarbeit sehr frühzeitig, dann spielt man die Rolle eines Ersatz-Vaters. Das habe ich mit Henry durch, auch mit Axel, der die enge Bezugsperson braucht, nach vorn gestreichelt werden muß. Ich will keine unmündigen Sportler, sondern Selbständigkeit fördern, weil das eine von mehreren Voraussetzungen für den Erfolg im Ring ist. Mein Ziel ist es, sie so weit zu kriegen, daß sie auch Partner werden. Ich meine, das ist das gesündeste Verhältnis.

Ist Henry Maske heute von Ihnen weiter »weg« als in früheren Jahren?

Es gab da mal Journalisten, die meinten, feststellen zu müssen, unser Verhältnis habe sich abgekühlt. Das ist Unsinn. Wir arbeiten heute anders zusammen als vor zehn Jahren. Aber im Prinzip lasse ich ihn keinen Tag allein. Er braucht das, ich brauche das – das ist die Basis. Im Grunde ist die Verbindung sogar eher stärker geworden, weil die technisch-taktischen Anforderungen zugenommen haben, weil auch die Bedeutung seiner Kämpfe immens gewachsen ist. Unsere Beziehung ist produktiv. Henry braucht ab und an eine Provokation, die ihn anstößt. Aber bei ihm kann ich mich darauf verlassen, daß er diesen Anstoß mit nach Hause nimmt, ihn in seinem Kopf bewegt – und dann kommen wir meist schon am nächsten Morgen in die Richtung, in die ich ihn haben will.

Diese Nähe, die Sie brauchen, bindet die nicht zu stark an Personen? Was passiert, wenn Henry Maske mal aufhört – hören Sie dann auch auf?

Um Gottes willen, warum sollte ich das? Henry wird noch etwa zwei Jahre boxen. Sehr erfolgreich, denke ich. Axel Schulz und Torsten May haben

Vom Ersatzvater zum Partner. Maske über Wolke: »Wir haben uns aneinander hochgezogen.«

noch fünf, sechs Jahre vor sich – und auch entsprechende Ambitionen. Torstens Bruder Rüdiger und mein jüngster Neuzugang, Sven Michael, haben mit ihren 19 Jahren schließlich gerade erst mal angefangen, die Boxwelt zu erobern.

Ich werde mir immer wieder Leute suchen, aus denen ich etwas machen kann. So wie bei den Amateuren, als mit einer einzigen Ausnahme alle, die länger als zwei Jahre bei mir trainierten, international Titel und Medaillen gewannen. Ich habe die Jungs stets zu Leistung gebracht, ob sie drei oder fünf Jahre dafür gebraucht haben. Ich habe so lange an ihnen herumgebastelt, bis sie schließlich mit hoher Wahrscheinlichkeit Weltspitze waren.

Welches besondere Trainer-Geheimnis steckt hinter dieser Garantie?

Es ist meine ganz eigene Art, die, so glaube ich, auf andere auch nicht übertragbar ist. Martin Neef, bei dem ich in meiner aktiven Zeit trainiert habe, hat, was inhaltliche und pädagogische Dinge angeht, sicher in gewisser Weise Pate gestanden. Aber ich betreibe wohl alles noch verrückter, bedingungsloser und ausschließlicher. Und die Belastungen sind viel größer, als sie es damals waren. Man muß draufpacken, wenn man mehr herausholen will. Ich habe meinen eigenen Stil. Denn man kann nicht nur nachahmen, imitieren, man muß investieren. Körperlich und geistig. Es gibt Leute, die sind schon mit 20 als Trainer Spitze, und es gibt auch 70jährige, die gut sind. Neben einem gewissen Erfahrungsschatz ist die geistige Fitness, die geistige Führung der Athleten das entscheidende. Boxen wird durch den Kopf vermittelt und entschieden. Was nicht reingeht und drinbleibt, was ich nicht umsetzen kann, das macht mich irgendwo nur mittelmäßig. Und Mittelmäßigkeit ist das letzte, was ich ertragen kann. Es fällt mir schwer, etwas nicht zu erreichen.

In der DDR war viel von wissenschaftlicher Trainingssteuerung die Rede. Was haben Sie davon übernommen?

Stimmt, bei den Amateuren haben wir eine Menge in dieser Richtung angestellt.

Das ist mit der Gegenwart nicht zu vergleichen. Natürlich sind konzeptionelle Grundlagen für die längerfristige Leistungsorientierung wichtig. Ich kann nicht in die Halle kommen und fragen: Ja, was machen wir denn heute? Und ich muß auch in der Lage sein, spontane Veränderungen der Trainingsinhalte vorzunehmen. Wenn ich sehe, daß bei einem eine Sparrings-Einheit gar keinen Sinn bringt, weil er durch andere Probleme blockiert ist, dann muß ich eben mal was Spielerisches machen. Dafür bin ich doch da.

Ich weiß nicht, ob das nun etwas mit Wissenschaft zu tun. In der DDR haben wir die sogenannte »wissenschaftliche Seite« vollkommen übertrieben. Die wurde fast bestimmend, falsch angewandt und geriet damit an den unrechten Platz. Letztlich drohte damit die Individualität des Athleten verlorenzugehen. Solche Phasen hat auch Henry in seiner Laufbahn durchgemacht. Ein guter Trainer hat's einfach drauf – man braucht für diesen Job sicher ein gerüttelt Maß an Talent, natürlich auf der Basis gesicherter Fachkompetenz.

Für Ihre Sportler ist die besondere Nähe zum Trainer leistungsfördernd. Für Sie auch?

Ich halte sie für eine notwendige Arbeitsgrundlage, über reine Leistungsaspekte hinaus. Es braucht viel Arbeit, Zeit und Energie, um sie wachsen zu lassen. Das ist ein sukzessiver Prozeß. Es ist schwer, gerade die jungen Leute heranzuführen an die Bedingungslosigkeit des Boxer-Daseins. Ich sehe mich da als Trainer menschlich ganz stark in die Pflicht genommen, weil sie mir irgendwo ihren Lebensweg, wenn nicht sogar ihr Schicksal, anvertrauen. Schließlich wollen sie sich als Berufssportler eine Basis schaffen, von der aus sie ihre Zukunft gestalten können. Das erfordert von mir 100%ige Zuverlässigkeit. Ich lasse da gar keinen weg und allein mit seinen Problemen. Man muß auch Pädagoge, Psychologe, Freund und Seelenklempner sein.

Ist Henry Maske so etwas wie die späte Wiedergeburt des Boxers Wolke, so wie er hätte sein wollen, aber nie sein durfte?

Das ist sehr philosophisch. Hätte ich zu meiner Zeit Profi werden können, hätte ich ja gesagt. Aber das erklärt sich jetzt so leicht, ich hatte damals keinerlei Anlaß, überhaupt nur eine Zehntelsekunde darüber nachzudenken. Henry Maske zum Weltmeistertitel der Berufsboxer zu führen war für mich eine Riesenherausforderung. Als wir 1990 bei Sauerland unterschrieben, hatte ich mir im Stillen ein ehrgeiziges Ziel gesetzt: Boxen aus diesem jämmerlichen Dämmerzustand als belächelte Randsportart wegzuho-

len und es dorthin zu rücken, wo es vom Aufwand, von der Einstellung, von der Härte und Bedingungslosigkeit her seinen Platz hat. Es zu verändern und der Öffentlichkeit so nahezubringen, wie ich es betrieb. Ich habe mich wie ein Kind auf diese Aufgabe gefreut: Jetzt machst du Boxen interessant! Und ich war überzeugt, es zu schaffen. Die Kritiker haben mich ausgelacht. Mit Maske, mit dem boxt du die Hallen leer, das ist ein Verteidigungskünstler, der nicht begeistern kann. Heute lache ich: Welchen Enthusiasmus für das Profiboxen haben wir ausgelöst! Davon profitieren auch die, die uns vor vier, fünf Jahren verspottet haben. Natürlich ist Henry einer, der mir nahekommt. Er ist mit ähnlichen Vorzügen ausgestattet, wie ich es einst war: hohe Beobachtungsfähigkeit, Kondition, die Fähigkeit zur Ausnutzung der Informationen, die vom Gegner kommen, Disziplin, technisch-taktisches Vermögen, die Steuerung des Kampfes durch den Kopf. Er versucht, im Ring seine geistige Überlegenheit in Aktionen umzusetzen. Solche Gemeinsamkeit schafft eine besondere Kommunikation, die nicht unbedingt vieler Worte bedarf. Henry ist kein Ebenbild des Boxers Wolke, er ist die Weiterführung – und eine ganz individuelle Persönlichkeit.

An der Sie großen Anteil haben ...

Wenn es nach fast anderthalb Jahrzehnten Zusammenarbeit anders wäre, spräche das eine deutliche Sprache gegen den Trainer Wolke. Es hat nichts mit Überheblichkeit zu tun, wenn ich sage, ohne mich gäbe es den Henry Maske von heute nicht. Es kommt darauf an, für jemanden die richtige konzeptionelle Anlage zu finden und ihn damit zum Sieger und zur Persönlichkeit zu machen. Auch Henry mußte erst mal dahin gebracht werden, und dafür habe ich Jahre gebraucht. Der Wechsel von den Amateuren zu den Profis war dabei ein starker Einschnitt. Weil im Unterschied zu der auf dreimal drei Minuten zusammengedrängten Punktehascherei der Amateure ganz anders gekämpft werden muß. Härter, rationeller, sachlicher. Das bedeutete das Überdenken der Boxkonzeption, die Veränderung der Bewegungsmuster, ein anderes taktisches Verhalten. Zwölf Runden, solch ein Kampf geht ganz anders durch den Kopf. Das kommt meiner Box-Auffassung entgegen. Natürlich braucht man dafür Athleten, die in der Lage sind, das geistig umzusetzen. Keiner meiner Leute gehört zu den geborenen Supertalenten. Sie müssen unwahrscheinlich hart arbeiten, jeder Jeder muß die ehrliche Arbeit des anderen akzeptieren, mehr verlange ich im Verhältnis untereinander nicht. Das funktioniert tadellos. Die gemeinsam vergossenen Schweißbäche schaffen Zusammenhalt.

Überrascht Sie der Boom um Henry Maske, seine große Popularität?

Nein. Es ist ja auch nicht nur Henry, um den es dabei geht. Da steckt ja mehr dahinter. Sauberer, als wir es demonstrieren, kann Boxen gar nicht sein. Und das war offenbar für viele eine Überraschung. Henry ist dabei der »Eisbrecher«, derjenige, der rausguckt, der den Boxstil, den wir rüberbringen wollen, überzeugend repräsentiert. Das ist sein unbestreitbares Verdienst. Solche Leute wie ihn kannte man doch im Westen als Boxer bis dahin gar nicht. Auf einmal tritt so einer auf, plötzlich kommt da solch ein sauberes Volk, wo doch Boxen vorher nur mit Negativ-Schlagworten verbunden wurde. Henry Maske hat die Bresche geschlagen, meine anderen Leute werden folgen. Sie haben von Moral und Geist her das gleiche zu bieten. Das Publikum kann sich mit Henry identifizieren, nicht, weil er Boxer, sondern weil er mehr als das ist. Damit kam auch die Nachfrage. Vor ihm gab es eben keinen, der Lehrer, Hausfrau oder Künstler gleichermaßen ansprach. Die kommen jetzt in die Halle, oder schalten zu Millionen den Fernseher an, um ihn zu sehen. Der Lehrer spricht im Unterricht mit seinen Schülern über Maske. Einen Boxer! Das war bei Rocchigiani nicht möglich. Als Cassius Clay seine Glanzzeiten erlebte, hat sich ganz Amerika mit ihm identifiziert. Das schwebt mir für Deutschland vor – alle Schichten ansprechen, nicht nur ein Box-Publikum.

Apropos Clay bzw. Ali. Ist er für Sie der Größte aller Zeiten?

Gar keine Frage. Unangefochten, weit vor allen anderen. Er verkörperte das, was ich an einem Boxer bewundere: die Verbindung intellektueller Fähigkeiten mit technisch-taktischem Können und athletischer Stärke. Auch andere wie Sugar Ray Leonard, Frazier, Hagler oder Foreman waren und sind exzellente Faustkämpfer. Amateure spielen auf diesem Leistungsniveau überhaupt keine Rolle.

Gehört nach Ihrer Meinung dem Profiboxen die Zukunft?

Ich meine, ja. Es ist die Pflicht der Guten, daß sie ins Berufsbox-Lager wechseln. Die ganz Jungen sollen gehen, und auch die bereits Erfolgreichen. Das Amateurboxen hat weiter seine Daseinsberechtigung, gar kein Zweifel. Aber die Besten gehören zu den Profis. Sie brauchen keine Angst zu haben, sie werden den Schritt nicht bereuen. Bei den Profis können Boxer genauso gut entwickelt werden wie bei den Amateuren. Sie können sogar sorgsamer aufgebaut werden. Bei den Amateuren kann ein junger Athlet durch eine unglückliche Auslosung bei einem Turnier schon frühzeitig auf einen Weltklassemann treffen und dabei vielleicht den entscheidenden Karriereknick verpaßt kriegen. So etwas wird mit meinen Leuten nicht passieren. Wir bauen Stück für Stück von unten auf, so wie mit Henry vorexerziert. Natürlich gibt es Unterschiede: Man muß sich aussuchen, wohin man als Berufsboxer geht, wem man vertrauen kann.

Zwei Jahre lang waren Sie in der DDR weg vom Spitzensport. Sie wurden als Offizier degradiert und quasi strafversetzt. Welche Erinnerung haben Sie daran?

Ich meinte, mit Alkohol die langen Abende in den Trainingslagern besser überstehen zu können und überfuhr dabei sozusagen das Stopzeichen. Ich brauchte lange, um das Problem in seiner Dimension zu erkennen. Erst als mir bewußt wurde, daß ich meine Verantwortung für andere nicht mehr

voll wahrnehmen kann, kehrte ich rigoros um. Daß ich 1985 als Spitzentrainer abgelöst wurde, tat weh. Einige waren darüber wohl nicht unglücklich. Mein Fehler war, daß ich ihnen einen Anlaß geliefert hatte, mich aufs Abstellgleis zu schieben. Bis Ende 1987 betreute ich eine Klasse an der Kinder- und Jugendsportschule – ich habe daran sehr gute Erinnerungen. Ich habe gemerkt, wie schön die Arbeit unten sein kann und wie dankbar die kleinen Kerle sind. Wenn ich von Beginn an dort gearbeitet hätte, ich hätte auch da meine Bestätigung gefunden. Es war eine richtig schöne Zeit. Und ich habe gestaunt, wie begeistert und vor allem wie belastungsfähig die Jungs sind. Die haben mir gezeigt, daß es sich lohnt, für das Boxen zu kämpfen und zu leben.

Henry Maske hat Sie durch seine Intervention wieder zu den Top-Leuten zurückgeholt. Hat er damit etwas von dem zurückgegeben, was er in den Jahren davor von Ihnen empfangen hat?

Im September 1987 ging Henry zu Generalmajor Herkner, sagte: Holt Wolke zurück, oder die Medaillen bleiben aus. Würde man das ablehnen, wollte er aufhören und dann eben nach Olympia 1988 gemeinsam mit mir wieder anfangen. Das zog, denn Medaillen waren es, die zählten. Henry hat das wohl in erster Linie für sich und weniger für mich getan. Als ich 1985 abgelöst wurde, da dachte er noch, er schafft es ohne mich. Das sage ich ohne jeden Vorwurf, er war ein junger Bursche von 21 Jahren. Aber schon nach einem halben Jahr

ging es bergab, obwohl er weiter erfolgreich blieb. Er hatte Probleme mit der Kampfführung, wurde angezählt, verkrampfte. Erst mit dem Olympiasieg war er wieder ganz der alte.

Sie waren wegen Ihrer Beharrlichkeit nicht gerade ein Lieblingskind der Funktionäre. Haben Sie mal Ihre Stasi-Akte eingesehen?

Ich überlege noch, ob ich das tue. Ehrlich gesagt, ich habe Angst, unangenehme Dinge zu lesen, wenn ich sehe, wer wen beschnüffelt hat. Daß ich bespitzelt und kontrolliert wurde, ist doch sowieso klar. Mich hat das nie interessiert, ich habe den Leuten trotzdem meine Meinung gesagt. An sich sind das für mich menschlich bemitleidenswerte Geschöpfe. Mit anderen bei Siegen und Niederlagen feiern,

sich freuen, heulen und dabei niederträchtig Fallen stellen – das verachte ich. Ich verachte die, die sich damit berufliche und persönliche Vorteile erkaufen und ihre Karriere befördern wollten. So war ich nie, so werde ich nie werden – dafür fehlt mir jedwedes Verständnis.

»Du mußt, du darfst, du willst!« – Boxer-Siege werden auch auf dem Sportplatz gemacht.

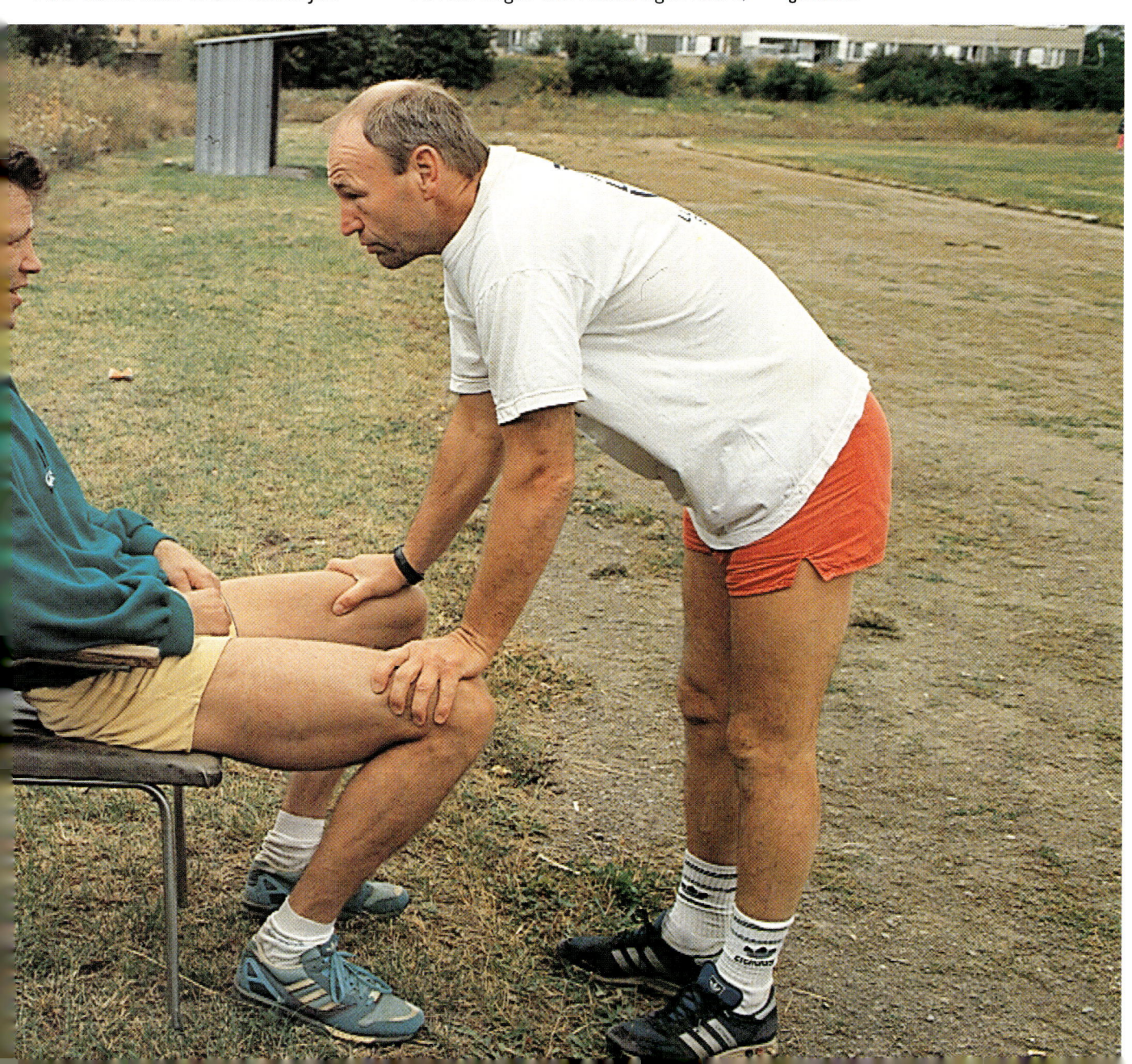

7. Runde
Das Manager-Comeback:
Wilfried Sauerland

20. März, Düsseldorf, Philipshalle: Beim Kampf um den Weltmeister-Gürtel — das obskure Objekt der Begierde hat einen Materialwert von etwa 650 Dollar — ist in Runde sieben noch nichts entschieden. Charles Prince Williams, dessen Team den Gürtel beim Hymnen- und Präsentationsvorspiel stolz über die Häupter erhoben hereingetragen hatte, darf noch hoffen, daß ihm die Reputation des Champions erhalten bleibt. Er gilt als der beste der vier Weltmeister im Halbschwergewicht. Doch längst sind alle Rechenspiele, alle verbalen Muskelspiele aus den Tagen vor diesem 20. März so wichtig wie die Zeitung von gestern. Übriggeblieben sind zwei Männer in einem Käfig, der Ring heißt und dennoch — welch Anachronismus — nicht rund, sondern quadratisch ist. Zwei Männer, die alles Versteckspiel aufgegeben haben und etwas miteinander abmachen, das sie zugleich verbindet und in seiner Endgültigkeit trennt.

Die 7. Runde beginnt, ein Spion war erfolgreich. Er hat einem Punkterichter über die Schulter geschaut. Dieser Mann ist meiner Meinung, der Kampf steht bis jetzt unentschieden. Was die beiden anderen auf ihren Zetteln stehen haben, weiß ich nicht.

Henry Maske hat alles erreicht, was ein Amateurboxer erreichen kann, er war Weltmeister, er war Weltcupsieger, mehrfacher Europameister, Olympiasieger. Sein Sparringspartner, der Schwergewichtler Axel Schulz, auch sein Freund, der es kürzlich versucht hat, Europameister im Schwergewicht zu werden, versucht es ein zweites Mal am 1. Mai. Bin neugierig. Wir werden selbstverständlich über den Kampf berichten. Jetzt ist der Ringrichter mit Maske böse gewesen, wahrscheinlich hat er nachgeschlagen, aber ich habe es nicht so genau sehen können.

Sehr beweglich Maske, schön ist er weggegangen von der Schlaghand. Jetzt müßte die Linke nachkommen. Wieder Kopfstoß. Maske macht das ganz geschickt, wenn er sieht, daß Williams' Kopf runtergeht, schlägt er den linken Haken und hat zweimal getroffen.

»Ich bleibe der Champ«, hatte Williams erklärt, in der mehrwöchigen Vorbereitung mehrere Sparringspartner verschlissen, die hinter seinen Fäusten immer wie Maske aussahen. Sieben, die dafür zahlen mußten, daß der »Prince«, seit 1987 Weltmeister, den Gürtel behalten wollte.

Nach sieben Runden wußte der Champ noch nicht, daß der ihm nie mehr passen wird.

Fast ein Jahr lang hatte Henry Maske auf seine Chance warten müssen. Schon im Juni 1992 sollte er um die Weltmeisterschaft kämpfen. Immer wieder formulierte er die Herausforderung an sich selbst und andere: »Ich will der Champion werden!« Dafür hatte er sich gequält. Durch Aufbau-Fights, die mal welche waren und mal nicht. Durch zermürbende Ausdauerläufe, bei denen der Kopf den gemarterten Füßen befahl: Du mußt durchhalten, 12 Runden stehen und nicht wanken! Durch schweißtreibende Trainingseinheiten mit dem unbarmherzigen Trainer Manfred Wolke im Nacken. Durch Hunderte Sparringsrunden, in denen er sich mürbe schlug und sich doch keinen Moment losließ. Er lernte, wuchs, wurde stärker. Das sprach sich herum, drang bis über den »großen Teich« ins Land der unbegrenzten Möglichkeiten. Schließlich hatten genug Faustkämpfer von »drüben« in Wolkes Camp in Frankfurt (Oder) versucht, dem Deutschen nicht nur das Geld fürs bezahlte Sparring, sondern auch den Schneid abzukaufen. »Die waren dann immer sehr überrascht, daß es da im fernen Europa, das sie gern als Boxer-Einöde abstempeln würden, jemanden gab, der zurückschlug«, erzählt Jean-Marcel Nartz. »Doch die Dollar für die Trainings-Ringauftritte mit Maske, die mußte man sich immer hart verdienen.« Dollar, die ein gewisses Maß an Masochismus verlangten. Wer läßt sich schon gern rundenlang mit Schlägen durch das Seilquadrat treiben? Die Folge: Keiner der Weltmeister wollte seinen Titel ausgerechnet gegen Maske aufs Spiel setzen. Der kletterte zwar stetig in der Rangliste, fand sich in Spekulationen um geplante Fights, durfte sich sogar schon über vereinbarte Dates freuen – und fiel dann doch ein ums andere Mal ins Tal der Tränen, weil der greifbare nahe Gipfel mit Theaterkulissen zugestellt wurde. Mit mehr oder minder guten Gründen hielten sich die Champions den Herausforderer – er war es längst, auch wenn man es ihm verweigerte – vom Leibe.

»Du kannst so gut sein, wie du willst, ohne einen entsprechenden Manager kommst du vielleicht nie zu deiner Chance«, meint Maske. Wilfried Sauerland, Unternehmer und aus leidenschaftlicher Passion dasselbe hobbymäßig im Berufsboxen, schaffte es schließlich in einem nervenaufreibenden, mehrmonatigen Verhandlungsmarathon, Maskes Weltmeister-Träumen

ein Fundament zu geben. Mit einer Börse von 800 000 Mark lockte er IBF-Titelträger Charles Prince Williams nach Deutschland. Der hatte noch nie so groß Kasse gemacht. Düsseldorf erlebte das größte Boxspektakel und den teuersten Kampf auf deutschem Boden seit fast dreißig Jahren, als Karl Mildenberger am 10. September 1964 in Frankfurt/Main Muhammad Ali 12 Runden widerstand, ehe er k. o. ging.

Maske kontra Williams: der Beginn der Resozialisierung einer Sportart, der vorläufige Höhepunkt des mit dem Frankfurter begonnenen Exodus des deutschen Berufsboxens aus der Schmuddelecke von Rotlicht, organisierter Kriminalität und Zwielichtigkeit. Wilfried Sauerland, der Mann hinter Maske und Wolke, ist da-

bei eigentlich der Mann davor. Daß er das nie spüren läßt, sondern sich mit dem Part des unauffälligen Steuermannes ohne Kapitänsallüren begnügt, spricht für ihn. Keine branchenüblichen dunklen Flecken auf dem edlen Glencheck-Jackett des alerten Herrn mit dem Hemingway-Schnauzer, der laut Manager-Magazin der »erfolgreichste deutsche Promoter« ist. Als »Mister Boxing« und »Gentleman des deutschen Profiboxens« wird er in der einschlägigen Fachpresse gefeiert. Das paßt doch: »Gentleman« Henry Maske, »Gentleman« Wilfried Sauerland – die haben sich gesucht und gefunden. Gentlemen unter sich. Men at work.

»Sauerland ist ein Glücksfall für uns«, sagt Manfred Wolke, der beim spektakulären Wechsel vor allem zwei Dinge im Auge hatte. »Zum einen wollten wir den Erfolg in absehbarer Zeit, zum anderen die Möglichkeit, langfristig arbeiten zu können.« Sauerland stand für beides, und in einer Mischung aus Kalkül und Instinkt entschieden sich Maske und Wolke für ihn.

»Die Karriere eines Boxers ist genauso abhängig vom Geschick seines Managers wie von seinem eigenen Können im Ring«, belehrt die britische »Encyclopedia of Boxing« (London 1979). »Ein schlauer und scharfsinniger Manager kann sogar einen durchschnittlichen Kämpfer auf einem langen Weg bis an die Spitze führen, während ein schlechter Manager den Fortschritt des besten Boxers der Welt zum Stehen zu bringen vermag.«

Ebby Thust, Ex-Boxpromoter:
Das ist einer, mit dem sich die Leute identifizieren. Er ist weder eingebildet noch unterkühlt, sondern einer, der die Sache auf den Punkt gebracht hat. Als Thurau im Radsport eine Größe war, da haben sich Tausende Rennräder gekauft. So ähnlich ist es nun bei Maske.

Die Gentlemen bitten zur Kasse – Wilfried Sauerland und Henry Maske haben das deutsche Berufsboxen revolutioniert. Sauerland über seinen Vorzeigeschützling: »Henry ist ein Boris Becker des Boxens.«

The Young Persons Guide durch die neue Welt – Wilfried Sauerland macht für die Athleten mehr als »business as usual«. Schon bei Maskes Profi-Premiere am 9. Mai 1990 in London (oben und unten links) weiß er: »Das ist ein ganz anderer Schlag Boxer, als wir sie bisher kannten.«

»Er ist ein Glücksfall für das deutsche Boxen« – Maske über Sauerland, Sauerland über Maske. Seltene Übereinstimmung zwischen Manager und Athlet, die beide einstweilen nicht mehr als zufällig ansehen.

Sauerland hat ersteres mehrfach vorexerziert, letzteres nie verbrochen. Maske, zweifellos überdurchschnittlich, kam nach drei Jahren genau dort an, wohin ihn sein Manager bei der Vertragsunterzeichnung am 8. März 1990 prophezeit hatte: Ganz oben! Diesem 8. März waren Gespräche mit einem halben Dutzend »Kollegen« Sauerlands vorausgegangen. Solchen, die schnell durchschaubare Absahner-Konzepte präsentierten. Solchen wie der Hamburger Klaus-Peter Kohl, einst Präsident des Verbandes Deutscher Berufsboxer, der – so Wolke – »durchaus Vernünftiges anzubieten hatte«. Doch nach einem Winter-Wochenende im Sauerland-Chalet im malerischen Schweizer Gstaad und zwei Begegnungen in Berlin hatte Maske genug gehört: »Herr Sauerland hat das bessere Konzept.« Aus »Land unter« nach der Wende in der DDR wurde für Trainer Wolke und seinen Schützling wieder »Land in Sicht«. Der Coach über die Entscheidung: »Henry und ich waren sehr schweigsam, als wir vom Gespräch mit Sauerland nach Hause zurückfuhren. Jeder hat für sich gedreht und gewendet, wie es nun weitergehen wird. Fünf Kilometer vor Frankfurt habe ich dann gesagt: Henry, ich glaube, das war der Richtige. Und er hat geantwortet: Trainer, genau dasselbe habe ich auch gerade gedacht.« Wolke beglückwünscht sich bis heute für diese Entscheidung. »Daß Sauerland nach mehrjähriger Zusammenarbeit noch mit mir spricht, beweist eine funktionierende Kooperation. Denn ich bin nicht einfach, manchmal kein angenehmer Partner, habe meinen eigenen Kopf. Sauerland akzeptiert, daß das Sportliche unsere Sache ist, wir da das Sagen haben. Er redet uns nicht rein, und wir können uns darauf verlassen, daß er seinen Part mit der gleichen Hingabe und Zuverlässigkeit erledigt wie wir unseren. Man braucht nicht nur einen, der das Geld gibt, sondern auch einen, der beim ganz trivialen Alltag über den Sport hinaus hilft. Schließlich war das für uns eine völlig andere, unbekannte Welt. Wir wollten nicht den zahlungskräftigsten, sondern den seriösesten aus der Branche für uns.«

Wolke gibt anstandslos zu, mit Vorurteilen und schiefen Bildern vollgestopft gewesen zu sein, als er mit Henry Maske ankam in seinem zweiten Leben. Vorurteile, die häufig zumindest einen Kern von Wahrheit in sich trugen und so schnell bestätigt werden konnten. »Wir fanden eine katastrophale Situation in Profideutschland vor«, blickt der erfahrene Box-Lehrer zurück. »Sprücheklopper, müde Show, Jahrmarktstapeten mit dusseligem Zeugs über irgendwelche Tiger oder sonstige unbesiegbare Bestien« – das war doch alles so, wie man es in der DDR über das Berufsboxen, die dekadente Ausgeburt des Spätkapitalismus, gelernt hatte! »Aber da war eben auch noch etwas anderes. Da waren Leistungen, die einfach nur zugeschüttet wurden unter einem Wust an Fragwürdigem.« Und einige Journalisten, die interessierte das Fragwürdige, Anrüchige, Pseudosensationelle immer mehr als die Leistung.

Manager, so haben Wolke und seine Boxer begriffen, sind nicht a priori halbseidene, abgefeimte Schurken. »Es gibt solche und solche, und wer die guten sucht, der findet sie auch. Ich hätte das früher nicht geglaubt, aber es ist so.« Ihre Personifizierung findet diese Überzeugung für Manfred Wolke in Wilfried Sauerland. Der Manager und Promoter sieht sich dabei in seiner »Unternehmens«-Philosophie in Übereinstimmung mit dem Coach: »Meine Aufgabe ist es, meine Leute ohne große Substanzverluste in möglichst kurzer Zeit nach oben zu bringen.« Als Knirps hatte ihn der Vater, ein Schreinermeister, mit nach Dortmund genommen. Dort wurden in den 50er Jahren Heinz Neuhaus oder Emil Koch als Ring-Matadore gefeiert. »Aber den Berufswunsch Box-Manager habe ich da bestimmt nicht mitbekommen«, sagt Sauerland, dem ein grundsolider Broterwerb in die Papiere eingetragen wurde. Industriekaufmann, »und das mit der Boxerei, das kam erst viel später«.

Wie wird man überhaupt so etwas wie Box-Manager? »Ein Ausbildungsberuf ist es nicht, leider nicht. Vielleicht wäre das angebracht, um sich so vor dubiosem Geschäftsgebaren einiger schwarzer Schafe in der Zunft zu schützen. Eine Lizenz allerdings muß man haben, will man anerkannt werden. Der Zufall führte Regie, als ich Kontakt zum Boxen bekam. In Afrika habe ich Brauereianlagen verkauft und dabei die Leute dort so von meinen Qualitäten überzeugt, daß man mir in Sambia 1977 die Vermarktung der besten Amateurboxer, das Management ihres Umstiegs zu den Profis, antrug. Da fing alles an.« Außenminister Banda wußte um die gediegenen Verbindungen Sauerlands in England, lockte mit dem Millionenkauf einer der Anlagen gegen den großen Durst, wenn der Deutsche das Boxtalent Lottie Mwale unter seine Fittiche nehmen würde. Sauerland willigte ein, brachte den jungen Mann nach London – und war, ehe er sich versah, Manager. Er erledigte den Nebenjob so perfekt, daß es ihm in Sambia alle Türen und Tore öffnete. »Wenn ich heute mit dem Staatspräsidenten sprechen möchte, dann klappt das innerhalb von wenigen Stunden. Andere brauchen für einen Termin mehrere Tage.«

Nach sechs Veranstaltungen in der sambischen Metropole Lusaka, schon mal vor 70 000 (!) Zuschauern, zog Sauerland mit seinen »schwarzen Perlen« auf den alten Kontinent – und entwickelte dort vor allem den Ugander John »The Beast« Mugabi zu einer Ringattraktion. Nach einer Serie von 25 K.-o.-Erfolgen verlor der 1986 in Las Vegas im Kampf um die Weltmeisterschaft im Mittelgewicht gegen Marvin Hagler. Drei Jahre später wurde Mugabi Champion im Superweltergewicht. Noch heute hat Wilfried Sauerland afrikanische Faustkämpfer unter Vertrag, die zumeist in den USA für ihn durch die Seile klettern. »Ein philanthropisches Entwicklungshelfer-Mäntelchen hänge ich mir aber nicht um. Die wissen, was sie an mir haben, und ich weiß sehr genau, was ich an ihnen habe.«

In Deutschland trat Sauerland erstmals am 26. September 1990 als Box-Veranstalter auf. 600 Zuschauer, davon 400 mit Freikarten – das entlockt dem Kosmopoliten heute ein Lächeln. Elf der 56 Kampfabende unter der Regie von Wilfried Sauerland waren Weltmeisterschaften. Er hat mit René Weller, 1984 bis 1986 Europameister im Leichtgewicht, und Graciano Rocchigiani, der es Ende der 80er Jahre zum Welt- und Europachampion brachte, Boxer betreut, denen zwar gewisse sportliche, aber nur zweifelhafte menschliche Qualitäten zugebilligt werden konnten. Er hat in Frankfurt/Main eine Reihe von Kampfabenden gemeinsam mit Ebby Thust veranstaltet, der ein paar Jahre darauf traurige Berühmtheit als Graf-Erpresser erlangte und dafür einige Zeit Logis in einer fluchtsicheren Kleinstwohnung bei Vater Staat nahm. Kratzt das nicht erheblich am Lack des »Gentleman« Sauerland? »Ich habe keine Probleme damit«, sagt der. »Ich habe in 15 Jahren soviel Geld in das Boxen gesteckt, daß man mir den wahren Fan getrost abnehmen kann. Weller oder ›Rocky‹, das waren Faustkämpfer, die zogen, die, wenn sie sich auf ihre Arbeit konzentrierten, auch was Ordentliches ablieferten. Allerdings haben sie ihren Job eben manchmal alles andere denn professionell erledigt. Und da fängt der Ärger an. Ich muß mich darauf verlassen können, daß in diesem Geschäft Berechenbarkeit eine feste Größe bleibt. Und ›Rocky‹ zum Beispiel, der war häufig schlichtweg unberechenbar. Dabei habe ich ihm immer wieder eine Chance gegeben, und noch eine, und noch eine. Ich bin unter meinesgleichen eher ein Vertreter der stillen Gangart.«

Weil das so ist, würde Sauerland auch für die Zukunft niemals ausschließen, Boxer ähnlicher Couleur zu verpflichten. Ja, eine Zeitlang, ehe der extrovertierte Berliner im Streit von dannen zog und sich bei der Kohl-Konkurrenz in Hamburg verdingte, hatte er sowohl Rocchigiani (meist als Hauptkämpfer) als auch Maske unter Vertrag. »Ich mache kein Hehl daraus, welcher Typ Boxer mir lieber ist, aber als Manager kann ich es mir doch gar nicht leisten, auf einen Top-Mann zu verzichten, wenn ich ihn haben kann. Einzige Bedingung: Er muß mitrudern, wenn das Boot losfährt.« Das tut sein Vorzeige-Schützling Henry Maske, und mehr als das.

»Endlich mal ein Boxer mit Grips im Kopf«, hatte Sauerland festgestellt, als man 1990 die Zusammenarbeit begann. »Mit dem Ende der DDR taten sich plötzlich Alternativen auf, an die vorher gar nicht zu denken war. Eine ganz andere Generation, eine ganz andere Art von Athleten. Die nahmen ihren Sport als ernsthaften Beruf und nicht als Hobby. Ich war seit langem davon überzeugt, daß das Berufsboxen nur überleben kann, wenn sich die technische Seite wieder stärker durchsetzt. Und die verkörpert Henry auf wahrlich ideale Weise. Der spielt Schach im Ring.« Maskes Erscheinen sorgte schließlich für das Comeback des 1990 längst boxmüden Managers Wilfried Sauerland. Der hatte »hinschmeißen« wollen, zermürbt von den Skandalen und Eskapaden Graciano Rocchigianis, die für ihn auch geschäftlich die Verlustrechnung in die Höhe trieben.

»Im Grunde war ich mit dem Profiboxen fertig«, sagt der 55jährige, am 29. Februar im Schaltjahr 1940 geboren. »Ich hatte immerhin einen Ruf zu verlieren, nicht nur in den Boxhallen. Und was da ablief, das stank mir gewaltig. Das Thema war beendet. Da sah meine Frau Simone in einer Sonntagszeitung ein Bild von Henry, war total begeistert und sagte plötzlich, obwohl sie mich immer weghaben wollte vom Boxen: ›Wenn du es überhaupt noch mal mit einem versuchst, dann mit dem!‹ Frauen haben den besonderen Instinkt. Wenn sie solch ein Gefühl haben, dann muß an dem Mann was dransein. Ich habe sofort einen Freund angerufen, den Kontakt hergestellt – und bin am Montag nach Berlin gefahren. Ein paar Stunden später waren wir uns einig.«

Sauerland bezeichnet heute die Vertragsunterzeichnung am 8. März 1990 als einen »Glücksgriff«. Er hat alles richtig gemacht, sein ihm nachgesagtes Gespür für die »big points« machte ihn mit Maske zum Gewinner. Das Profiboxen boomt. Seit Anfang 1993 wurde in deutschen Landen dreizehnmal um Weltmeisterschaften geboxt, allein siebenmal trat dabei

der Frankfurter in eindrucksvolle Aktion. Fast ein ganzes Jahrhundert davor bringt dagegen nur zwölf WM-Auftritte mit deutscher Beteiligung vor heimischem Publikum zusammen. Und Sauerland begann erstmals halbwegs gut zu verdienen. Dank der Eintrittsgelder, der Werbung, dank der sechs- und siebenstelligen Summen aus dem Verkauf der TV-Rechte an die privaten Fernsehanstalten – in diesem Falle RTL – begann sich die Investitionsschere des Promoters allmählich zu schließen. Alles zusammen betrachtet seit den 70er Jahren, sei sein Engagement zwar immer noch ein Minusgeschäft, aber nehme man nur den Zeitraum mit dem Team Wolke, »dann schreibe ich schwarze Zahlen«.

Immer wieder wurde Sauerland gefragt, ob er sich das vier, fünf Jahre davor auch nur eine Sekunde lang habe vorstellen können: volle Riesenarenen, honore Gesellschaft am Ring, Enthusiasmus. »Meine ebenso beliebte, weil ehrliche Antwort darauf lautet jedesmal: Nein, Sie etwa?« Logisch, daß die Kooperation nach den vereinbarten fünf Jahren Vertragslaufzeit, die am 1. April 1995 vorüber waren, nicht endete. »Wir wollen sogar noch längerfristiger zusammenarbeiten als bisher«, bekundet Manfred Wolke, der sich um die detaillierten Konditionen in den Wochen vor der Verlängerung keine Gedanken machte. »Es gibt da so etwas wie Vertrauen, und außerdem verlängert sich der Vertrag sowieso automatisch um ein Jahr, wenn keine der beiden Seiten kündigt.«

Wilfried Sauerland, 1990 ein Box-Entmutigter, ist fünf Jahre später einer, der in die Zukunft plant und träumt. »Henry Maske ist für mich ein Boris Becker des Boxens geworden. Nicht nur, was die Leistung, sondern vor allem auch, was die öffentliche Annahme angeht. Jetzt wollen wir dabei nicht stehenbleiben, sondern es dem Tennis nachmachen. So wie Boris viele kleine Beckers gefolgt sind, sollen dem Henry viele Maskes folgen.« Sauerland als Architekt eines soliden Zukunftsgebäudes im deutschen Berufsboxen – eine Vorstellung, die dem Mittfünfziger gefällt. Ein bißchen Eitelkeit ist schließlich auch für den erlaubt, der sich in der Regel dezent zurücknimmt. Seit Henrys Meisterstück gegen Charles Prince Williams ist der Boxer nicht mehr auf die Garantiesummen aus Sauerlands Börse angewiesen, finanziert er sich über die Kampfbörsen weitgehend selbst. Die Zusammenarbeit hat das nicht verändert.

»Wir liegen auf einer Wellenlänge«, empfindet Winfried Sauerland und geht sogar mehrere Schritte weiter: »Wir sind Freunde. Das Verhältnis Maske/Sauerland bleibt nicht bei der reinen Manager-Boxer-Beziehung stehen.« Über die hatte Bertolt Brecht in seinem Fragment für den geplanten Boxerroman »Das Renommee« nachgedacht und als Grundmuster gefunden, daß »der Manager aus seinem Mann einen anständigen Kampf herausholt, denn sein Mann ist sein Kapital, und wenn der Boxer schlecht boxt, dann werden für den Manager die Rumpsteaks rar«. Für Sauerland sind die Steaks mit Maske nicht rar geworden, im Gegenteil. Wohl auch, weil da mehr war und ist als eine Zweckgemeinschaft zwischen boxendem Kapital und einem, der damit zu spekulieren versteht. Es gibt nun mal nicht so sehr viele Spitzensportler, die freiwillig Urlaubstage mit ihrem Promoter und Manager verbringen.

Sauerland beschreibt sein Verhältnis zu Maske als »eine sehr gute persönliche Beziehung«. Ihm gefalle, wie der Mann

Ein Grand mit Vieren: Trainer Manfred Wolke, Champion Henry Maske, Manager und Promoter Wilfried Sauerland, und last but not least Jean-Marcel Nartz, Matchmaker, guter Geist und unermüdlicher Organisator bei Maskes erfolgreichen Profi-Auftritten (v.l.n.r.). Ein Weltmeister-Gürtel für alle!

aus dem Osten mit seiner Familie umgehe. Daß die der ruhende Mittelpunkt sei, der den Boxer letztlich auch sportlich stark mache. Und er erzählt die Geschichte ganz vom Anfang ihrer Bekanntschaft, als Maske für ihn zunächst einmal nur »ein netter junger Mann« war. Da hatte Sauerland dem Frankfurter einen BMW aus der 3er-Serie angeboten und verblüfft die Antwort erhalten, daß Maske den kleineren Golf vorziehen würde. »Im Westen hätte man da nur gesagt: Wieso einen aus der 3er-Serie, ich brauche einen 5er BMW. Auch

wenn sich äußere Umstände ändern, ich glaube in keiner Sekunde, daß Henry mal abrutschen könnte.«

Der noble Geschäftsmann, der der Vater des Box-Ästheten sein könnte, geht auch deshalb davon aus, daß die Partnerschaft nicht mit Henry Maskes letztem Ringauftritt enden wird. »Da ist jetzt einfach eine andere Ebene drin, und fürs Boxen werden wir wohl beide in irgendeiner Form weiter was tun.« Der Champion und sein Manager, der König und der Königsmacher.

8. Runde
Der Prince ist tot,
es lebe der König!

Der Kampf der Kämpfe — 7000 Zuschauer, in der Mehrheit Maske-Fans, nur minoritär Maske-Skeptiker, waren in Düsseldorf Augenzeugen, wie der Mann aus Frankfurt (Oder) im teuersten WM-Kampf auf deutschem Boden (Gesamtetat 1,52 Millionen DM) die Dauerfrage beantwortete, ob er das Zeug zum Champion hat oder nicht.

Zwei lange Jahre mußte er auf diesen Tag warten. Zunächst geduldig und lernend, weil der Rhythmus des Profiboxens nicht mit dem des Amateur-Faustkampfes zu vergleichen ist. Das sei etwa so problematisch wie einen Hundertmeter-Sprinter zu einem Weltklasse-Marathonläufer umzuschulen, orakelt »Die Zeit« bei Maskes Berufseintritt. Und der mit allen Erfolgsweihen bei Olympia, WM und EM ausgestattete Athlet — »Was da war, zählt jetzt gar nichts mehr« — beschreibt die Umstellung so: »Du mußt wie ein Motor anspringen, aber auch auf ruhiger Flamme kochen können.«

Mit nervöser Hektik absolvierte er seine ersten Profi-Fights, »eben richtig amateurhaft«. Anfangs glaubte er sich in der Bringeschuld schneller Knockouts. Doch Maske lernte, daß er Zeit hat im Ring – und daß er mit dieser Zeit etwas anfangen kann. Statt drei Runden Trefferhascherei wie bei den Amateuren war nun ein Manöverplan gefragt, der den Boxer befähigt, einen Kontrahenten auch noch in der 11. oder 12. Runde des Kampfes entscheidend zu besiegen. Ein Strategiespiel, bei dem es pure Muskelkraft allein nicht bringt. Oft genug hat es sogar Schlagabtausche gegeben, bei denen diese dem Boxer im Wege stand, weil er meinte, mit starker Physis alles zum frühen Ende bringen zu können und dann nichts mehr zuzusetzen hatte.

»Um zu gewinnen«, belehrt das »Zeit-Magazin« eine Woche vor dem WM-Showdown gegen Charles Prince Williams, »muß man den Kampf seelenruhig aufbauen, abwarten, probieren, täuschen, beobachten und endlich die entscheidende Situation herbeischaffen, die Lücke für sich öffnen, die dafür sorgt, daß der eine oben und der andere unten endet.« Henry Maske nennt das »in zweiter Absicht handeln«, nicht sofort und blind reagieren. »Nein: wegstecken, geduldig auf die Chance warten! So sollte es auch im Leben sein.« 19 Kämpfe als Berufsboxer hatte er zuvor bestritten, bewiesen, daß er seine Lektionen begriffen hatte – und nun zunehmend selbst den Lehrstoff im Ring bestimmte.

Manager Wilfried Sauerland war schon nach Maskes drittem Fight – dem Punktsieg gegen den Argentinier Salgado Anfang September 1990 in Berlin – überzeugt: »Allein mit seiner Technik und Intelligenz kann Henry jeden Supergegner gefährden. Der Junge ist ein wahrer Diamant.« Und Jean-Marcel Nartz, Sauerlands Matchmaker, wagte gar eine exakte Prognose: »Kampf Nummer 25 wird für ihn ein WM-Fight sein.« Im 20., so Nartz, werde Henry Maske Europameister. Doch letztere Stufe übersprang der Box-Musterschüler schlankweg. Sein 20. Auftritt als Profi, das wurde der am 20. März 1993 gegen Williams. Ein Kampf, den Maske lange mit sich herumtrug wie eine quälende Last. »Weil sich mein Gegner zweimal die Hand brach und der Kampf abgesagt wurde, mußte ich mich mit ihm sehr lange beschäftigen – mindestens ein Jahr lang. Williams, Williams, Williams: Er ging mir immer im Kopf rum. Tag und Nacht habe ich an ihn gedacht.« Für den Frankfurter hatte das eine schlechte und eine gute Seite. »So nah dran, und dann plötzlich wieder scheinbar hoffnungslos weit weg vom Titel, das ging an die Nerven. Andererseits hatte ich praktisch mit dem Mann gelebt, war sozusagen auf alles vorbereitet, was mich erwarten konnte.«

Obwohl die »heiße Phase« vor dem Düsseldorfer Box-Festtag für Maske alles andere als optimal lief – schwache Sparringspartner, Einbruch in sein Wuppertaler Geheimcamp, das ihm wegen seiner Größe und Unruhe eh mißfiel –, ging er ohne Selbstzweifel in seine bis dahin härteste Bewährungsprobe. »Ich hatte alles getan, was nötig war, um zu gewinnen.« Alles, bis in den »Kotzbereich«. Hunderte Sparringsrunden, zig Laufkilometer, Tausende Liegestütze, Tonnen gestemmten Eisens lagen hinter ihm. Vor ihm stand der Weltmeister, der seit 1984 unbesiegte Champion. »Der Beste«, bis dahin jedenfalls, wie Maske wußte. Von dem Trainer Wolke nach der ersten Pressekonferenz gesagt hatte: »Da steckt was dahinter, was Deutschland seit Jahrzehnten nicht mehr zu sehen bekommen hat.«

Charles Prince Williams, 1962 in Columbus (Ohio) geboren, entsprach der jahrzehntelang als unumstößlich geltenden sozialhierarchischen Ausgangsposition des Preisfighters. »Ein Boxer muß aus dem Dreck kommen«, hatte der Faustkampf-Poet Wolf Wondratschek verkündet, was mit Maske und den anderen Wolke-Schützlingen plötzlich nur noch pseudosoziologische Papierverschwendung schien. Als 16jähriger hatte Williams, der da bereits als Fabrikarbeiter malochte, sein Debüt als Profiboxer gegeben, das mit einer Punktniederlage gegen einen gewissen Henry Brunch endete. Für 100 Dollar pro Kampf tingelte er später nebenberuflich durch amerikanische Provinzringe, bis er im Juni 1983 durch einen Sieg gegen den Weltranglistenmann Anthony Witherspoon aus der Anonymität der vielen hungrigen Nobodies trat. Die ehemalige Schönheitskönigin Gerry Stapleton, die sich als Hobby einen Profi-Stall mit namhaften Fightern zugelegt hatte, verpflichtete Williams und verpaßte ihm den Spitznamen »Prince«, weil sich die Gazetten justament mit zu Herzen gehenden Geschichten über das britische Thronfolger-Paar jagten. Charles Williams eilte von Sieg zu Sieg, nahm schließlich am 29. Oktober 1987 im Spieler-Dorado Las Vegas Bobby Czyz den IBF-Titel ab – und blieb trotzdem ein, zwar von Experten geschätzter, aber von Veranstaltern wenig beachteter »Underdog«. Die Stars seiner Gewichtsklasse wie Hearns, Moorer, Hill oder Leonard gingen ihm aus dem Weg. Der Mann, der als der Beste seines Limits galt, mußte die dicken Börsen jenen überlassen, die die direkte Auseinandersetzung mit ihm mieden.

Im Fight mit Maske sollte der Amerikaner, der in 39 Kämpfen zuvor nur viermal verloren hatte, bei seiner freiwilligen Titelverteidigung mit einer halben Million Dollar die größte Kasse seines Boxer-Lebens machen. Daß es sein letzter Zahltag wurde, daß ein anderer an diesem Tag der Bessere war, anerkannte Williams mit der Fairneß eines wirklich großen Sportsmannes:

»Ich habe alles gegeben, Henry hat fast immer eine Antwort gewußt.« Da lagen 12 Runden auf Biegen und Brechen hinter den beiden. 12 Runden, in denen es kein Davor und kein Danach gab.

In denen zwei Boxer allein mit sich und ihrer inneren Verabredung waren: Hier und jetzt machen wir es aus, wer der Champion ist. Von einem Augenblick auf den anderen waren sie auf die quadratische Bühne geworfen worden, ins Scheinwerferlicht und vor die Fernsehkameras, die in den Pausen mitleidlos jede Muskelanspannung, jeden Schmerz, jeden Schweißtropfen in Slowmotion sezierten. Ein seltsamer Exhibitionismus, der jede Deckung aufgibt, in Momenten totaler Entblößung alles explosionsartig herausläßt, was sonst einem Menschen nur für sich gehört.

Beim »May-the-best-win«-Opening des 71jährigen Ringrichters Al Rothenburg hatten sich Williams und Maske fest und entschlossen in die Augen gesehen. Einander taxiert, befragt und herausgefordert. Da hatte der Kampf schon begonnen, obwohl die Fäuste noch in Rothenburgs Händen lagen. Ein Wimpern-Niederschlag, ein Treffer für den Kontrahenten. Wie tags zuvor beim Weigh-In, dem Wiegezeremoniell, wo oftmals schon abzulesen ist, was später im Ring geschehen wird.

»Boxer sprechen frei von der Leber weg«, schreibt Martine Barrat in dem 1991 erschienenen Fotoessay »Die Boxer«: »Sie sind geradeheraus, sehen einem in die Augen. Ihr Sport ist der einzige, bei dem die Gegner einander in die Augen sehen.« Eine Ehrlichkeit, die Henry Maske immer fasziniert hat.

»Du gehst da in diesen grell beleuchteten Ring, mit nichts an außer 'ner kurzen Hose. Tausende hocken da rum, dann kommt der Gong, und es gibt kein Zurück mehr. Du mußt an diesem Mann vorbei, egal wie, um ans Ziel zu kommen. Du mußt da durch, da hilft nichts. Deine Chancen stehen 50:50. Wenn du eine Sekunde an dir zweifelst, ist alles verspielt.«

Charles Prince Williams zweifelte nicht an sich, aber er verzweifelte an Henry Maske. Der dominierte, unmerklich fast, von Runde zu Runde ein wenig mehr. Traf, ließ den Amerikaner Luftlöcher schlagen, war schnell auf den Beinen, von offenbar unerschöpflicher Kondition. Williams hatte sich müde geboxt. Nicht nur die Fäuste wurden kraftloser, auch der Geist war angeschlagen, der Glaube an den Sieg erschüttert – würde er Maske jetzt noch so fest in die Augen blicken wie am Beginn des Kampfes?

Manfred Wolkes Prognose erfüllte sich Minute für Minute mehr. »Williams ist ein verdammt harter Brocken. Aber ich setze auf Henrys hohe Ausdauer und seine Beobachtungsfähigkeit. Er wird den Kampf zunehmend gestalten«, hatte

der Coach wochenlange, genau getimte, perfektionierte Vorbereitung in drei kurze Sätze und ein scheinbar simples Konzept gepreßt. Exakt 0.44 Uhr, es ist mithin bereits Sonntag, der 21. März, wurde das Urteil verkündet, das schon in den ersten zwei Worten alles verriet: »Neuer Weltmeister ...«

Er könne auch drei Uhr nachts boxen, hatte der neue Champion bekundet, »entscheidend ist die mentale Vorbereitung, nicht die Uhrzeit«. Mit Fäusten und Kopf hatte Maske gewonnen, jene taten, was dieser befahl. Mental, frontal – genial. 12 Runden Einstecken und Austeilen. 12 Runden, in denen die beiden glänzenden Boxer erfahren hatten, daß es hinter der vermuteten eigenen Leistungsgrenze ein Niemandsland unbewußter Mobilisierung gibt.

Nach solchen 12 Runden konterkarieren die nackten Zahlen die Dimension des Vorausgegangenen: 115:111, 116:111 und 118:110 werteten die Punktrichter Robert Exton (USA), Heinrich Mühmert (Deutschland) und Marc Rouloux (Belgien) einstimmig für Henry Maske. Ein nüchternes Ziffern-Korsett für das, was der neue Champion mit documenta-Chef Jan Hoet als »die große Metapher des Lebens« begreift. Charles Williams war kein »Prince« mehr, weil jetzt ein anderer auf dem Thron saß. Der Prince ist tot, es lebe der König!

Im Boxen gewinnt immer nur einer, selbst ein Remis ist bei den Profis eine Niederlage, weil in diesem Falle der amtierende Champion seinen Titel behält. Während Henry Maske gefeiert wurde, stand Williams verloren in seiner Ecke, murmelte etwas von »würdiger Champ« und wischte sich unbeholfen ein paar Tränen aus dem Gesicht: »Ich schwitze so.«

Maske gab dem US-Amerikaner den WM-Gürtel nach der Sieger-Zeremonie zurück – eine Geste des Respekts. »Er kann ihn als Erinnerung behalten, ich bekomme von der Föderation einen neuen.«

Williams, der nun ein »Ex« vor dem »Weltmeister« hertragen muß, lobte den Kontrahenten als den bisher stärksten seiner Karriere. »Er war einfach besser, aber er mußte durch die Hölle gehen, um meinen Gürtel zu holen.« Maske konnte das nicht schrecken. »Ich war zu allem bereit, was nötig war. Mein Konzept ist perfekt aufgegangen: Den ersten Sturm überstehen, ihn immer unter Druck halten, selbst sauber punkten. Ehrlich gesagt, schon nach drei Runden wußte ich, daß es klappen müßte. Williams war nicht der Typ, der den Fight nur so hinter sich bringen wollte. Er hat gekämpft wie ein Löwe. Das kam mir zugute. Ich habe in meinem ersten Kampf über volle 12 Runden alles gegeben, was in mir steckt.«

Maske hatte sich eine Taktik zurechtgelegt, die

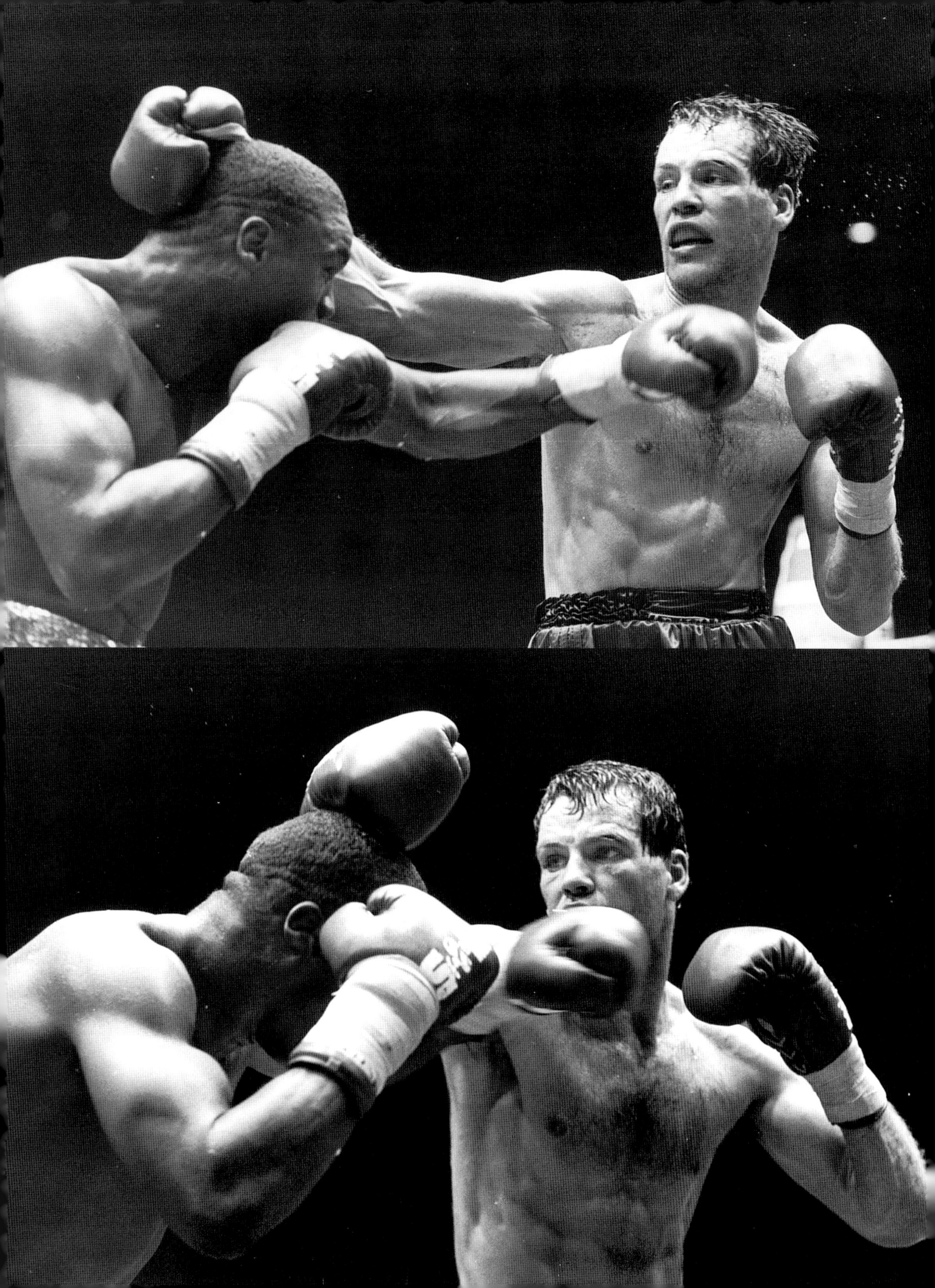

ihm in der Auseinandersetzung mit dem vorher in englischen Wettbüros als 5:1-Favorit gehandelten Titelhalter, der bereits seinen 10. WM-Fight bestritt, die strategische, die geistige Überlegenheit sicherte. »Er sollte arbeiten, sich ausschlagen, so daß ich ihn Stück für Stück aufrollen konnte. Schon meine Aufwärtshaken in der zweiten Runde haben gezogen. Da spürte ich, daß er Respekt vor mir bekam.«

Trainer Wolke, der Baumeister des Triumphes, hatte von seinem Schützling »Boxen gesehen, wie es sein kann und wie es viele in der Halle und an den Fernsehschirmen bis dahin wohl noch nie erlebten«. Sich einen Puncher und Fighter wie Williams vom Leibe zu halten und selbst die siegentscheidenden Treffer anzubringen, das könne nur einer, »der technisch über boxerische Extraklasse verfügt«. Natürlich habe es auch brenzlige Situationen gegeben, »entscheidend aber ist, daß Henry alle gemeistert hat. Er hat auch dem letzten Zweifler bewiesen, daß er ein echter Profi geworden ist.«

Der Frankfurter, den plötzlich alle am Düsseldorfer Ring mochten, selbst die, die nur gekommen waren, ihn verlieren zu sehen, wurde damit nach Max Schmeling, Eckhard Dagge, Graciano Rocchigiani und Markus Bott der sechste deutsche Profibox-Weltmeister (wenn man den Titel René Wellers in einem Mini-Weltverband mal ausnimmt) – der zweite im Halbschwergewicht nach dem Bonner Adolf Heuser, der fast auf den Tag genau 55 Jahre zuvor in Berlin den Belgier Gustav Roth besiegt hatte.

Das Gros der Experten kommentierte den Triumph des »Gentleman« als Sieg für eine Branche, die erstmals nach Jahrzehnten Malaise wieder aus dem sportlichen Irrgarten heraus- und zu den Glanzzeiten zurückgefunden hatte. Maske, der Enkel von Schmeling. Der Altmeister, der erst mit dem Wechsel des Frankfurters ins Profi-Lager seine demonstrative Zurückhaltung gegenüber dem Berufsboxen aufgegeben hatte, ließ den legitimen Erbfolger per Telegramm wissen: »Niemandem habe ich den Titel mehr gewünscht als Ihnen. Sie sind der einzig wahre Champion.«

Henry Maske spürte am 20. März in Düsseldorf, daß er nicht mehr nur ein braver Fighter war, der seine sportliche Arbeit ablieferte – und wieder in der Masse verschwand. Er war längst eine Person wachsenden öffentlichen Interesses. Vorbild und Orientierung für die einen, Werbeträger und Produkt für die anderen, Reibung und Ärgernis für die dritten. Mit dem Weltmeistertitel hatte er, auf eigene Faust und mit treibenden Sekundanten an der Seite, den Olymp bestiegen. »Der Profititel ist die Spitze von allem. Ein Olympiasieg ist traumhaft schön, doch bei einer Weltmeisterschaft wie in Düsseldorf stehen 7000 Zuschauer wie ein Mann hinter dir, Millionen sitzen an den Bildschirmen, das ist einfach noch wahnsinniger. Alle, die zuschauen, die warten auf diesen einen Kampf, und da mußt du einfach der Größte sein.«

Der Box-Intellektuelle von der Oder, dem Unbescheidenheit nicht vorgeworfen werden kann, hatte zu mitternächtlicher Stunde bei seinem siebenten Kampf in der Philipshalle eine Ahnung davon bekommen, was sich seit seinem Deutschland-Debüt am 2. Juni 1990 an gleicher Stätte getan hatte: »Es könnte jetzt hierzulande einen Boom geben, wie einst zu Max Schmelings Zeiten.« Der Konjunktiv hat sich dank Henry Maske schnell erledigt. Berufsboxen findet wieder coram publico statt. Kein milieugeschädigter Bodensatz,

sondern »Durchschnittsbürger« – zum Williams-Kampf waren allein 420 Fans aus Frankfurt (Oder) angereist, und hatten an den Rhein den wunderbaren Duft der Zweitakter-Welt gebracht – und honoriges Publikum aus Kunst und Kultur.

Maske ungeliebt? Die Neider, die ihn zur »Schlaftablette« abqualifizieren wollten, weil ihnen die eigenen Felle davonschwammen, trauten ihren Augen und Ohren nicht. Die Düsseldorfer Philipshalle erlebte einen Nachschlag des rheinischen Karnevals, die Fans standen auf den Stühlen, klatschten sich brennende Hände und schrien sich rauhe Stimmbänder. Fast fünf Millionen hatten mitternachts vor den Fernsehern gesessen, ein Drittel davon Frauen. Die RTL-Macher stiegen dank Maske zu Quoten-Königen auf. Fast zwölf Millionen – 50% Frauen – sind es am 11. Februar 1995, als der Frankfurter seinen Titel gegen den Kanadier Egerton Marcus so souverän verteidigte, wie er ihn knapp zwei Jahre zuvor gegen Williams gewonnen hatte.

Nach der Thronbesteigung begann die Maskemania. Alle wollten ihn, alle lobten und liebten ihn. Gottschalk, Biolek, Schreinemakers, ZDF-Sportstudio – Deutschlands Talk-Moderatoren-Elite schmückte sich mit einem Berufsboxer. Und der genoß das ungläubige Staunen der Gesprächspartner darüber, daß der demonstrierte Intellekt im Ring auch außerhalb des Seilquadrats seine Entsprechung findet. Der Kavalier genoß und – schwieg nicht: »Vielleicht können wir ja die ganze Sache wieder anschieben.« Aber er hob auch nicht ab und versank wie manche zuvor im Rausch des Erfolges. Alles hatte erst angefangen, und Maske ist keiner, der am Anfang schon wieder aufhört. »Die Titelverteidigung steht an, der Moment, wo du beweisen mußt, daß du der Weltmeister bist. Irgendwann steht der Termin fest, dann der Name des Gegners, du siehst dir ein Video über ihn an. Von dem Augenblick an ist das, was hinter dir liegt, vergessen. Du mußt wieder nach vorn sehen, du mußt ständig an die neue Aufgabe denken. Das ist das Wichtigste.« Denn auf eine Schlagzeile kann Henry Maske verzichten: Der König ist tot, es lebe der König!

Auch Maskes Extrainer Dietrich Bleck war für DM 200,00 Augenzeuge des WM-Fights: Block B, Reihe 3, Sitz Nr. 12.

PHILIPS HALLE
DÜSSELDORF-OBERBILK
SIEGBURGER STRASSE 15

Samstag, 20. März 1993
Beginn: 20.00 Uhr · Einlaß: 19.00 Uhr

Box-Weltmeisterschaft
mit Henry Maske

Veranstalter:
Sauerland Promotion und
Cedric Kushner-Productions

DM 200,00
incl. MWSt., zzgl. Vorverk.-Geb.

BLOCK
B

REIHE
3

SITZ NR.
12

9. Runde
Von Hembrick bis Marcus

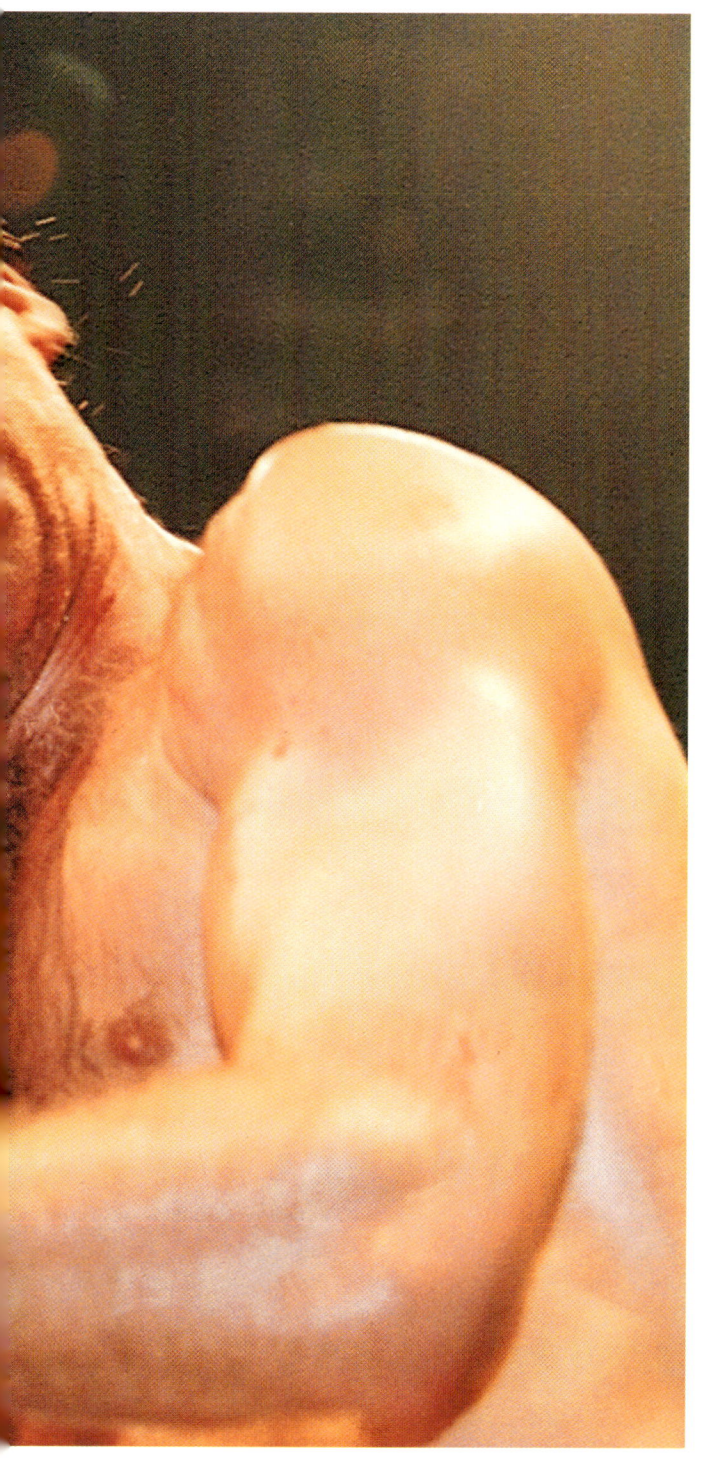

»Der Tag, an dem du anfängst zu denken, daß du der Beste bist, ist der Tag, an dem du schlechter wirst.«
Das hört sich gut an, und das haben schon andere vor Henry Maske so oder ähnlich gesagt. Eben weil es sich gut anhört. Nur wenige aber in seinem Metier, in dem die Branchen-Prosa verbale Kraftmeierei nahezu vorschreibt, haben das so ernst genommen wie der Frankfurter. Für den fing die wichtigste Runde nach den zwölf faustharten vom 20. März in Düsseldorf erst an.

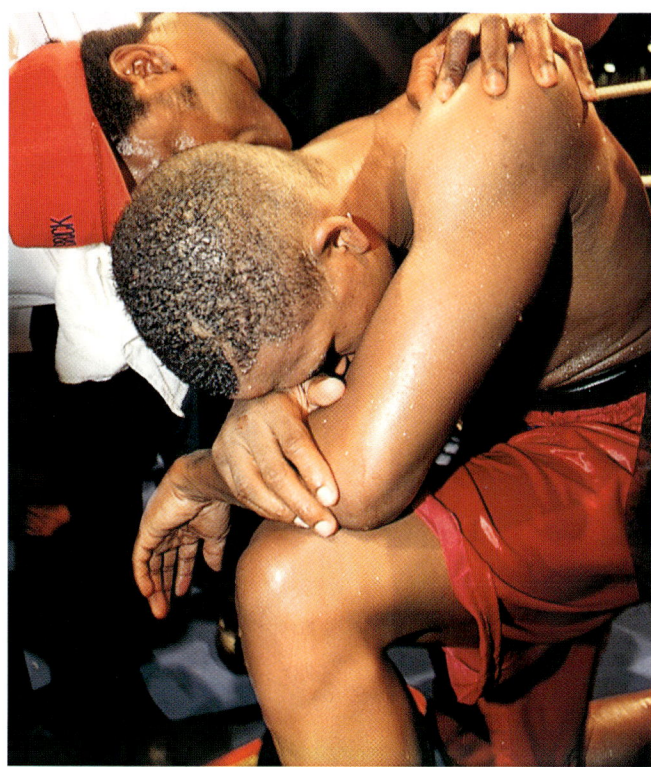

»Champion waren schon viele vor mir, aber ich wollte ein würdiger Weltmeister sein. Einer, der auch nach den Glücksminuten auf dem Boden bleibt.« Für Maske hieß auch und gerade das, »für den Erfolg reif zu sein«. Nach dem Williams-Kampf fast schon zum Nationalhelden erhoben, spürte der ein Vierteljahrhundert zuvor aus der brandenburgischen Provinz aufgebrochene Ring-Kämpfer plötzlich die schulterklopfende Kameraderie derjenigen, die ihm noch Stunden zuvor jede körperliche Abstrafung durch den US-Fighter herzlich gegönnt hätten. »Von einem Moment auf den anderen wollten es alle gewußt haben, welch ein Großer ich bin.« Maske aber hatte sich auf seine eigenen Fäuste verlassen. Auf die seines Trainers Manfred Wolke. Und auf seinen Kopf, ohne den alle noch so ausgefeilte Strategie für die Katz gewesen wäre. Der funktionierte, dirigierte, reagierte in einer Weise, die das Publikum verzückte. Die große griechische Tragödie, aufgeführt auf einem seilumspannten Quader. Leidenschaft, Abgrund, Versuchung, Aufbruch.

Sugar Ray Leonard, den Maske beim Wechsel ins Profilager wegen dessen brillanter Technik als Stimulator für sich selber ansah, soll mal gesagt haben, Boxen sei »die große Metapher des Lebens«. Philosophische Überfrachtung oder Schlag um Schlag gefühlte Wahrheit? Henry Maske fand darin formuliert, was ihn nüchterne Leistungsmentalität bis dato nicht mal denken ließ: Er begann, über das Unbewußte seines unstillbaren und mit Geld nicht bezahlbaren Dranges nach der Herausforderung und dem Selbst-Beweis nachzudenken. Auf- statt Verklärung – Henry Maske wurde nach seinem Triumph gegen den »Prince« aus Amerika zum Wunschgast in diversen Talk-Runden der Fernsehsender. Und der Boxer ließ sich benutzen, zum eigenen Gusto zweifellos, aber vor allem, weil er die im Westen jahrelang gehätschelten Klischees über seinesgleichen satt hatte. »Deshalb habe ich nach dem Titelgewinn möglichst viele Auftritte wahrgenommen, damit die Leute den richtigen, den kompletten Henry Maske kennenlernen.« Den Stempel »Ein Kampf zuviel« konnte ihm danach keiner mehr aufdrücken. Klarer Punktsieg für den ambitionierten Schmeling-Nachfolger, der auch im Ring weiter seine Überlegenheit ausspielte – und in den zwei Jahren »nach Williams« alle Kontrahenten, die meist mit knalligen Ankündigungen von kurzrundigen K.-o.-Erfolgen angereist waren, souverän beherrschte. Keinem paßte der Weltmeister-Gürtel, allen war er eine oder mehrere Nummern zu groß. Doch Henry Maske ist er offenbar auf den Leib geschneidert. Dabei hat kaum ein Profiboxer, in welcher Gewichtsklasse auch immer, ihn in den vergangenen Jahren so oft aufs Spiel gesetzt wie der

Deutsche. Sechs Titelverteidigungen in nicht mal zwei Jahren – das zeugt zwar zum einem von exzellenter Arbeit des Managements in der Gegner-Auswahl (wenn freiwillige Titelfights anstanden), zum anderen aber auch von gediegenem Selbstbewußtsein, Vertrauen in die eigenen Stärken und messianischer Lust an der Leistung beim Champion. Daß dessen Art des Schlagabtausches, die – einstweilen für jedermann durch den Triumph mehr als legitimiert – nicht viel häufiger kopiert wird, beweist, daß es dafür mehr als braves Handwerk braucht.

Henry Maske war nie eine schlagwütige Kampfmaschine, die auf »Volle Kraft voraus« schaltete, wenn das martialische Vorspiel für die Ringauftritte beendet war. Seine Kontrahenten, die ihn auf diese Weise schockieren wollten, blieben eben gerade deshalb berechenbar. Maske, der Techniker, Rechner, Taktierer, der Schachboxer, der – so es not tat – aber auch hingebungsvoll kämpfen konnte, blieb im Ring stets unberechenbar. Ein Umstand, vor dem die Gegner serienweise kapitulieren mußten.

»Ich habe bewiesen, daß ich für jeden die richtige Antwort finde«, bilanzierte Henry Maske im Sommer 1994, als er bereits fünf WM-Kämpfe bestritten hatte. Iran Barkley und Egerton Marcus, die später folgten, konnten diese selbstbewußte Feststellung nicht umwerfen. »Für mich ist der Kopf nicht das Ziel, sondern der Ursprung«, definierte der deutsche »Sportler des Jahres 1993«, der erste Boxer, dem diese Auszeichnung zukam, den Unterschied zu einer Reihe von Berufskollegen. »Da treffen zwei starke Individuen aufeinander, die beide versuchen, dem anderen ihren Kampfstil, besser noch, das eigene Denken aufzuzwingen. Ich prügele nicht, sondern ich treffe meinen Gegner hart. Das ist sehr ehrlich: Ich weiß, was er von mir will. Und er weiß, was ich von ihm will.« Brutal ist für Maske das Boxen allein insofern, daß es nur Gewinner und Verlierer kennt. Es gibt keinen zweiten oder dritten Platz. Eine Erkenntnis, die das »Paradepferd« aus dem Wolke-Stall umtreibt, antreibt, hochtreibt, wenn nur eine Spur von Selbstzufriedenheit auftaucht. »Wenn ich verlieren würde, nur weil ich etwas unterlassen hätte, von dem ich weiß, daß ich es nicht unterlassen darf, das würde ich mir nie verzeihen.«

Der US-Amerikaner Anthony Hembrick war am 18. September 1993 der erste, der die ungebrochene, eher verdoppelte Energie des Weltmeisters zu spüren bekam. Mehr als 200 Sparringsrunden waren der ersten Pflicht-Titelverteidigung gegen den zwei Jahre jüngeren, offiziellen Herausforderer der IBF vorausgegangen. Aber auch eine dreimonatige Verschiebung, weil sich »Sir Henry« daheim im Wolke-Camp eine schmerzhafte Rißwunde unter der Lippe zuge-

zogen hatte, die genäht werden mußte. Wieder also quälende Ungeduld für den Meisterboxer, wie vor dem Fight gegen Charles Williams. Und dabei hatte Maske den Auftritt gegen den Ex-Fallschirmjäger Hembrick für sich sehr hochgehängt. »Solch ein WM-Kampf ist das, was früher Olympische Spiele waren, nur eben etwas öfter.«

Warten macht hungrig, doch der Herausforderer aus Detroit war schnell satt: In der Philipshalle zu Düsseldorf punkteten die Juroren zweimal 119:108, einmal 119:109 für Maske. Den Weltmeister-Gürtel hatte Maske schon um die Hüften gelegt bekommen, als das Urteil noch gar nicht verkündet war. Eine Zeremonie, die sich bei den fünf folgenden WM-Kämpfen des Frankfurters wiederholen sollte – und demonstrierte, daß es am jeweiligen Ausgang keinerlei Zweifel gab. Gegen Hembrick hatte der Champion nur eine der zwölf Runden an den Box-»Schauspieler« aus Übersee abgeben müssen, der sich den Spitznamen »Hollywood« gegeben hatte. Hembrick, der bei den Olympischen Spielen 1988 in Seoul wie Maske im Mittelgewicht startete, aber aus dem Turnier flog, weil er den Bus und damit seinen Fight verpaßte (Sports Illustrated: »der dümmste Boxer Amerikas«), hatte nie die Spur der Chance, sich nachträglich zum »wahren« Olympiasieger von Seoul zu küren. Während des Kampfes stets mit gesenktem Kopf Verletzungen bei Maske provozierend – Risse über und unter dem linken Auge mußten von Cutman Dennie Mancini blitzschnell geschlossen werden –, raffte sich der rüde Wühler immerhin nach dem Fight zu einer Anerkennung für den Sieger auf: »Wenn ihn einer schlagen will, dann muß er großartig sein.«

Spaß werde er haben, hatte »Sonnyboy« Hembrick vor dem Fight erklärt, egal, wie es ausgehe. Als er nach den zwölfrundigen Schlagabtausch sei-

nem Coach zuraunte: »Bruder, mir ist schlecht!«, vor Erschöpfung zusammenbrach und in der Kabine von zwei Ärzten wieder zum »Leben« erweckt werden mußte, war ihm der Spaß gründlich vergangen.

Maske-Manager Wilfried Sauerland war derweil hochzufrieden mit seinem Aushängeschild. »Mit diesem Kampf ist mir Henry noch mehr ans Herz gewachsen als bisher. Er verdient allen Respekt, weil er sich einfach nicht aus der Ruhe bringen ließ.« Die Tricks von Hembrick, der sich selbst eine »Ghetto-Mentalität« zuschrieb (Wolke vor dem Kampf: »Hembrick ist Gift für Henry«) verfingen nicht, und Coach Angelo Dundee, der langjährige Wegbegleiter von Muhammad Ali und Betreuer von elf Berufsbox-Weltmeistern, kommentierte das ungleiche Duell mit Enttäuschung und respektvoller Anerkennung zugleich. »Als der linke Haken immer wieder durchkam, wußte ich, daß mein Junge keine Chance hat.« Dessen vierte Niederlage in 32 Profikämpfen beantwortete nicht nur die Frage nach dem Weltmeister, sondern auch, auf welcher Seite in einer »Auseinandersetzung zwischen Intellekt und Draufgängertum« (Wolke) die Vorteile lagen. Henry Maskes Kampfanalyse: »Man kann einen Mann sehr hoch schlagen, das bedeutet noch lange nicht, daß es ein Spaziergang war. Hembrick war sehr unbequem, verlangte mir kämpferisch eine Riesenleistung ab. Das war typisch amerikanisches Boxen, aber ich hatte eine überzeugende Antwort darauf.«

Als Hembricks Landsmann David Vedder ein Vierteljahr später, am 11. Dezember wiederum in Düsseldorf, gegen Henry Maske antrat, hatte man den Eindruck, daß auf der Bühne das gleiche Stück gegeben wurde. Nur, daß die zweite Hauptrolle diesmal durch einen Laien-Mimen besetzt war, der seinen Part nicht wie ein Star, sondern wie ein Komparse spielte. Ein Handwer-

Seit zwei Jahren ist Henry Maske unumschränkter Herrscher auf dem IBF-Weltmeisterthron seiner Gewichtsklasse. Die Kampfmaschine Ernesto Magdelano (Seite 96/97) verlor schließlich ebenso klar wie der demoralisierte Anthony Hembrick (Seite 97 unten).

Manfred Stolpe, SPD-Ministerpräsident des Landes Brandenburg:
Ich schätze sein geistiges Niveau, belegt in zahllosen Interviews. Henry Maske zeigt den aufrechten Gang eines Ostdeutschen, der zu seinem Werdegang steht. Dieser Brandenburger Landsmann ist mit jedem Zoll seines Körpers ein Sportsmann.

ker mit beschränkten Möglichkeiten und vielen Mätzchen. Auch diesmal sagten die Zahlen zwar nicht alles, aber viel: 118:109, 120:108 und 120:107 – nichts da von einer Herausforderung durch den boxerisch überaus limitierten Vedder. Maske, als gerade gekürter »Sportler des Jahres« in die abermals ausverkaufte Philipshalle gekommen, hatte gegen den überfallartig, aber zumeist unsauber angreifenden Kalifornier wenig Gelegenheit zu glänzen. Kurioser Höhepunkt des vom deutschen Ringrichter Norbert Krosch wort- und gestenreich geleiteten Gefechts: In der 9. Runde schnappte sich der hilflose Vedder, der in seinem vierten WM-Kampf ohne Sieg blieb, den verdutzten Maske und beförderte ihn mit einem Ringergriff, der jedem Mattenfuchs zur Ehre gereicht hätte, in den Ringstaub. »Das war das Schärfste, seitdem ich 1989 mal von einem Kubaner in die Schulter gebissen worden bin«, erinnerte sich der Champion nach der handgreiflichen Einlage.

Vedder, der gegen Maske im 30. Kampf seine 13. Niederlage bezog, hatte sich zuvor alles ganz anders vorgestellt, wollte Maske ausgerechnet mit dessen eigenen Waffen schlagen. »Maskes bisherige Gegner waren Kopfjäger, sie wollten ihn unbedingt ausknocken. Ich schlage auf den Körper. Er ist ein taktierender Stilist, ein Geradeaus-Boxer, der immer gleich kämpft. Ich ändere mich ständig. Nicht ich muß mich auf Maske einstellen, er muß sich auf mich einstellen.« Pure Vermessenheit des Ex-Karateka und Busfahrers, für den daheim in San José acht Kinder die Daumen drückten. Das stän-

dige »Head up« des Ringrichters wegen Vedders »tiefen« Kopfes erhielt für den schon frühzeitig geschlagenen Amerikaner eine Doppelbedeutung, von der er vor dem ersten Gong nichts geahnt hatte: Kopf hoch!

Henry Maske, in der Vorbereitung durch eine schwere Angina gehandicapt und diverse PR-Termine beansprucht, nahm den 93er Ausstand – erstmals war Ehefrau Manuela bei einem WM-Kampf dabei – trotz der fehlenden »Sahnestückchen« ausschließlich positiv: »Wenn ich mit der Situation von vor zwölf Monaten vergleiche, war das ein Super-Jahr.« In der Tat: Drei erfolgreiche WM-Auftritte, die Geburt der zweiten Tochter, der Sieg bei der Sportler-Wahl – Maske, der Gewinner.

Dieses Etikett für den Frankfurter mußte 1994 nicht gewechselt werden. Zwei seiner drei Weltmeisterschaftskämpfe – gegen Ernesto Magdaleno und Iran Barkley – endeten vorzeitig durch technischen K.o., den dritten gewann er sicher nach Punkten gegen den starken Italiener Andrea Magi. Die Popularitätskurve der späten Schmeling-Wiederauferstehung setzte ihren schwindelerregenden, steilen Anstieg fort. RTL feierte Einschaltrekorde, schloß einen Acht-Millionen-Mark-Fernsehvertrag mit mehrjähriger Option ab, um sich die Goldader zu sichern. Henry Maske wurde zum idealen Werbeträ-

Nur einer kann gewinnen. Es ist »Sir« Henry und nicht »Sonnyboy« Anthony Hembrick, dem es nach dem Fight »schlecht ist«.

ger – welchen Marketingstrategen freut es nicht, wenn auf seine Produkte übertragen, was Maske zugesprochen wird: Ehrlichkeit, Bescheidenheit, Charakter, Moral, Kampfgeist, Wärme, Gefühl. Literaten, Maler, Musiker, Entertainer rissen sich um den Boxer, saßen in den Ehrenreihen am Ring, um das seltene Werk der Verschmelzung von Körper und Geist zu erleben. Die Sehnsucht nach der unverschämten Direktheit der Auseindersetzung stillten die Prominenten mit dem seltsam gemischten Gefühl schaurigen Entsetzens und anziehender Lust.

1994 – welch ein Jahr für Henry Maske! Seine Kämpfe waren Höhepunkte gigantischer Aufführungen, die in ihrer dramatischen wie finanziellen Dimension kaum noch steigerbar erscheinen. Der Ringsprecher eigens aus den USA eingeflogen, Maskes Mäntel von Dichtern und Malern gestaltet, eine Lasershow, die in einer pyromanischen Maske-Huldigung endet. Ob der Rahmen zu groß wird für das Bild, darüber mag man streiten. Aber gefeiert wurde und wird der Boxer aus dem Osten allemal zu Recht.

Daß der Künstler Maske kein harter Arbeit entwöhner, verzärtelter Ästhet ist, bewies er am 26. März 1994 vor 12 500 Zuschauern in der überfüllten, vor Emotionen brodelnden Dortmunder Westfalenhalle. Der Abbruchsieg in der 9. Runde gegen den US-Amerikaner Ernesto Magdaleno, einen, den man boxprosaisch gern als »pitbull« bezeichnet, geriet dem Champion zur beeindruckenden Demonstration.

»Heute habe ich auch Leute überzeugt, die immer nur vom Stilisten, Techniker oder gar Künstler Maske reden. Jeder hat gesehen, daß Ernesto Magdaleno über enorme physische Qualitäten verfügt, bedingungslos nach vorn marschiert ist. Das war verdammt schwere Arbeit.« Arbeit, die man in Maskes Gesicht ablesen konnte, als Ringrichter Sam Williams das Stoppzeichen in der schlagstarken Begegnung setzte, weil dem 31jährigen, schwer gezeichneten Herausforderer nach genauen Geraden Maskes zum Kopf beide Augen zugeschwollen waren und ein offener Riß, der später mit 15 Stichen genäht werden mußte, keine andere Wahl ließ.

»Ich brauchte einige Zeit, um mich durchzusetzen. Zeit, um Magdaleno klarzumachen, wer der Chef im Ring ist«, schilderte Maske den Kampf. Der hatte Spuren hinterlassen, auch bei Henry: rechtes Auge dick, linkes Auge treffergerötet, Schwellung am Jochbein, Bluterguß am Hals. Der gedrungene Ex-Footballer aus Westminster, bis dahin in 19 Profi-Fights ungeschlagen, versuchte genau das, was Maske-Kenner aus alten und neuen Zeiten als einziges Siegrezept gegen den Rechtsausleger empfehlen: »Den muß man überrennen, mit einem Trommelwirbel von Schlägen zudecken, so daß er gar nicht zur Besinnung kommt.« Das hat unter den Berufsboxern noch keiner geschafft, und auch der vom übelbeleumundeten Don King gemanagte Magdaleno blieb im Versuch stecken, den Weltmeister »besinnungslos« zu schlagen. Denn der drehte den Spieß um, servierte dem Kontrahenten sein überlegenes boxerisches Repertoire, das eben nicht nur, wie von Kritikern moniert, aus Defensiv-Künsten besteht. Genaue Rechts-links-Kombinationen, krachende Aufwärtshaken, die den Körper Magdalenos wie bei Stromstößen durchrüttelten, harte Geraden – nach drei, vier Runden hatte Maske mit wilder Entschlossenheit beantwortet, wer wen zermürben würde. Mann gegen Mann, Faust auf Faust.

Der Amerikaner, auch erst viereinhalb Jahre Profiboxer und als Amateur in grauer Vorzeit nur fünfmal im Ring, akzeptierte seine Chancenlosigkeit: »Am Sieger gibt es keinerlei Zweifel. Daß Maske so hart schlägt, hatte ich nicht unbedingt erwartet. Er traf viel und gehört zu den stärksten der Welt. Er war ein großartiger Kämpfer und Sieger. Ich habe getan, was ich konnte, mich so teuer wie möglich verkauft.«

Eine bis dato nie dagewesene Prominentenschar – Deutsch-Rocker Udo Lindenberg beschenkte Maske mit seinem Song »Fäuste aus Stahl« – bejubelte den alten und neuen Champion enthusiastisch. Und der wußte, daß er seinen Marktwert mit einem starken Auftritt weiter nach oben getrieben hatte. »Ich meine, auch hier war wieder die Entwicklung zu sehen, die ich in den vergangenen anderthalb Jahren vollzogen habe. Da steht ein Mann im Ring, der seine boxerischen Mittel kennt, der seine Erfahrungen ausspielen kann und im positiven Sinne auch clever ist.« Manager Wilfried Sauerland griff in seiner Euphorie sogar in die mit Maske eigentlich abgelegte, verbale Folterkammer der Szene zurück: »Heute hat Henry gezeigt, daß er auch kämpfen kann wie ein Tier.« Frankreichs Star-Schauspieler Alain Delon, in der Jugend selbst Boxer, brauchte den Dortmund-Trip nicht zu bereuen. »Das war das Duell des Klasseboxers gegen einen Straßenkämpfer. Der Herausforderer hat sich selbst zerstört«, analysierte er die Ringschlacht. Trainer Manfred Wolke war danach so mitgenommen, als hätte er sich den Terrier aus Übersee selbst neun Runden lang vom Leib halten müssen. »Ich glaube, Henry hat noch nie soviel abbekommen wie diesmal, und ich habe noch nie solche Ängste ausgestanden. Aber unser Konzept ist aufgegangen. Das Gefecht war unglaublich dramatisch geführt, hat mich wahnsinnig aufgewühlt. Henry hat schlagstärker agiert als gegen Hembrick und Vedder. Auf diesem Weg werden wir weitermachen. So gesehen, kommt die Zeit der vorzeitigen Siege gegen Kontrahenten dieses Kalibers erst noch.« Der beste Kampf seines Schützlings sei das gewesen, sagte Wolke und fügte hinzu: »Genie, das muß entwickelt werden. Henry ist dafür ein ideales Medium. In jedem Kampf stellt sich dem Boxer die Frage: Wie komme ich aus Konfliktsituationen heraus? Wie er das beantwortet, das ist die Meisterschaft, die ihn derzeit von den anderen abhebt.«

Maske besser denn je, ein Selbstläufer, gefeiert, verehrt, geliebt, begehrt. Nach dem Fight wurde sein Mantel zugunsten der UNESCO versteigert – 17 500 Mark zahlte ein Liebhaber für das mit echten Weltmeister-»Blut, Schweiß und Tränen« getränkte Stück. Und doch ist das alles erst der Anfang. Als ein knappes Jahr danach beim WM-Fight Maske kontra Marcus in der Frankfurter Festhalle zum vierten Male eine Kampftextilie des Champions für einen guten Zweck den Besitzer wechselte, waren 17 500 Mark so etwas wie ein

Einsteiger-Gebot. Als der Hammer schließlich fiel, war Maskes Mantel 52 000 Mark wert.

Für den Champion selbst vollendete sich in der Begegnung mit Magdaleno ein Millionen-Coup. Zusammen mit den beiden vorausgegangenen Fights gegen Hembrick und Vedder hatte ihm Sauerland die Summe mit den sechs Nullen im Paket garantiert. »Und die hat er jetzt mehr als drin«, ließ der Manager in Dortmund verlauten.

Für den Frankfurter ist das Pekuniäre eine wichtige Seite seines Berufs. Schmeling hatte ihm gesagt: »Sie müssen jetzt in den wenigen Jahren als Profi richtig Geld machen. Das ist nichts Anrüchiges.« Maske, durch die lange Weltenteilung mitten in Deutschland als Berufsboxer zwangsläufig ein Spätberufener, hatte das sofort begriffen. »Das Geld ist nicht das Primäre, aber ich habe im Grunde nichts gelernt außer Boxen, mein Sportstudium nach der Wende abgebrochen. Ich stehe damit ohne Ausbildung da und muß mir mit meinen Fäusten Sicherheiten für die Zukunft schaffen.« Wobei die Zahlen brutto stets gewaltig klingen, aber sich netto in Regionen bewegen, die weit weniger imponierend sind. Jean Marcel Nartz, technischer Direktor des Sauerland-Stalles: »Nehmen wir an, Henry erhält 100 000 Mark. Davon streicht der Fiskus schon 56 000 ein. Vom Rest bekommt der Manager Wilfried Sauerland ein Drittel. Und auch für Trainer Wolke, Sparringspartner, Trainingslager muß etwas abfallen.« Das heißt, daß von 100 000 Mark Börse unterm Strich rund 15 000 Mark für den bleiben, mit dessen Fäuste Arbeit alles steht und fällt. Kein Vergleich also mit den Profis aus der Fußball-Bundesliga oder den Tennis-Jungstars, die schon als Teenager sechsstellige Preisgelder kassieren.

Henry Maskes fünfter WM-Kampf, seine vierte Titelverteidigung, am 4. Juni 1994 gegen den Italiener Andrea Magi, blieb mithin trotz der 600 000 Mark Börse für den Champion eher noch ein mittlerer denn ein Hauptgewinn. Dortmunds Westfalenhalle beherbergte zwar wieder reichlich Prominenz – Brandenburgs Landesvater Manfred Stolpe genoß die Platz-Nachbarschaft von Halbwelt-Größe Ebby Thust –, war aber mit 10 000 Zuschauern nicht ausverkauft. »Weil die Presse den Herausforderer so konsequent runtergeschrieben hat«, ärgerte sich Manager Sauerland darüber, daß erstmals Plätze bei einem Weltmeisterschafts-Fight Maskes leer blieben. Magi, der zuvor in seinen 16 Profikämpfen seit 1989 nur einmal verloren hatte (mit 1:2 um die WBO-Weltmeisterschaft gegen Leonzer Barber), war dabei einer, der auf Grund seiner europäischen Boxschule ein gerade für Boxgenießer hochinteressantes Duell gegen Henry Maske versprach. Die beiden kannten sich aus Amateurzeiten: Als der Frankfurter 1987 in Turin zum zweitenmal Mittelgewichts-Europameister wurde, schmückte sich Adriano-Celentano-Verschnitt Magi mit Bronze bei den Halbschweren. Und ein Jahr später in Seoul gewann Maske Olympia-Gold, während Magi im Viertelfinale gegen den Russen Schanawasow (den Maske später als Amateur zweimal besiegte) rausflog.

Der Kampf zwischen Maske und Magi hielt denn auch, was er versprach: Im Unterschied zu der offenen Ringschlacht gegen Magdaleno, bei der mit »schwerem Säbel« agiert wurde, bevorzugten beide Kontrahenten die feine Florett-Klinge. »Das ist ein Kampf für Kenner, für Menschen, die gewillt sind, diesem beinharten Sport ästhetische Qualitäten abzugewinnen«, kommentierte der mit einer Punktrichter-Lizenz ausgerüstete RTL-TV-Reporter Werner Schneyder. Jene hatten ihre Freude an taktischen Finessen, an sauberer Kampfesführung ohne »schmutzige Tricks«, an schnellen Meidbewegungen, blitzsauberen Kombinationen. Liebhaber des Raufens, von US-Import Michael Buffer als Ringsprecher mit seinem fünfstellig bezahltem Gurgel-Tremolo »Lets get ready to rumble!« bestens inspiriert, forderten: »Streicheln könnt ihr euch später!« Der Italiener, daheim in Pesaro auf dem eigenen Strandabschnitt Verkäufer von Sonnenbrillen und Badeartikeln sowie Verpächter von Strandkörben, beherrschte sein Handwerk glänzend – aber Henry Maske beherrschte es in allen Belangen einen Tick besser. Das Urteil nach 12 Runden: 119:110, 117:112 und 117:114. Das entsprach dem, was ein Computer der übertragenden Fernsehanstalt registriert hatte. Danach landete Maske bei insgesamt 426 Schlägen über die gesamte Kampfesdauer 139 Treffer, während sich sein 27jähriger Kontrahent mit 75 Treffern bei 327 Versuchen bescheiden mußte.

Der Azzuri konnte allerdings die wohl spektakulärste Aktion der 12 Runden für sich verbuchen. Wenige Sekunden vor Ende des 10. Durchgangs öffnete Maske für einen Moment die Deckung, Magis rechter Cross landete geradenwegs auf der Nase des Champions und der auf dem Ringboden. Mehr erschrocken über die ungewohnte Körperlage als von der Härte des Schlages, sprang Maske wie ein Gummiball wieder auf, ließ den Ringrichter bis »acht« zählen – und dominierte danach weiter wie zuvor. »Ein bißchen verstehe ich vom Boxen, ich sah sofort, daß Maske nicht groggy war«, bekannte der Herausforderer. »Eine echte K.-o.-Chance hatte ich nicht.« Der Weltmeister versteckte seinen Ärger unter einem hingemurmelten »So was kommt leider vor« und sah seine Prognosen in Sachen Magi bestätigt. »Vieles spielte sich im Kopf ab. Magi forderte mich physisch nicht so, wie vor ihm Ernesto Magdaleno das schaffte. Aber er verlangte meine volle Konzentration über 12 Runden. Auch das ist eine enorme Anstrengung.« Zumal der Champion nicht bei vollen Kräften in den Ring gegangen war. Abnutzungserscheinungen im Ellenbogen hatten das Management vorübergehend sogar eine Absage des Kampfes erwägen lassen. »Ich konnte meine rechte Führhand, die gerade in diesem Kampf so wichtig war, nicht richtig einsetzen, hatte Schmerzen beim Schlagen, war dadurch blockiert«, klagte Maske. Wenige Tage nach dem Fight ließ er sich in der Kölner Tagesklinik von Dr. Peter Schäferhoff operieren, Knorpelteilchen aus dem rechten Ellenbogengelenk entfernen.

Spekulationen darüber, daß der Boxer den Verschleiß durch zu viele Ringauftritte provoziere, wies der Arzt zurück: »Wer so wie Henry lebt und trainiert, kann durchaus drei bis vier WM-Kämpfe im Jahr boxen. Henry ist körperlich gut drauf.« Das hatte der Frankfurter trotz der Blessur auch gegen Andrea Magi bewiesen, der nach der Niederlage seine Lebensplanung (»Heute schlage ich Maske, dann heirate ich als Weltmeister nach sieben Jahren Partnerschaft meine Freundin Milena«) überarbeiten mußte. Mit der fünften Weltmeisterschaft in nur 442 Tagen avancierte Maske endgültig zum erfolgreichsten deutschen Profi-Boxer aller Zeiten. Zuvor hatte der Berliner Graciano Rocchigiani mit drei Titelverteidigungen diesen Spitzenplatz eingenommen. Der geschlagene

Magi assistierte Maske als lebender Beweis für dessen Superlative: »Er ist der Beste!«

Das in Zweifel zu ziehen, war auch für Henry Maskes nächsten Gegner nur so lange möglich, wie er ihm im Ring nicht gegenübergestanden und die aus Hochspannung produzierte Energie des Champions gespürt hatte. Iran Barkley, mit 34 Jahren über seinen Zenit hinaus und nur noch ein Schatten der Erinnerung an bessere Profi-Tage, hatte wenig mehr zu bieten als markige Worte. Dreimal war der in der New Yorker Süd-Bronx aufgewachsene Puncher – »Das ist ein Mann, der jeden Kampf mit einem Schlag entscheiden kann«, so Maske – Weltmeister. In drei verschiedenen Gewichtsklassen, was außer ihm nur noch 15 weitere Faustkämpfer in der Geschichte des Berufsboxens schafften. Zweimal hatte Barkley, der sich selbst mit dem drohenden Beinamen »The Blade« auszeichnete, dabei den großen Thomas »The Hitman« Hearns geschlagen.

Kommentator Werner Schneyder klärte am RTL-Mikrofon die TV-Zuschauer mit hintersinnigem Humor auf, daß »Blade« nicht etwa Westfalen-Slang für »der Blöde« sei, sondern schlicht und einfach »Klinge« heiße – und somit die besondere Gefährlichkeit des Herausforderers unterstreichen solle. Meriten indes, die längst nichts mehr zählten. Jedenfalls nicht im Ring, wo nur der Moment gilt, in dem die Fäuste sprechen. Maskes Management dagegen glaubte, einen dicken Fisch an der Angel zu haben. Barkleys Killer-Image, seine bewegte Biographie – ein Kleinkrimineller und Straßenräuber hatte sich aus der Gosse nach oben geboxt –, sein Schicksal – drei Augenoperationen, Unfalltod der ersten Frau, Verlust aller finanziellen Rücklagen durch Börsenspekulationen – all das taugte zur großen Aufführung, zur dramatischen Oper. Und Barkley übernahm seinen Part als »Böser«: »Ich schlage ihn aus dem Ring direkt ins Grab«, kündigte er Henry Maske an. Der reagierte abgeklärt und mit trockenem Humor. »Man kennt doch die Sprüche. Vor Barkley haben auch die anderen Amerikaner getönt. Aber alle durften statt mit WM-Gürtel mit ihren Hosenträgern in die USA zurückkreisen.«

13 500 waren ins Gerry-Weber-Stadion im westfälischen Halle gekommen, das gerade mal fünftausend Einwohner mehr hat. Dort, wo sonst Tennis gespielt wird, entstand an diesem 8. Oktober eine riesige Box-Arena. Noch mehr Prominente, noch mehr Show. Laien-, Fach- und Geldpublikum harmonisch vereint – allein die Einnahmen durch die Eintrittstickets betrugen 1,5 Millionen Mark.

»Let's get ready to rumble« – Michael Buffers Fight-Eröffnung hörte aber in Halle wohl nur einer der beiden Kontrahenten richtig.

Vor Beginn der zehnten Runde hatte der Ringarzt mit dem völlig demolierten und demoralisierten Herausforderer in dessen 42. Profikampf seit 1982 ein Einsehen. Ringrichter Robert Ferrara aus den USA: »Ich hatte schon in der achten Runde an einen Abbruch gedacht. Aber Barkley wollte weiterkämpfen. Danach war er aber restlos geschlagen, chancenlos und an der Lippe verletzt.« Zum Zeitpunkt dieser Entscheidung lag »The Blade«, der sich Jahre davor an der Seite von Hollywood-Star Mickey Rourke im Film »Homeboy« in einer Boxer-Rolle präsentiert hatte, auf den Punktzetteln der drei Unparteiischen hoffnungslos zurück. Die

Nach mehr als 15 Jahren eine unsanfte Erinnerung: 1978 hatte der Cottbuser Axel Klein den 14jährigen Henry Maske zu Boden gestreckt. Am 4. Juni 1994 wiederholte das der Italiener Andrea Magi bei Henrys vierter Titelverteidigung. Beides blieb jedoch ohne Folgen.

Computerstatistik sah Maske in einem Treffer-Vorteil von 276:97.

Wieder ein Sieg für den Champion – doch diesmal folgten danach kritische Stimmen. Zu deutlich sichtbar war Barkleys mangelnde Klasse, zu unübersehbar seine fehlende Kondition und Fitneß, zu offensichtlich das nicht vorhandene Koordinationsvermögen. Maske habe gegen einen blinden, alten Mann geboxt, meinte Berufskollege Dariusz Michalczewski mit dem hämischen Verweis darauf, daß Barkley wegen seiner Augenoperationen in England sogar Ringverbot habe. An dieser »Klinge« konnte sich niemand mehr schneiden. Die 150 000 Mark, mit denen Barkley wieder nach Hause fahren durfte (Maskes Börse lag bei rund einer Million), bekamen so den Beigeschmack eines mitleidsvoll gezahlten Schmerzensgeldes. Die Deutsche Presse-Agentur (dpa) resümierte: »Zerstörter Barkley als Opferlamm. Er verließ die Kabine, auf seine Ehefrau gestützt, wie ein Häufchen Elend.«

Henry Maske selbst gab Barkley nach dem Kampf bessere Noten: »Jeder hat gesehen, daß der Bursche sehr stark war.« Sich selbst attestierte er eine seiner besten Leistungen, »auch weil ich wohl noch nie zuvor so wenig abbekommen habe«.

Auf die Frage, ob er denn mit dem Oldie nicht allzu leichtes Spiel gehabt habe, reagierte der Champion dünnhäutig. »Für euch ist ein Boxer wohl erst dann gutklassig, wenn er mich geschlagen hat. Aber genau das versuche ich zu vermeiden.« Manager Sauerland sprang seinem Faustfechter eifrig zur Seite: »Das war der beste Henry, den wir je gesehen haben.« Parteilichkeit, die naheliegend ist und die man dem Manne wohl verzeihen kann.

Barkleys Trainer Tom Virgets lobte den Champion mit stichelndem Respekt: »Henry kämpft lieber defensiv als offensiv. Er will seinen Gegner auspunkten, ihn nicht um jeden Preis entscheidend schlagen. In Amerika nennt man solche Leute ›Stinker‹. Aber ein ›Stinker‹, der ständig gewinnt, gehört natürlich zu den Großen des Metiers und muß als würdiger Weltmeister angesehen werden.« Virgets hatte kein Konzept gefunden, das Maske in Verlegenheit stürzen konnte. »Er ist schwierig zu boxen, weil er sehr schnell ist. Im Ring übertreibt er nie, geht nie einen Schritt zu weit, verliert kaum einmal die Kontrolle. Es sieht optisch immer so aus, als wäre er leicht zu treffen. Aber keiner schafft es! Maske hat phantastische natürliche Möglichkeiten, außerhalb der Reichweite des Gegners zu bleiben. Die einzige Siegchance gegen ihn besteht darin, daß einer kommt, der nicht versucht, besser als Henry zu boxen, sondern ihn einfach überrumpelt.« Das allerdings lag für Barkley weit außerhalb seiner Möglichkeiten. Die Musik im Ring machte allein Henry Maske.

Erstmals war Maske in Halle auch mit neuen Tönen in die Kampfarena einmarschiert. Carl Orffs »O Fortuna« aus der Oper Carmina Burana hatte der Verlag, der die Komponistenrechte besitzt, als fürs Boxen unpassend empfunden. Und wenn es denn schon paßgerecht gemacht werden sollte, dann – so die Forderung – für 30 000 Mark pro Kampf, einschließlich der Nachzahlungen. Aus »O Fortuna« wurde »Conquest of paradise«. Die Eroberung des Paradieses, eine Botschaft,

Henry Maske gegen einen hilflosen Iran Barkley: Er beherrscht den US-Amerikaner souverän.

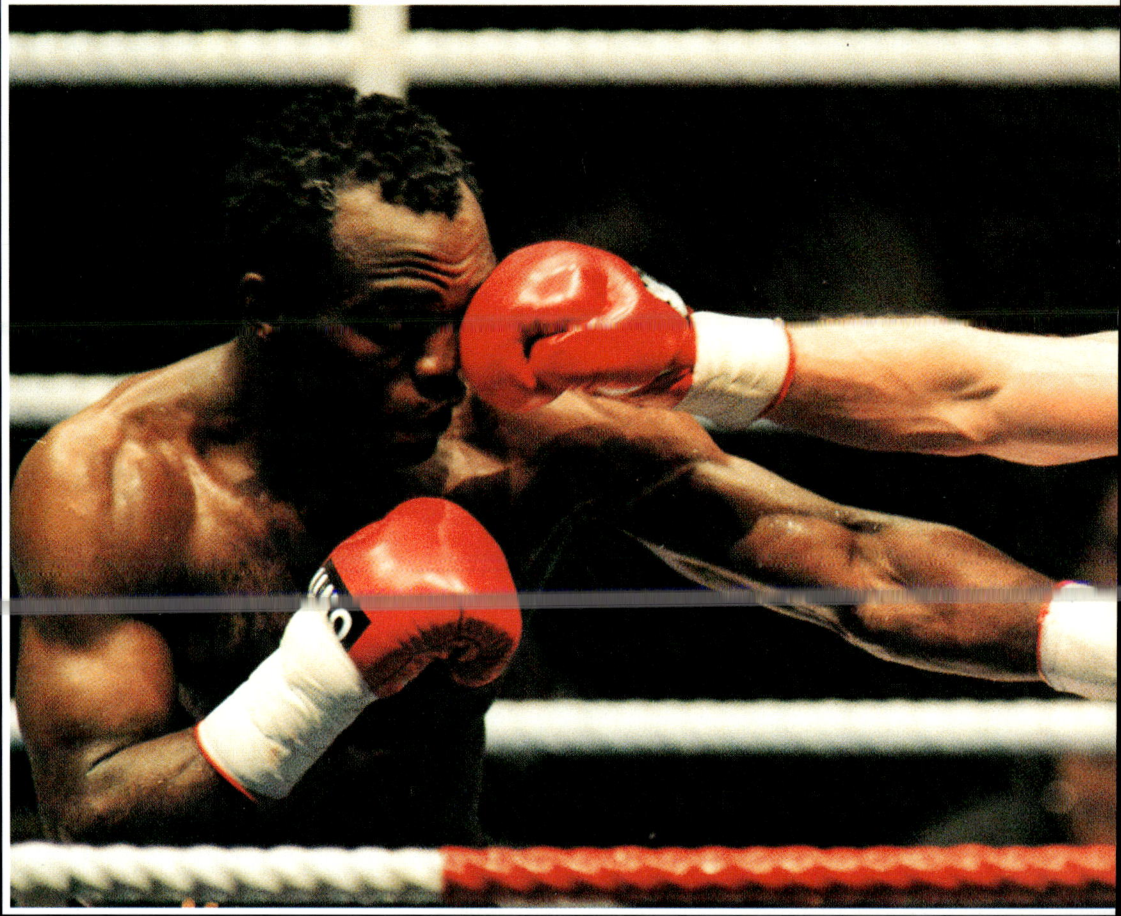

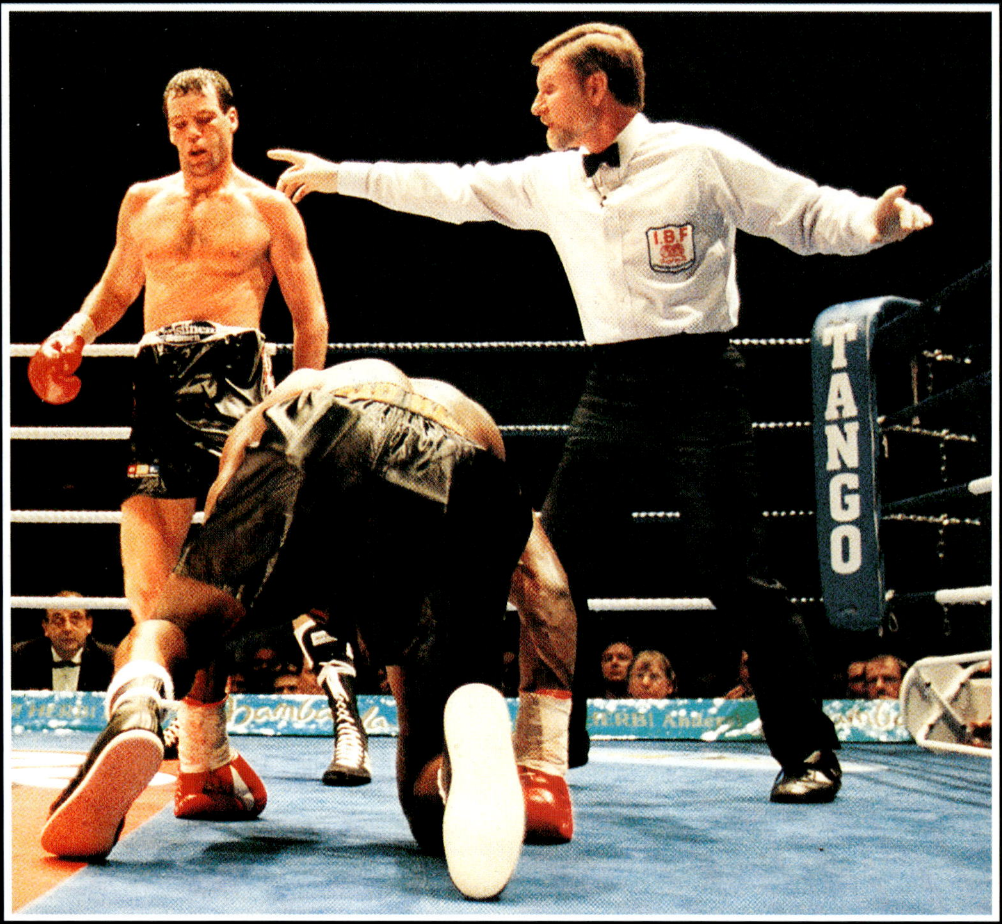
I.B.F
TANGO

Die Neuauflage des Olympia-Finales von Seoul 1988 am 11. Februar in der Frankfurter Festhalle: Henry Maske kontra Egerton Marcus. Der Kanadier wehrt sich nach Kräften, muß aber schließlich froh sein, über die 12 Runden zu kommen. Henry Maske bleibt der Souverän, der Herr des Ringes.

die genauso treffend war wie die Glücks-Hymne von Carl Orff. Dank Henry Maske entwickelte sich die zwei Jahre alte und mäßig erfolgreiche Musik aus dem Columbus-Film »1492« binnen kurzem zu einem Millionen-Seller und Charts-Breaker.

Für Henry Maske, den Michael Buffer in seinen Ring-Szenarien als »The pride of all Germany«, den Stolz des ganzen Deutschland, preist, ist das »Paradies« aber immer nur eine Momentaufnahme. Ein Standbild, das man festhält und dennoch zugleich fragt: Was kommt danach?

Als die Bilder laufen lernten, wurde daraus der Film. Maske hat seinen noch nicht abgedreht. Er ist Regisseur und Hauptdarsteller in einem. Und er will am Ende keine Seifenoper, wohl aber ein Problemstück mit einem Happy-End. Fünfeinhalb Jahre war der, den er entthront hat, Profi-Weltmeister. Der Rekord des Charles Prince Williams! »Es würde mich reizen, ihn zu brechen«, sagt Henry Maske. Am 11. Februar 1995 rückte er ihm wieder ein Stückchen näher. 9000 Zuschauer kamen in die seit Wochen ausverkaufte Frankfurter Festhalle, um die sechste Titelverteidigung Maskes gegen den Kanadier Egerton Marcus zu erleben.

Ein alter Bekannter für den »Gentleman«, und einer von anderem Kaliber als Barkley. Zweimal hatte Henry Maske den 30jährigen als Amateur einstimmig nach Punkten besiegt. 1986 im Halbfinale des TSC-Turniers in Berlin, 1988 im olympischen Endkampf in Seoul. Vor allem die zweite Niederlage hatte Marcus nicht vergessen, der danach von einer gebrochenen Schlaghand erzählte und nun die »Revanche« einforderte. »Er ist ein Konditionsbolzen, hat Schlagkraft und geht bedingungslos nach vorne«, warnte Manfred Wolke vor dem Ranglisten-Ersten und offiziellen Herausforderer der IBF. »Was bei den Amateuren war, zählt jetzt überhaupt nicht mehr«, kommentierte Maske. Wieder war es ein Duell zweier Ungeschlagener, wieder war es ein Kampf zwischen einem Techniker und einem, der den Ruf der größten »one-punch knockout-power« seiner Gewichtsklasse vor sich hertrug.

Und wieder hatte Henry Maske in den USA eine schlechte Presse. Das Fachmagazin »KO Boxing« rangierte ihn in einem Artikel unter »The Five who won't remain Champions throughout 1995«, und prognostizierte Maske für den 11. Februar: »Gegen Marcus wird er nicht fähig sein, genug zu tun, um zu gewinnen. Obwohl Marcus kleiner ist als der Champion, wird er ihn überwältigen.«

Wie gehabt, redete Henry Maske davor wenig (»Wenn ich meine Chance nicht nutze, nutzt sie mein Gegner. Für mich ist Profiboxen ein sehr harter Leistungssport.«), im Ring aber dafür um so deutlicher. Fast 12 Millionen Fernsehzuschauer wurden Zeugen einer taktischen Meisterleistung des Weltmeisters. Drei Runden lang ließ er den ehrgeizig, schnell, schlagstark beginnenden Herausforderer (»Der ist hungrig«) sich müde laufen, um dann selbst die Initiative zu übernehmen. Mit Blitztreffern mit der Geraden und immer wieder präzisen Haken, die die Deckung aufrissen. In der siebenten Runde schickte Maske den Kanadier auf die Bretter, raubte ihm das Selbstvertrauen, an diesem Abend gegen den Deutschen gewinnen zu können, endgültig. Marcus-Coach Lou Duva: »Henry hat das Zeug, ein ganz, ganz großer Champion zu werden.« Zweimal 118:110, einmal 118:111 – »als Egerton sich darauf einließ, Henrys Kampf zu kämpfen, bekam er die Probleme«, bilanzierte der 73jährige Duva.

Manfred Wolke, sein Kollege in der blauen Ecke (die Maske bei allen seinen WM-Kämpfen wählt), gratulierte seinem Schützling für einen »Sieg des Geistes über die Physis«.

Und Maske lobte Marcus als den »stärksten unter den sechs Herausforderern«, der ihm alles abverlangt habe. Der in Guyana geborene Kanadier, völlig ausgepumpt und zermürbt, erschien nicht mal zur Pressekonferenz. In seiner Kabine mußte sich der »Bad Man« (so stand es auf seiner Boxerhose) entkräftet mehrfach übergeben. Das falsche Timing:

Der gefeierte Held: In Frankfurt am Main schafft Maske gegen Marcus seine sechste Titelverteidigung.

»Lieber vorher als danach«, kommentierte Maske, der sich im Training oft genug so gequält hatte, daß auch mal der Magen rebellierte. Der Selbsteinschätzung des Champions nach seinem glänzenden Auftritt bleibt nichts hinzuzufügen: »Mittlerweile bin ich ein hundertprozentig professioneller Boxer, der ohne Probleme ein hohes Tempo über zwölf Runden gehen und erstklassige Leute dominieren kann.« Manfred Wolke weiß, worin diese Stärke begründet ist: »Keiner kann einen Kampf so lesen wie Henry. Er lebt von den Informationen des Gegners.« Und er betreibt zugleich eine »Erziehung der Gefühle« bei den Zuschauern.

»Es war klar, daß nicht alle hurra geschrien haben, als der Maske auftauchte. Man muß die Leute doch erst heranführen an diese Auffassung vom Boxen. Daß da mehr ist als Kopf runter und hau drauf.« Der Champion hat außerhalb des Ringes vielleicht seinen größten Sieg errungen. Ein Sieg des Geistes eben. Henry Maske, der Boxphilosoph. Ein Anachronismus in sich? Box-Philosophie – kann es so etwas geben, in einem Metier, das Kräften, die einen anderen »umhauen« können, oberste Priorität zumißt? Philosophie übersetzt sich aus dem Griechischen mit Liebe zur Weisheit, und derart wörtlich genommen, kommt man an beim Faustkämpfer Maske. »Boxen hat mich viel gelehrt, über mich, die Welt, darüber, wie die Dinge funktionieren.« Nicht Angst, sondern Wut, sagt der Weltmeister, sei ein schlechter Ratgeber. »Angst ist nichts Schlechtes. Beim Boxen bedingt sie die Verteidigungsbereitschaft.« Für außergewöhnliche Menschen sei Angst ein Freund, meinte Cus d'Amato, früher Trainer von Mike Tyson. »Du mußt Angst begreifen, um mit ihr umgehen zu können. Angst ist wie Feuer, du kannst es für dich arbeiten lassen: Es kann dich im Winter wärmen, dein Essen kochen, Licht in die Dunkelheit bringen und Energie produzieren. Verlierst du aber die Kontrolle darüber, kann es dir Schaden zufügen oder dich sogar töten.« Boxen als eine Sportart der Selbstbeherrschung, das entspricht Maskes Sicht auf die Dinge: »Ich will, daß die Leute im Boxen mehr sehen als nur Schläge.«

Maske gibt Lehrstunden im Ring. Für die jedenfalls, die lernwillig sind. »Ich bin nicht der erste, der so boxt. Das haben andere vor mir und einige vielleicht sogar besser getan.« Immer wieder nennt der Frankfurter Muhammad Ali. Der hat in seinen Memoiren notiert, was zwanzig Jahre später Maske aufgeschrieben haben könnte: »Ich weiß, daß ich einmal zuschlagen werde, ohne selbst getroffen zu werden. Ich glaube, so etwas wie ein Radargerät zu besitzen. Ich weiß genau, wie weit ich mich zurückbeugen kann. Ich entwickle diese Technik. Ich lerne die Kunst, den Gegner zu ermüden. Ich bringe meinen Kopf in Reichweite seiner Fäuste, bringe meine Gegner zum Zuschlagen und beuge mich dann zurück. Dabei halte ich die Augen weit offen, damit ich alles sehe … Es kostet eine Menge Kraft, immer wieder ins Leere zu schlagen. Ich konzentriere mich auf die Verteidigung. Ich konzentriere mich ganz auf das Timing, auf die Bewegungen und auf den Rückzug.«

Ali? Maske? Ali-Maske? Boxkunst!

Entstanden aus einer Portion Talent, vielen, vielen Teilen quälend harten Trainings – und eisernem Willen, mehr als nur einer von mehreren zu sein. »Man hält so etwas nur aus, wenn man von einer Idee besessen und der Wille stärker als der Körper ist«, zieht Max Schmeling die Quintessenz seines Boxer-Lebens.

Welche Idee treibt Maske an, was hat er sich und anderen zu beweisen? Boxer seien Entdecker, sagt Ali, »sie entdecken an ihren Gegnern oder sich selbst etwas, wovon andere nichts wissen«. Jeder Kampf ist somit eine doppelte Prüfung der Wahrheit. Bezwinge ich den Gegner, genüge ich meinem eigenen Anspruch, meinen Träumen und Visionen? Das fängt jeden Morgen beim Training an: »Du wachst auf und findest tausend Gründe, das Ganze zu verschieben«, erzählt Henry Maske. »Und dann sich trotzdem zu zwingen, sich selbst beim Wort zu nehmen – da fängt der Charakter an, da mußt du beißen.« Und er beißt. Beißt, weil er gewinnen, der Beste sein will.

Cus d'Amato hält Boxen für einen »Kampf des Charakters und der Geschicklichkeit«. Der Faustkämpfer »mit mehr Willensstärke, Entschlossenheit, Zielstrebigkeit und Intelligenz wird immer derjenige sein, der den Sieg davonträgt«. Viele hätten das Handwerk, aber nicht das Herz, andere Herz aber kein Handwerk. »Das, was es zusammenbringt, ist etwas Mysteriöses, etwas wie Arbeit an einem Kunstwerk. Du bringst alles dafür ein, du erfindest es, während du es schaffst.«

Henry Maske sieht, fühlt, erlebt das ähnlich. Intensiv, eindringlich, schmerzhaft, befreiend. »Boxen ist eine komplizierte Sache. Es ist eine geistige Auseinandersetzung, eine kreative, schöpferische Tätigkeit. Ständig bist du vor neue, überraschende Situationen gestellt. Permanent mußt du tasten, ergründen, erkennen, umschalten.«

Der Boxer Maske, das klingt erhaben und pathetisch, aber es ist deshalb nicht falsch, ist ein Künstler bei der Arbeit. Einer der besonderen Art. Einer der besten.

10. Runde
Henry Maske:
Die Verpackung, das Produkt

Zehn Runden in Düsseldorf sind vorüber, zehn Runden Williams kontra Maske. Das sind dreihundert und mehr Schläge, dreißig und mehr in jedem Drei-Minuten-Auftritt des Bühnenstücks mit insgesamt zwölf Akten. Konzentration, Finten, Treffer — Körper und Geist an der Belastungsgrenze. Zehntelsekunden können alles beenden. Für dich, gegen dich. Denkt da im Ring einer daran, wie er sich »verkauft«, wie er sich darstellt, wie er seinen Marktwert steigert? Zählt da jemand im Geiste, was der mögliche Sieg neben dem

Maske hat schon sechsmal in Düsseldorf geboxt, er hat hier sozusagen Heimrecht. Er fühlt sich hier wohl, und der Publikumszuspruch beweist es. In der Berliner Boxszene schätzt man möglicherweise mehr die Rocchigianis mit ihrem Stil, mit ihrem bedingungslosen Keilen, um es mal etwas uncharmant zu sagen. Vielleicht hat es etwas mit der Szene in Düsseldorf zu tun, daß hier der Stilist Maske besser ankommt.

Also, da kann man sicher sein, Maske wird die 12 Runden konditionell durchstehen. Er darf nur nicht allzu wirkungsvoll getroffen werden. Ja, jetzt fliegen die Fäuste schneller, Treffer: 372 Maske, 257 Williams. Wenn diese Grafik recht hat, und wir wollen ja nicht zweifeln, dann ist Henry Maske auf der Siegerstraße.

Man hat im Berufsboxgeschäft öfter spöttische Worte für Maskes Stil gefunden. Man hat gesagt, er bringe das Publikum zum Einschlafen. Ein Boxerkollege hat gesagt, wenn man bei Maske in der 1. Runde geht und in der letzten kommt, hat man nichts versäumt. Die Leute, die sein Boxen so kommentieren, die können sich heute ein klein wenig bei der Nase nehmen. Bei jener Nase, auf die sie wahrscheinlich was draufbekämen, würden sie gegen Maske boxen.

Ruhm, der Champion zu sein, auf der Habenseite einbringen könnte?

Im Kampf, sagt Maske, fällt alles ab. »Da bleibt nur das Duell, die Auseinandersetzung, wie sie direkter nicht sein kann.« Das Drumherum nimmt der Boxer kaum wahr, eine zweite Bewußtseinsebene gleichsam, die erst nach dem Fight, wenn alles überstanden ist, wieder real wird.

Die Show vor und nach der Show mit Maskes Fäusten wächst mit der von Mal zu Mal, von Profikampf zu Profikampf eindrucksvoller nachgewiesenen Klasse des Faustkämpfers. Das aufgeklebte Etikett des strammen DDR-Leistungskaders mit buchhalterischer Erfolgserfüllung verblaßte, löste sich ab, wurde zum Zerrbild, an dem nur noch die festhielten, für die Boxen Synonym von Zerstörung und Vernichtung sein soll, bei dem das Blut der Kämpfer bis in die ersten Reihen am Ring spritzen muß.

Maske hat mit seinem Beispiel das Zerr- zu einem Sinnbild verändert. Ein Bild vom Boxen, das Sinn macht: »Du mußt dem Gegner dessen Mittel aus der Hand nehmen und deine gleichzeitig voll anbringen.« Strategie, die ein an Ringschlachten gewöhntes Publikum lernen muß. »Man kann die Klasse eines Boxers nicht so simpel ablesen wie die eines Sprinters«, sagt Henry Maske. »Brutalität dagegen, das leuchtet jedem ein, die nimmt jeder wahr. Aber Brutalität ist der Ursprung der Niveaulosigkeit.« Der Frankfurter hat mit diesen Grundsätzen seine Profi-Karriere begonnen, und er hat sie nicht unterwegs weggeworfen. Noch Mitte 1992 charakterisierte ihn »SPORT-BILD« als »Der Farblose«, als einen Boxer ohne Charisma und Anziehungskraft. Heute wird er gefeiert als Held, der einem klinisch toten Patienten wieder Leben eingehaucht hat. Daran partizipieren einstweilen viele.

Erfolg hat jede Menge Väter, Niederlagen machen einsam. Maske, zeit seines Lebens ein Einzelgänger, der selbstbewußt bis eigensinnig tat, was er glaubte, tun zu müssen, ist längst nicht mehr »einsam«. Medien, Kultur und Gesellschaftsgrößen, Sponsoren, Werbefirmen stehen bei ihm Schlange. Das »Produkt Maske« ist in. Wo Maske draufsteht, ist auch Maske drin: ehrlich, clean, unverfälscht. Vangelis' Film-Hymne »Conquest of paradise«, zunächst nur Notnagel für den verweigerten »Carmina Burana«-Extrakt Carl Orffs, verkauft sich ohne Ende, seitdem der Einzug des Gladiators in die Arenen damit zelebriert wird. Die CD, bis dahin eher Ladenhüter und Futter für die Silberling-Sonderangebote, wurde mit der Aura des Champions »Gold«- und »Platin«-ausgezeichnet. Sabine Beyer, Pressemanagerin der Plattenfirma, ist baß erstaunt: »Der zwei Jahre alte Titel ging plötzlich wieder los wie Schmidts Katze.« Die Single-Auskopplung

kletterte an die Spitze der Charts, der Soundtrack-Longplayer mit mehr als einer halben Million verkaufter Exemplare auf Platz drei. Und ein Stop für die einst abgehängte Filmschnulze ist, solange Maske mit dieser Ton-Untermalung in den Ring zieht, nicht in Sicht.

Solch Durchmarsch verlangte das Dacapo. Ende 1994 erschien eine CD unter dem beziehungsreichen Titel »Power & Glory«, die neben dem Vangelis-Hit weitere vom Weltmeister ausgesuchte Songs enthält. »Es gibt viele Stücke, die mir gefallen und die für andere, so hoffe ich, genauso wichtig sind«, wirbt Henry Maske. Die Macher von Eastwest Records (das paßt!), einem Label der Warner Music Group Company, dürfen sich die geschäftstüchtigen Hände reiben: Erfolg garantiert. »Ein Mann mit Kraft und Seele«, verkünden die Werbeposter, was längst andere auch entdeckt haben. Ein Video mit dem »Erfolgsporträt« des Champions (»Henry ohne Maske«) kam auf den Markt, ein Henry-Maske-Kalender entsteht, eine Uhrenkollektion verspricht zum Stückpreis von 198 Mark Exklusivität: »Die Edition Henry Maske. Das einmalige Zeitdokument des erfolgreichsten deutschen Boxers aller Zeiten – einzeln numeriert und streng limitiert auf 15 600 Exemplare.« Nur wenige Beispiele aus einem Katalog offensiven »Produktmanagements«.

Branchen-Insider beziffern den Gesamtumsatz des »Unternehmens Maske« aus Kampfbörsen und Werbeeinnahmen im Jahr 1994 auf rund drei Millionen Mark. Der Champion genießt es mit einer gewissen Verwunderung: »Manchmal fühle ich mich von der Nachfrage nach Henry Maske fast überwältigt.« Zumal ein Ende nicht absehbar ist. Zehn bis fünfzehn Anfragen unterschiedlichster Art gehen in Hochzeiten pro Tag bei PR-Berater Werner Heinz in Trier ein. Der hat Erfahrung in derlei Dingen, vertrat er doch schon den tödlich verunglückten Formel-1-Star Ayrton Senna. Heinz hat festgestellt, daß »es die weltweiten Bedenken gegen Boxer als Werbeträger bei Maske nicht gibt. Er zieht als Persönlichkeit.«

Henry Maske hat mit seinem Auftreten innerhalb und außerhalb des Seilquadrats einer ganzen Branche wieder finanzielle Horizonte eröffnet. Burkhard Weber, RTL-Sportchef, darf sich die Werbepartner für die Boxübertragungen seines Senders aussuchen – und hat mit Henry Maske einen idealen sportlichen Kompagnon, weil der seine Gegner in der Regel nicht kurzrundig besiegt und in den Ringstaub schickt. Das läßt elf Rundenpausen Zeit für die einträchtigen »Commercials« zur besten Fernsehzeit, Samstag abend nach 22 Uhr. Ein Werbe-Schriftzug auf dem Ringboden kostet einstweilen eine runde Viertelmillion, die Minute TV-Reklamespot in den Kampfpausen 150 000 Mark. »Früher hieß es oft: Ihr könnt Millionen Zuschauer haben, mit diesem Sport wollen wir unser Produkt nicht in Verbindung bringen«, sagt Weber. Jetzt wirbt Maske für Kosmetikprodukte, als Model für Herrenmode (läßt sich da schon mal fürs Foto mit dem Kajalstift die Brustmuskulatur nachzeichnen), auf Plakaten der Brandenburgischen Lottogesellschaft, für Mineralwasser, Zeitungen, Magazine und Brench 200, die »Power-Pille«. Manfred König, Geschäftsführer des Herstellers Hamburger Pharma-Contor, weiß vom verfünffachten Umsatz des Stärkungsmittels dank Henry zu berichten. Natürlich, erfährt man, paßt Boxen bestens zur Pille. »Henry muß nach mehreren Runden stärkster körperlicher Beanspruchung noch in der Lage sein, Dinge zu analysieren und daraus seine Folgerungen zu schließen. Damit war Herr Maske schon der optimale Werbeträger für dieses Produkt ... Wenn du mentale Power im Beruf oder im Haus brauchst, dann sollst du eine Kapsel Brench pro Tag nehmen.« König hatte einen Volltreffer gelandet. »Uns geht es darum, dem Produkt einen menschlichen Zug zu verleihen, damit es aus der Anonymität der Masse herauskommt.« Den menschlichen Zug des Boxers aus Frankfurt: »Wir haben es geschafft, Maske mit Brench 200 zu identifizieren.«

Das jetzt fast unstillbare Bedürfnis nach »mehr Maske« war aber nicht immer so stark, nicht mal in der Zeit der Regentschaft des Frankfurters als Weltmeister. Man nehme das Programmheft des Düsseldorfer WM-Fights gegen Charles Prince Williams: 13 bescheidene Kleinanzeigen, meist für regionale Eß-Kultur, in einem schmalen, nur 34-Seiten-Schwarzweißheftchen. 18 Monate später das Journal beim Kampf gegen Barkley in Halle: 47 meist farbige Großinserate, ganz- und doppelseitig, auf prallen 124 Hochglanzseiten. Der Boxer aus dem Osten, der noch 1988 nach seinem Seouler Olympiasieg in der DDR-Presse kritisiert hatte, daß im Profiboxen der »Mensch zur Ware« degeneriert werde, und damit nur nachplapperte, was andere hören wollten, sagt heute: »Sicher bin ich das ›Produkt Maske‹! Ist das nicht okay? Meine Ansichten dazu waren früher anders. Warum? Weil wir nur einseitig unterrichtet wurden. Die Leistung ist entscheidend! Und es ist schön, daß ich selber alles entscheiden kann. Ich tue nur das, wohinter ich stehe.« Jeder Mensch, sagt der geläuterte Maske, sei »doch die Ware, die er verkauft, egal in welchem Beruf. So gesehen, bin ich gerne Ware. Wir machen ja nicht nur einen Boxkampf, sondern wir bieten ein Ereignis. Wenn zehn Millionen Leute nicht nur einen Wettkampf wollen, sondern ein bißchen mehr fordern, dann sollen sie das haben.« Zum Beispiel den Einsatz von 250 Scheinwerfern mit 350 000

Watt, von 12 Kameras inklusive »Super-Slomo«, von 60 Lautsprechern, 8000 Meter Kabel – von Technik im Wert von 50 Millionen Mark. Von der Manpower, die in insgesamt 500 Show-Bediensteten steckt, ganz zu schweigen.

Wo Nachfrage ist, sind Angebote steuerbar. Da sind die betulichen Anfänge fast vergessen. Nach seinem WM-Triumph gegen Williams blieben die Sponsoren und Werbepartner zunächst in Abwartehaltung, und Maske konstatierte ernüchtert: »Ich dachte auch, die stehen bei mir Schlange, tun sie aber nicht! Ich bin eben von Beruf Boxer und nicht Leichtathlet. Im Osten haben mögliche Geldgeber vor allem noch mit sich selbst zu tun, im Westen ist das nach wie vor schlechte Image des Berufsboxens hinderlich. Weltmeister werden, und der Rest kommt von allein – ein tolles Märchen.«

Überzeugt haben die Kassenhüter bei den Unternehmen neben Henry Maskes Kämpfen und den stetig kletternden TV-Einschaltquoten vor allem dessen öffentliche Auftritte, bei denen – so der Champion selbst – er »wohl einiges Erstaunen ausgelöst hat, daß da einer ist, der über die Boxhandschuhe hinausschauen kann«. Aber gut Ding brauchte Weile. »Auch nach dem WM-Fight gegen Williams war das noch eine Betteltour«, erinnert sich Malte Splettstößer, früher mal Wirtschaftsredakteur bei Radio DDR und in Maskes Durchbruch-Jahr 1993 dessen Interessenwalter in Sachen Marketing. »Da war an heutige Dimensionen nicht zu denken, freute man sich manchmal schon, wenn einer eine Autogrammstunde mit dem Weltmeister veranstalten wollte.«

Einstweilen reichen sechs größere Sponsoren, einschließlich RTL, auch größere Beträge rüber. Alcina-Kosmetik investiert immerhin 1,5 Millionen Mark für ein Drei-Jahres-Engagement und weiß, warum: »Maske mit seinem tadellosen, gepflegten Aussehen ist ein hervorragendes Aushängeschild für die anspruchsvolle Herren-Kosmetik unserer Firma.« Armani, Boss, Donna Karan, Calvin Klein – auf Henry Maskes makellosen Leib paßt nicht nur die Boxerhose, sondern auch allerfeinstes Textil. Und die transportierte (Werbe-)Botschaft wird eindringlich, weil Maske sie nicht aufdringlich präsentiert. Man nimmt es dem guten Jungen von nebenan ab, daß er der alte geblieben ist, auch wenn für einen gut Teil des Landesvolkes alles ganz neu geworden ist. »Die aus dem Osten sagen, endlich einer von uns, der es geschafft hat. Die aus dem Westen: Endlich mal wieder ein sauberer Boxer, den man vorzeigen kann«, hat der Frankfurter erkannt. Und mit ihm all die, die ein Gespür dafür haben, wo man die Sicherungshaken bei der Kletterpartie im Big Business einschlagen muß. RTL hatte den Vertrag mit dem Sauerland-Boxstall abgeschlossen, als Maske zunächst nur das Versprechen eines Champions war. Als der Boxer es einlöste, war aus der Risiko-Investition eine gewinnbringende Anlage geworden. 4,64 Millionen – zwei Drittel West, ein Drittel Ost – erlebten live an der »Glotze«, wie Henry Maske Weltmeister wurde. Und seitdem ist der König der Boxer für seinen Haussender RTL zum absoluten Quotenkönig geworden. 5,73 Millionen sahen den Sieg gegen Hembrick, 7,34 Millionen die Demontage Vedders, etwa gleich viele Henrys Bravourstück gegen die Kampfmaschine Magdaleno.

Nachdem der Italiener Magi dann »nur« 6,62 Millionen Fans in das »Latschen-Kino« zog, galoppierten die Zahlen danach um so stärker in selbst für TV-Demoskopen schwindelerregende Höhen. Neun Millionen gegen Barkley, gar 11,8 Millionen am 11. Februar 1995 gegen den Kanadier Egerton Marcus (nach Schwarzeneggers Hollywood-Komödie »Kindergarten-Cop« die zweithöchste Quote in der Geschichte des Privatsenders überhaupt) – Maske ist längst reif fürs RTL-Verdienstkreuz mit Eichenlaub und Schwertern. 80 000 Live-Zuschauer bei den sieben WM-Kämpfen, über 60 Millionen TV-Fans. Und immer mehr Frauen zitterten mit, wenn der Champion die Fäuste schwang. Ein Drittel waren es beim Williams-Kampf, fast 50 % beim Frankfurter Fight gegen Marcus. RTL-Sportchef Weber über die Ursachen des Box-Booms: »Grundsätzlich sind es zwei Dinge, die den Fernseherfolg einer Sportart ausmachen: Erstens muß sie einfach sein, zweitens einen deutschen Helden haben. Jeder kapiert Boxen, und jeder liebt Henry Maske. Das ist eine hochprozentige Erfolgsmischung.« Logisch also, daß der Vertrag mit Sauerland bis 1998 verlängert wurde und dem Sender den »Zugriff auf den kompletten Stall« sichert.

»Boxen hat nicht nur Maske, Boxen hat Zukunft«, prophezeit Weber. Traum oder Realität? Statistiken belegen in der Tat die Meinung von Weltmeister Henry Maske, daß sich die Annahme des einst geschmähten Sports durch die Zuschauer geändert hat. »Die Leute wollen heute wirklich wieder mehr Boxen sehen. Boxen, wie wir es verstehen. Das sieht man doch daran, daß sie auch bei Kämpfen von Axel Schulz oder Torsten May, die zu weniger günstigen Zeiten ausgestrahlt werden, vor dem Fernseher sitzen.« Zwar werden Marktanteile um die 30 % wie bei Maske verständlicherweise nicht erreicht, aber 16,6 % wie bei May gegen Ralf Rocchigiani oder 14,4 % wie beim Kampf Schulz kontra »Bonecrusher« Smith rechnen sich ebenfalls zu einer Millionen-Zuschauerschar zusammen.

Henry Maske ist Trend geworden. Das stört ihn nicht, solange er sich dabei nicht verbiegen muß. »Es gibt Dinge, die ich nie machen würde. Zum Beispiel für Drogen, Tabak oder Alkohol werben. Andere Sachen dagegen können mich schon reizen.« Neben dem Geldverdienen sieht er in der Selbstpräsentation für Kosmetika oder Outfit auch eine Art der Anerkennung für seine vorangegangene Leistung.

Werbeforscher nehmen das jobgemäß nüchterner. »Henry Maske verkörpert die neue Wertewelt des jungen und mündigen Konsumenten. Kritisch, sachlich, glaubwürdig, herzlich, umweltbewußt, konsumfähig im Einklang mit allen gesellschaftlichen Strömungen, erfolgsorientiert, körperbewußt.« Den Champion wird's gefreut haben, im Halle-Programmheft auf diese Art und Weise über sich selbst aufgeklärt worden zu sein. Und an gleicher Stelle erfuhr man auch, daß er als »Herkules der Neuzeit« seinen Platz habe neben Claudia Schiffer, Cindy Crawford & Co., daß er »Best of both worlds« verkörpere: Macho und Hirn. Für Marken biete Maske viel mehr als viele seiner Vorgänger, wird da schnittmusterbogengerecht der Werbeträger des nächsten Jahrtausends projiziert: »Nämlich den prickelnden Reiz der Boxwelt mit der ›Sorglos-Garantie‹ eines gehobenen Anspruchs. Sozusagen Macho ohne Reue. Oder auch: Milieu ohne Nebenwirkungen.« Werbe-Fachchinesisch, das Vereinnahmung befürchten läßt, der sich Henry Maske bisher zumeist entziehen konnte. Sein »Kleines« nennt er die gewohnte Umgebung daheim in Frankfurt (Oder), in der die Dinge an dem Platz sind, an den er sie gestellt hat. Der feste Untergrund, von dem aus er sich auch einmal in die Terra incognita begeben kann, auf unbekanntes, schwankendes Gelände – aber immer mit Rückfahrkarte. Selten hat ihn sein Instinkt getäuscht, auch in diesen Dingen, von denen er zugibt, keine Ahnung zu haben und sie an verläßliche Partner delegieren zu müssen. Als die Sport-Managerin Annegret Beatson, mit einem erheblichen Maß an krimineller Energie ausgestattet, sein Vertrauen mißbrauchte, ihn und andere betrog, verlor er dabei nicht nur Illusionen, sondern auch einiges Geld. Die Enttäuschung saß tief, und der Champion – wie im Boxring hat er gelernt, zu lernen – sollte in Zukunft noch überlegter nach dem Grundsatz verfahren: »Drum prüfe, wer sich auch nur zeitweilig bindet.«

Das Produkt Maske und seine Verpackung – eine Beziehung, die immer intensiver, inniger, aufwendiger geworden ist. Bombast oder Zeit-Kunst – die Box-Inszenierungen mit Henry Maske wandern auf dem schmalen Grat zwischen kalter Perfektion und großer Oper mit strahlenden und tragischen Helden. Der Frankfurter will das zweite, empfindet es als Entsprechung für die innere Dramaturgie des Faustkampfes.

Boxen und Kunst, ein besonderes Kapitel, das sich Henry Maske erst nach der Wende zu erschließen beginnt. Swift, O'Casey, London, Hemingway, Lardner, Gallico, Brecht, Oates – immer war Boxen ein Thema der Literaten wie der Maler. Bert Brecht, in den 20er Jahren Stammbesucher bei Boxabenden im Berliner Sportpalast, hat sich gleich in mehreren Kurzgeschichten und Gedichten mit dem Boxen beschäftigt. Seine Prioritäten-Liste: »Erstens, vergeßt nicht, kommt das Fressen. Zweitens kommt der Liebesakt. Drittens das Boxen nicht vergessen.« Maske hat wohl eine andere Reihenfolge, aber daß der Faustkampf eine künstlerische Dimension besitzt, daß er »ein einzigartiges und bis zum Äußersten verdichtetes Drama ohne Worte« (Joyce Carol Oates) ist, weiß der Filigran-Boxer sehr wohl nachzuvollziehen. Jan Hoet, künstlerischer Leiter der Kasseler Avantgardekunst-Exposition »documenta« im Jahre 1992, setzte diesen Anspruch auf völlig neue Weise um, als er in die Kunstausstellung eine Profibox-Veranstaltung, unter anderem mit Henry Maske, einband. Hoet, in den 50er Jahren selbst im Ring, sah die ungewohnte Verbindung als organisch und weniger gewollt als viele Objekte der Kunstmesse an: »Meine Boxerkollegen waren Hafenarbeiter, zum größten Teil Anal-

Die Heilige Box-Messe und der Weg zum Altar des Erfolges – Frankfurt am Main am 11. Februar 1995.

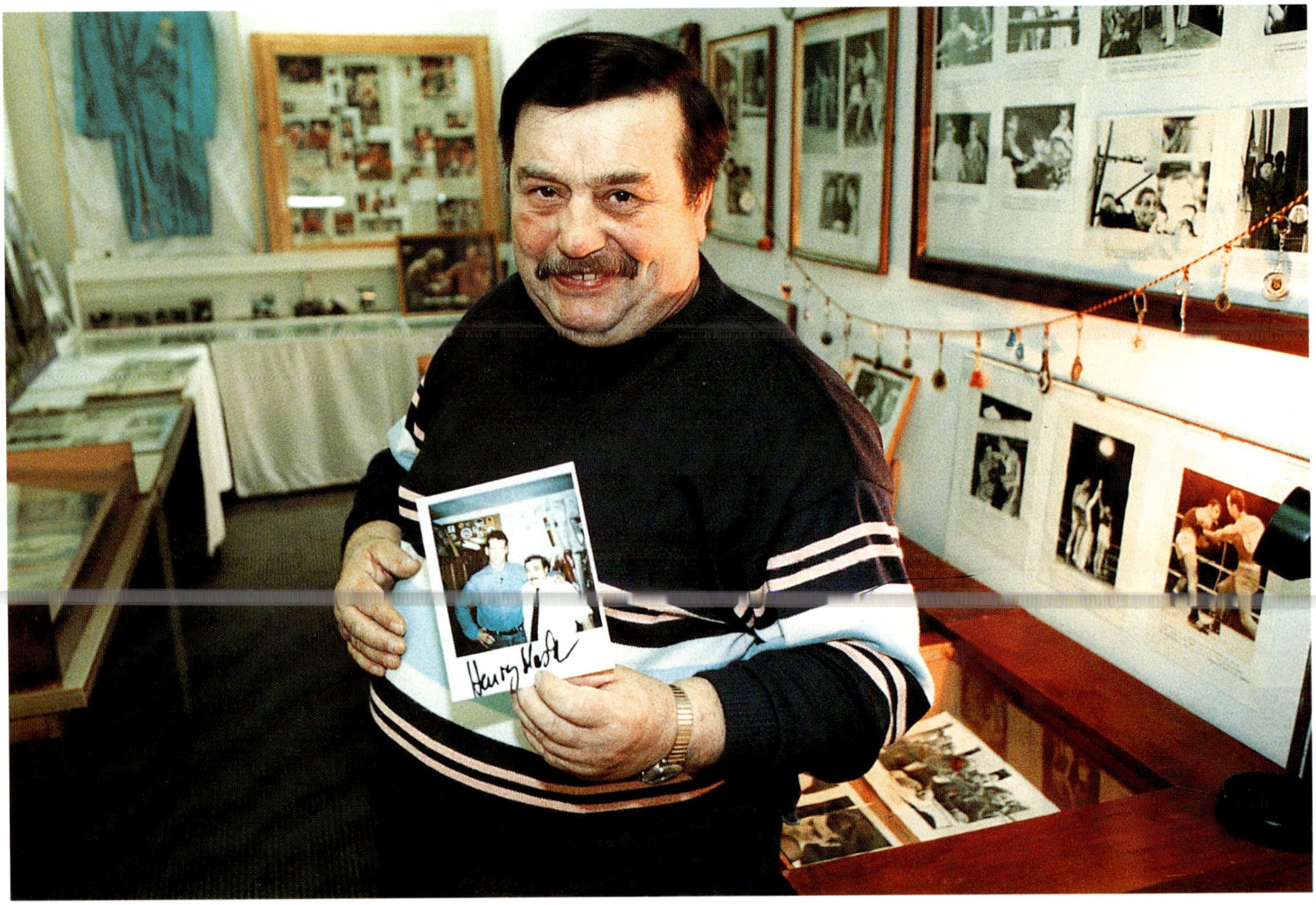

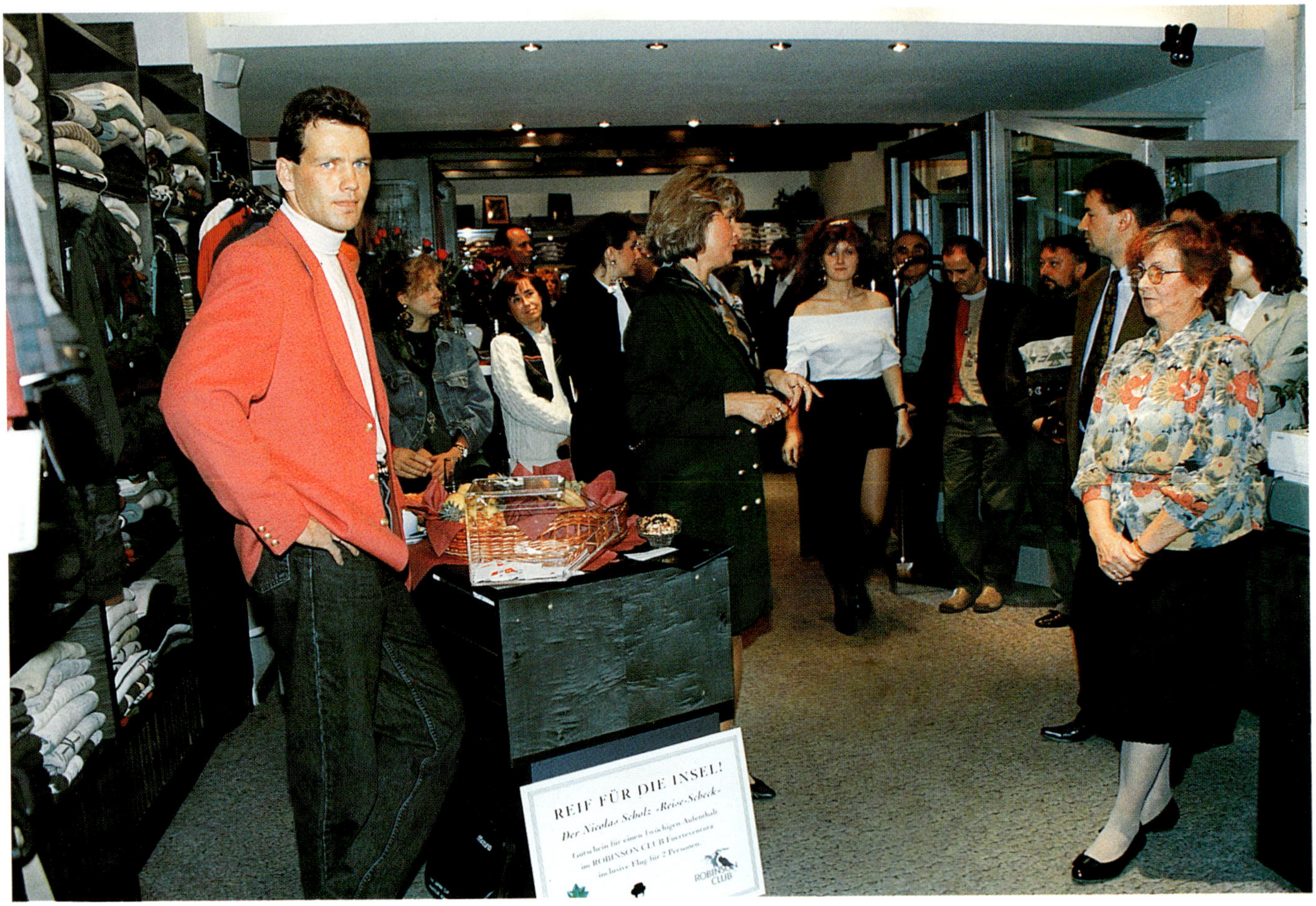
REIF FÜR DIE INSEL!
Der Nicolas Scholz »Reise-Scheck«
ROBINSON CLUB

HENRY MASKE

S&L® BOXSPORTARTIKEL –
Die richtige Ausrüstung macht den Meister
– offizieller Ausrüster der IBF-Europa –

Henry Maske – schon zu Lebzeiten museal: Leo Weichbrodt, Chef des einzigen deutschen Boxmuseums in Sagard auf Rügen, hatte schon zweimal Besuch vom Champion (oben links). Am 22. März 1995 übergab »Sir« Henry dabei für den Erhalt der einzigartigen Sammlung eine signierte Kampfhose zur Versteigerung. Einstiegssumme: 2000 DM.

Werbestrategen nennen es Imagetransfer: Wer mit dem Sieger Henry wirbt, kann auf dem Markt nicht verlieren. Ein Champion der überzeugenden Art – selbstbewußt, kraftvoll, elegant, männlich, stark.

phabeten, ich Gymnasiast. Das waren himmelweite Unterschiede. Aber im Ring waren wir alle gleich. Boxen ist nicht nur Gewalt, Kampf. Es hat viel mit Psychologie zu tun. Ein streng geregeltes Ritual, bei dem man genau zwischen Echtheit und Pose unterscheiden können muß.« Hoet verstand dabei den Dialog als das Bindeglied zwischen den beiden vermeintlich fernen Begriffen. »Kunst ist Dialog, und kaum irgendwo findet der Dialog so unmittelbar, so körperlich statt wie beim Boxen.« Ein Faustkampf, macht Joyce Coral Oates aus Boxer-Gefühlen Poesie, »spiegelt die menschliche Psyche in dramatisierter Form wider: Der Mensch im Kampf mit sich selbst.« Des Boxers besondere Charakterschulung im Vergleich zu anderen, zu »Normalmenschen«, sieht die Schriftstellerin darin, daß er »den Mut, die Technik und die Disziplin lernt, mit der Aggression umzugehen«. Daß sich Henry Maske dafür einsetzt, Boxen in den Sportunterricht an den Schulen zu integrieren, ist letztlich der gleichen Erkenntnis geschuldet: »Man lernt, Angst zu überwinden. Nicht die Augen zuzumachen, sondern aufzureißen. Sich einem Problem zu stellen.«

Boxen und Kunst – auch Maler haben den Champ für sich als Sujet und als Objekt entdeckt. James Rizzi, der New Yorker Fun-Graphiker, Bruno Bruni, der italienische Farben-Schwelger, der Fotograf Michel Comte und Albert Münch gestalteten die Mäntel, mit denen Maske zu WM-Kämpfen antrat. Auf eine Weise, die sie zu einzigartigen Unikaten werden ließen, in denen sich handgreiflich Erlebnis und künstlerischer Wert verband. Kunstausstellungen mit Werken zum Thema Boxen gehören inzwischen zum festen Inventar der Maske-Kämpfe. Der Weltmeister selbst fühlt mit der »Kunst« in ihren verschiedenen Spielarten, die sich in der Prominenz am Ring personifiziert ausdrückt, eine Seite in sich angesprochen, über die er erst spät nachzudenken begann. »Ich sehe plötzlich Dinge deutlich, die für mich vorher gar nicht da waren.« Auch hier aber wehrt er sich gegen Überfrachtung. Von einem Interviewer mit allzuviel seelendeuterischer Interpretation des Boxens konfrontiert, konterte er ehrlich und direkt: »Ich werde doch hier jetzt nicht anfangen zu spinnen!«

Henry Maske, das ist schwerlich bestreitbar, ist mit wachsendem Erfolg zunehmend den Regularien und Begehrlichkeiten des Profi-Geschäfts ausgesetzt. Eines Geschäfts, dessen Selbstisolation er gerade erst mit sportlicher Klasse aufge-

brochen hat. Für das Sportidol ganz neuer Art sind das Beigaben, die irgendwie dazugehören, »aber die mich nicht abhalten können, meine Sache so ernsthaft und professionell wie immer zu betreiben«.

Daß er mit seiner Popularität Dinge bewegen kann, die in einer problembeladenen Welt des Anstoßes durch noch nicht saturierte Prominente bedürfen, ist für ihn kein Haschen nach Publicity. Nutznießer der Versteigerungen seiner Weltmeister-Mäntel: die UNESCO, Kinder in Brasilien (eine u.a. von Fußballer Jorginho und Ayrton Senna unterstützte Aktion), Umweltinitiativen, Projekte in den neuen Bundesländern, Artists United for Nature. Er tut es, ohne sich dafür als Erlöser und Philanthrop feiern zu lassen. »Es gibt viele Dinge, die es wert sind, daß man sich dafür einsetzt. Aber ich will nur da aktiv werden, wo ich glaubhaft bleibe, wo ich weiß, wovon ich rede.«

Henry Maske – ein Produkt, ein gutes, ein unverwechselbares. Kann es durch häufigen Gebrauch seine Qualität verlieren? Wolf Wondratschek, der boxhungrige Dichter, warnt: »Die Kämpfer sind zu Marionetten der kapitalistischen Verwertung eines Produkts verkommen. Aus den schweißverschmierten, geschundenen Boxern wurden glatte, saubere Werbeträger.« Der Champion, der das Berufsboxen resozialisiert hat, ahnt die Gefahren und sieht sich stark genug, sie abzuwehren. Er wolle keine Schablone werden, erklärt er, kein Medienabzug, der zum »alsbaldigen Verzehr« bestimmt ist. »Ich weiß genau, daß zuerst meine Leistung stimmen muß, weiß auch, daß zwischen Showbusiness und dem realen Leben ein himmelweiter Unterschied besteht. Ich schaffe es, mich dem ganzen Trubel immer wieder zu entziehen – nur so kann ich der bleiben, der ich bin.«

Gene Tunney, einer der ganz großen amerikanischen Schwergewichts-Weltmeister aus den 20er Jahren, hat die Boxwahrheit in zwei simple Sätze gepreßt: »Mit dem Boxen ist es wie mit dem Violinspiel. Man lernt nie aus.« Erst recht nicht, wenn man – wie Henry Maske – die erste Geige spielen will.

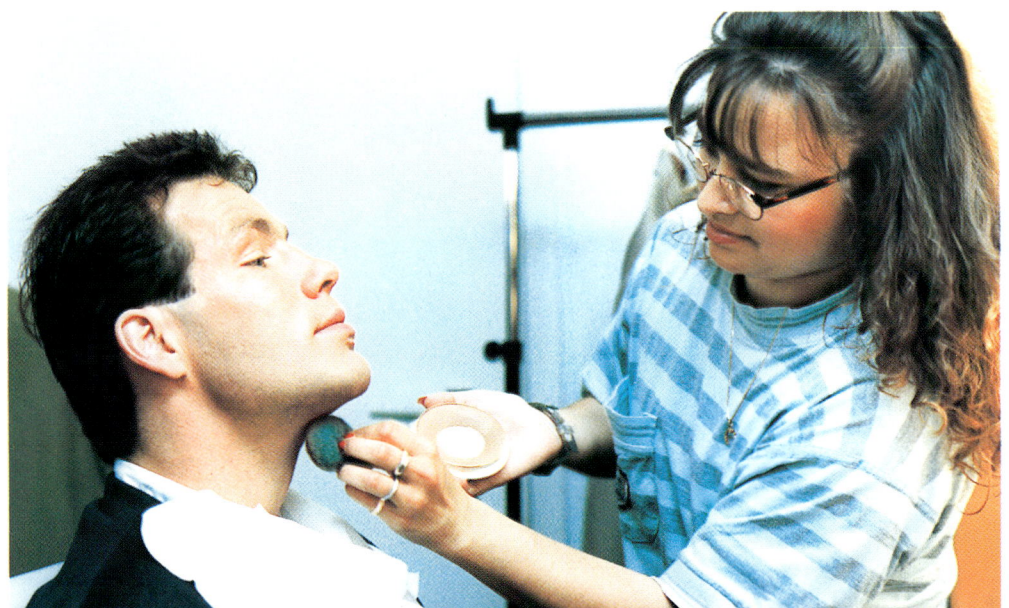

Gute Miene zum guten Spiel: Henry Maske vor einem TV-Auftritt. Wo er zu sehen ist, stimmen die Einschaltquoten.

Und wessen Herstellers Boxhandschuhe er trägt, bei dem stimmen die Umsätze (rechts).

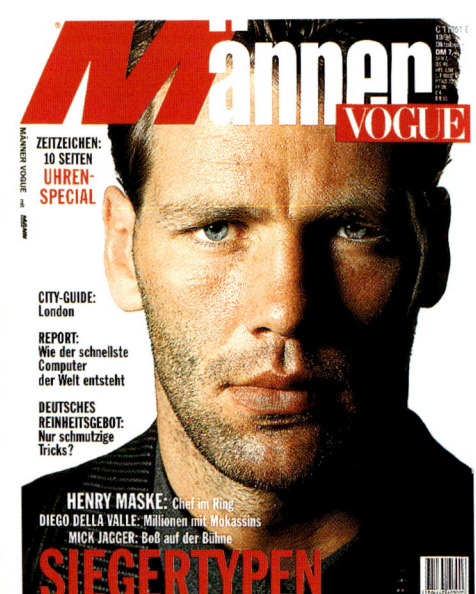

Der Mann auf dem Titelblatt:
Deutschlands Illustrierte jeder Couleur präsentieren Henry Maske als Zugnummer (links).
Selbst Postleitzahlen kann man sich dank des Box-Champions leichter merken (Mitte oben), und für einen Saunafabrikanten schwitzte einst »Kohlenmann« Henry den ganz besonderen Sponsoren-Schweiß (Mitte unten).

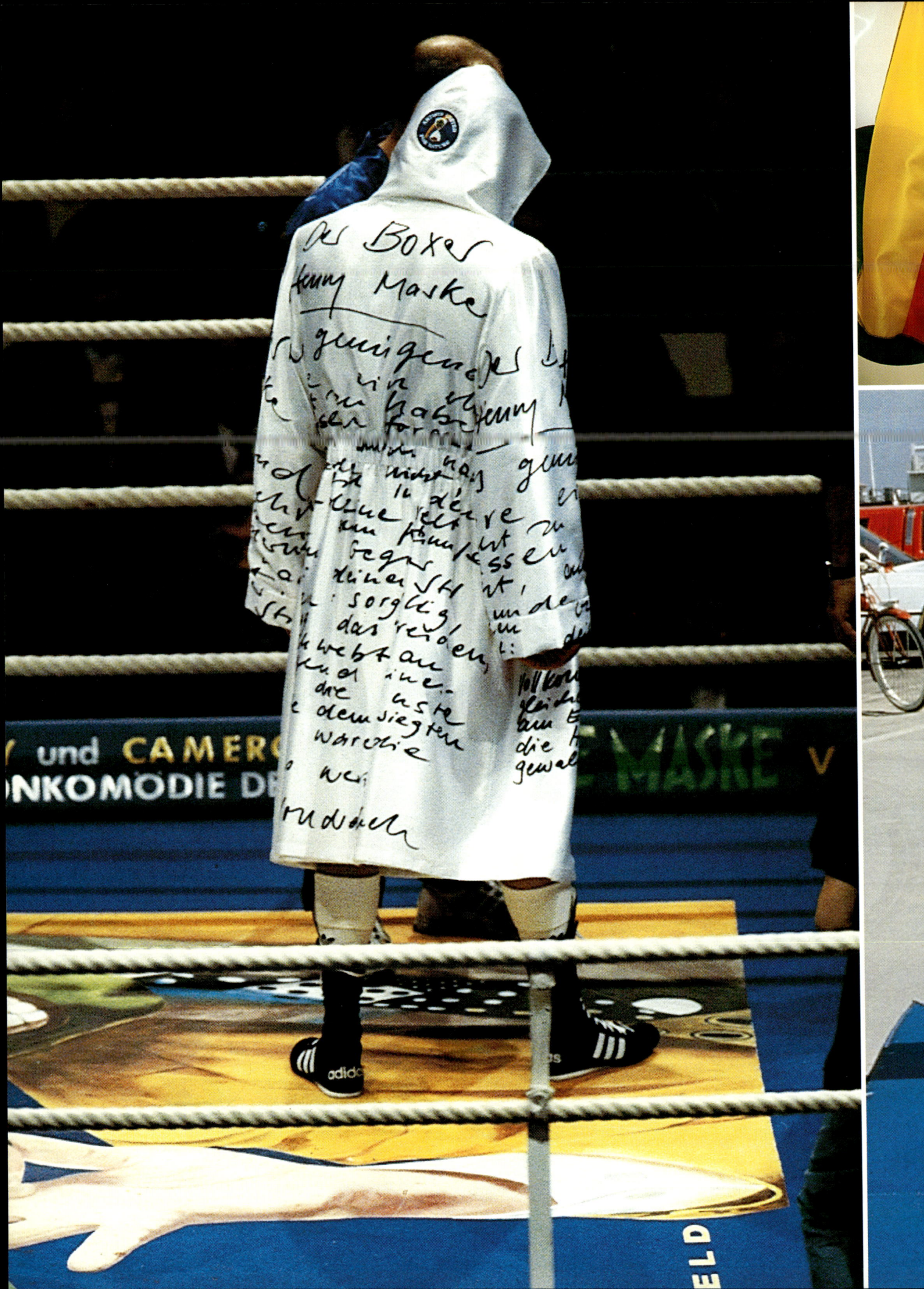

II. Runde
Ich bin ich

Als Henry Maske in Düsseldorf die 11. Runde erreicht hat, ist das wichtigste seiner Ziele schon verwirklicht: Nicht Williams, der Noch-Weltmeister, hat den Kampf »gemacht«. Maske, der Herausforderer, bestimmt den Rhythmus, tut das, was die Punktrichter in WM-Kämpfen so schätzen: Er demonstriert, daß er den Titel haben will. Das heißt Mut, Initiative, Konzentration, Stärke. Und Williams, überrascht von der Siegesbereitschaft des Kontrahenten, wird die Gedanken nicht los, daß er den Weltmeister-Gürtel nie wieder tragen darf. Eine Last, die ihn zum Verlierer macht, auch wenn er sich verzweifelt wehrt. 11 Runden – danach fehlen Maske noch drei Minuten zum Champion. Läppische drei Minuten nach drei Jahren Träumen, Hoffnungen, Zweifeln, Schweiß, Zuversicht. Drei Minuten bis zum Champion – und dann ist alles anders und genauso wie zuvor. Maske bleibt Maske. Für seine Anhänger, für die Medien, für Sponsoren und Werbepartner

Die vorletzte Runde. Wenn man der Stimmung glauben darf, beginnt der Optimismus zu dominieren. Henry Maske macht einen sehr guten Eindruck. Und jetzt darf ich mich von diesem berechtigten Fanatismus hier nicht anstecken lassen. Schauen Sie mit mir genau hin, ob Henry Maske in der Lage ist, seinen Punktevorsprung zu bestätigen oder gar auszubauen. Immer wieder der tiefe Kopf von Williams.

Haben Sie gesehen, diesen Sidestep nach rechts? Das ist glänzendes Boxen, was Maske

Das Trainingscamp in Frankfurt (Oder): »Das ist wie ein Wohnzimmer für uns, ein Raum mit einer ganz besonderen Atmosphäre.« (Manfred Wolke)

aber ist er nun mehr. Kultfigur für die einen, deutscher Held für die anderen. Super-Ossi für jene, Retter des Berufsboxens für diese. Erstes wirkliches gesamtdeutsches Sportidol, Ausnahmeathlet, Charakterdarsteller, Normalbürger ohne Arroganz. Und für alle – der Gentleman. Sogar Henry Maske selbst – »Es gab viel schlimmere Beinamen« – kann damit gut leben: »Ich bin in gewisser Weise irgendwo noch clean, ziemlich ehrlich, ziemlich klar, stehe auch zu meiner Meinung.«

Der Frankfurter hat den Faustkampf vom Schmuddel-Image befreit, wieder zur klassischen »noble art of self-defence« gemacht. Und dabei die Botschaft verbreitet: Hier wird harte, redliche Arbeit abgeliefert. Daß er dabei die Gesetze der Branche nicht außer Kraft setzen kann, ist klar. Dennoch reklamiert er für sich: »Henry Maske hat sich absolut nicht verändert. Im Ring wird bei uns immer noch ehrlicher Sport geboten. Ich bin nach wie vor kein Schauspieler, ich bin nach wie vor so, wie ich mich sehen will. Wir haben genau das Maß gefunden, das ich vertreten kann.« Ein Maß, das zu halten aber immer schwieriger wird. Das Geschäft muß weitergehen, die Show verlangt nach Steigerungen – und Gegner für den Champion sind von Mal zu Mal schwerer zu finden.

Henry hat die Maßstäbe verdorben, weil er »ganz oben« wieder zu »ganz oben« gemacht hat – und dort für die meisten seiner Berufskollegen die Luft verdammt dünn ist. Der Mann aus dem Osten, bereit, gegen alle anzutreten, die gute Klasse im Ring verkörpern, stößt auf eine unter allerlei Vorwänden vorgebrachte Verweigerungsfront, weil kaum einer mit der begründeten Zuversicht in das Seilgeviert klettern könnte, gegen den manisch ehrgeizigen Deutschen eine Chance zu haben. Maske hat alles aus der Amateurzeit mitgenommen, was er für den

Erfolg gebrauchen konnte. »Henry war doch vor allem solch ein Glücksfall für das Profiboxen, weil er von uns so gut ausgebildet wurde«, meint der frühere DDR-Auswahltrainer Günter Debert. »Natürlich kommen Intelligenz, Aussehen und Auftreten hinzu, aber ohne sein boxerisches Können wäre er nie zu dem Heros geworden, der er jetzt ist.« Tatsache ist indes auch, daß Maske im Ring kräftig weiter aufgestockt hat. »Im Grunde genommen hat sich der Mensch Maske nicht verändert«, lautet des Frankfurters Selbstanalyse. »Er ist nur als Boxer qualitativ einen Schritt nach oben gegangen.« Als Faustkämpfer hat er sein Repertoire erheblich erweitert, als Berufssportler Schritt für Schritt gelernt, daß jede Minute seines Athleten-Daseins auch Existenzsicherung ist. Abstriche machen heißt, sich selbst zu gefährden. »Sollte ich mal verlieren, darf nicht Leichtfertigkeit der Grund sein«, schwört er sich auf eiserne Disziplin ein.

So ist er Weltmeister geworden, und seine ostdeutschen Landsleute feiern ihn dafür. Viele als Wiedergutmachung für die Beulen, die sie aus der Vereinigung der beiden deutschen Staaten – »Jetzt kracht zusammen, was zusammengehört« –, als »Verlierer der Geschichte«, mitgenommen haben. Maske, einer der fausthart zeigt, was der Osten draufhat. Ein Boxer, der diese Inanspruchnahme und Identifikation nachvollziehen kann, sie aber mit Distanz betrachtet: »Das Aushängeschild schlechthin zu sein wäre mir zuviel.« Maske weiß sehr genau, daß er kein exemplarisches Beispiel, sondern eher die Ausnahme ist. Er sei »eigentlich der Gewinner der Wiedervereinigung«, sagt er der »Frankfurter Allgemeinen Zeitung« und schiebt gegenüber dem »Spiegel« nach: »Ich habe nur eine folgerichtige Entwicklung durchgemacht. Ich bin kein Ostler mehr, sondern mittlerweile deutscher Staatsbürger.«

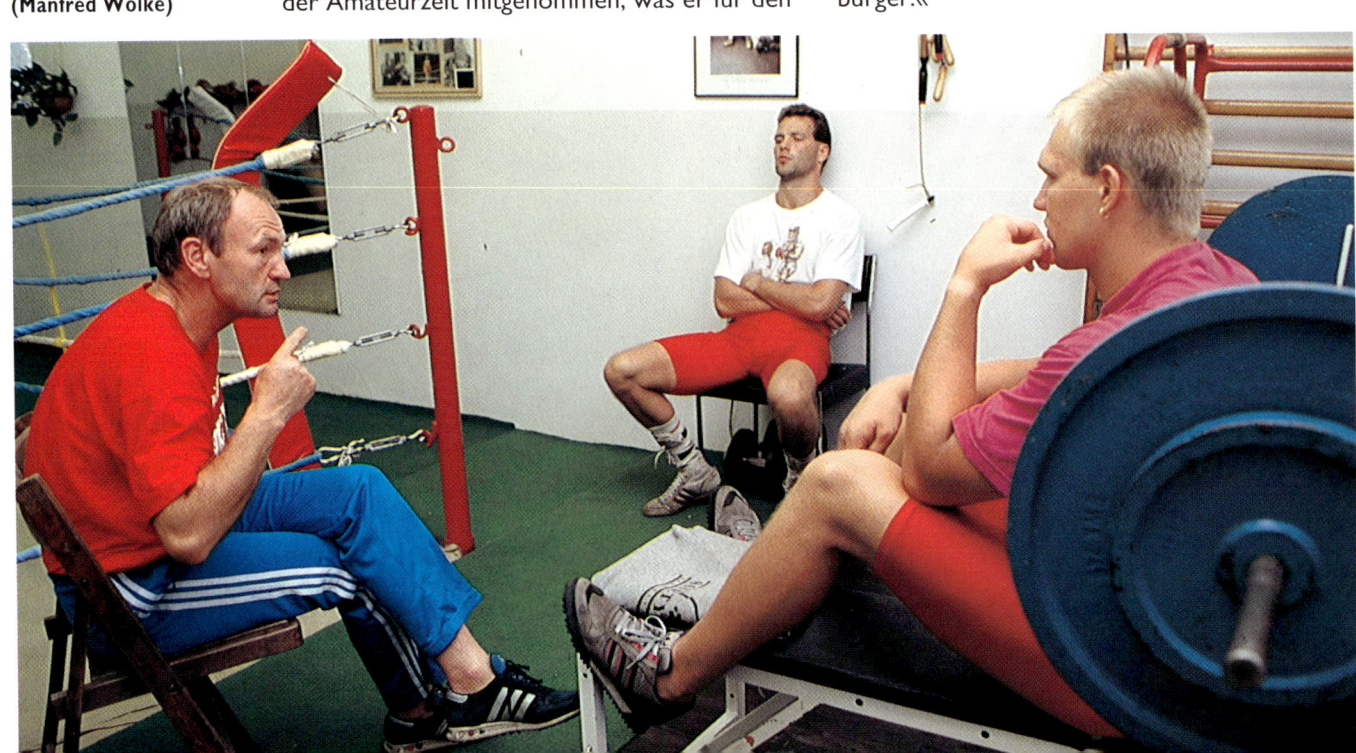

Henry Maske ist ein Arbeiterkind, sein familiäres Umfeld, die individuellen Schicksale schützen ihn vor einem pseudoparadiesischen Zerrbild der neudeutschen Wirklichkeit. Sein Vater, einst Kranschlosser, fährt heute Fleisch aus, seine Mutter verkauft Schuhe in Ludwigsfelde.

»Ich hoffe, daß ich meinen Henry heil wiederbekomme«, sagte sie schlicht, als der zu den Berufsboxern wechselte. Anders als der Maske-Vater bleibt sie bei den Kämpfen des Sohnes zu Hause, meidet sogar den Blick zum Fernseher – und kann erst tags darauf das Video verkraften.

Henry und der Neuanfang: »Ich hatte meine Chance, und ich habe sie genutzt. Andere hatten diese Chance nie. Für die gab es Beschäftigungstherapien, Umschulung oder Arbeitslosigkeit. Für sie wurde keine Vorsorge getroffen, um ihnen ihre Qualität an Leben zu erhalten.«

Maske hat den Sprung in die Marktwirtschaft geschafft, auch »weil wir im Sport in der DDR schon lange vorher Marktwirtschaft hatten«. Er brauchte im Grunde nur das tun, was spätestens mit seinem Wechsel an die KJS in Frankfurt (Oder) sein Alltag wurde: Leistung bringen. Dazu gehörte auch Glück, wie er zugibt. Zum Beispiel das Glück, das in seinem »Beruf« Leute schwerer ersetzbar sind als anderswo. Spitzenleute sowieso. »Ich habe niemandem einen Arbeitsplatz weggenommen«, sagt Maske, »ich habe mir meinen geschaffen.«

Der Meisterboxer ist weder »Wendehals« noch DDR-Nostalgiker. Schon im November 1989 ist er aus der Staatspartei ausgetreten, gemeinsam mit Trainer Wolke. Enttäuscht weniger von den Idealen – »da gab es doch sehr gute Gedanken« –, sondern vielmehr von der Verlogenheit derer, die sie am lautesten verkündeten. Die ihr Volk, Henry Maske eingeschlossen, schamlos benutzten wie leblose Schachfiguren in einem Macht-Monopoly. Bauernopfer, wenn

nur der König samt Gefolge weiter residierte. Die Ideale hat der Frankfurter nun in der Schublade für »Utopisches« abgelegt und durch handfesten Pragmatismus ersetzt. »Der Mensch ist doch so, daß er den anderen übertreffen will«, bekundete er gegenüber der »Zeit« Erkenntniszuwachs. »Das muß man gar nicht negativ sehen. Der Mensch ist strebsam. Er will in einem gesunden Machtkampf der Bessere sein.« Daß die gewonnene individuelle Freiheit ihre ökonomischen Grenzen hat, bleibt ihm indes nicht verborgen: »Heute können Sie sich hinstellen und sagen, der Kohl ist ein Arschloch. Es tut Ihnen keiner was. Aber haben Sie dadurch etwas bewirkt? Dort, wo Sie täglich zu tun haben, an Ihrem Arbeitsplatz, müssen Sie doch die Klappe halten.«

Maskes Arbeitsplatz ist der Ring, die Boxhalle, das Trainingscamp. Weltmeister ist er auch geworden, damit er nicht die Klappe halten und simpler Befehlsempfänger sein muß. Ein Champion gibt selbst den Takt an. Daß er für die Menschen im Osten Vorbild und Hoffnungsträger ist, ehrt ihn und läßt ihn zugleich Belastung und Riesenverantwortung empfinden. Er habe sich zum »idealen Ostprodukt« gestylt, schrieb eine Zeitung nach dem Sieg gegen Williams – »ein Volksheld als bekennender Ossi«. Das setzt Kalkül voraus, das man Maske nicht unterstellen darf. »Ich habe mich zu gar nichts gestylt. Ich bin ich – und das wird immer so bleiben. Was ist das überhaupt, ein Ostprodukt? Ist das einer, der seine Herkunft nicht vergißt, mit seinen Nachbarn umgehen kann, sich mit Otto Normalverbraucher an den Biertisch setzt? Wenn ja, dann bin ich stolz darauf. Ansonsten sind für mich die Leuten hüben und drüben gleich.«

Zuordnungen ohne Zwischentöne mag Maske nicht. Ein Entweder-Oder, entweder du bist für uns oder gegen uns, das hat er lange genug in

Nach dem Sieg über Charles Prince Williams: Gruppenfoto mit den Nachbarn im 15. Stock des Neubau-Blocks in der Prager Straße.

hier zeigt. Weit raus, also weit raus aus der Distanz, die der Amerikaner bevorzugt, weit raus aus der Halbdistanz. Weg und treffen.

Es ist hier die teuerste Boxveranstaltung, an die sich der deutsche Sport erinnern kann. Es gibt ein imponierendes Gesamtbudget. Auch die Medienbeteiligung ist für deutsche Verhältnisse sensationell, es sind mehrere ausländische Sender angeschlossen.

Geben Sie mir recht? Maske gibt nichts ab, er trifft, er trifft.

Die letzten drei Tage vor diesem Kampf hat er sich ganz zurückgezogen, der Medienrummel wurde ihm zuviel. Er hat sich konzentriert. Er hat vielleicht mit seinem Trainer alles noch hundertmal durchgesprochen, vielleicht noch einmal die Kampffilme des Amerikaners studiert und sich eingeprägt, was er machen muß. Und wenn sein Trainer auch mal die Hände ringt, weil er das Konzept nicht ganz befolgt, er boxt imponierend.

Letzte halbe Minute in der vorletzten Runde. Maske ist etwas frischer. »Box, box!« schreit der Ringrichter. Damit will er das Halten und Klammern – den Clinch – unterbinden.

Jetzt hält Maske. Auch er braucht natürlich eine Verschnaufpause. Die 11. Runde ist zu Ende, und ich weiß nicht, was der Amerikaner mit dieser Bewegung andeuten wollte. Daß er schon gewonnen hat? Das ist natürlich mit Sicherheit falsch.

der DDR gehabt. Alle Ossis sind faul, alle Wessis arrogant. Alle Ossis sind unbeweglich, alle Wessis verlogen. »Daß Herkunft allein den Charakter bestimmt, ist doch totaler Quatsch.« Im Westen hat Maske längst Freunde gefunden, im Osten Freunde behalten. Hier wie da gibt es Leute, die er nicht ausstehen kann, »eine ganz normale Geschichte«.

Bis Ende 1994 hat Henry Maske im Frankfurter Neubau-Schick gewohnt. Im 15. Stock eines Plattenbau-Hochhauses, auf 65 Quadratmetern mit Frau und zwei Kindern. Anonymität des Daseins: Es brauchte Minuten, ehe das Klingelbrett-Puzzle zusammengefügt, alles abgegrast und die schlichte Verkündung »Henry Maske« ausgemacht war. Ein Weltmeister unter Eisenbahnern, Fahrlehrern, Fahrkartenverkäuferinnen, Handelskauffrauen, Umschülern, Jobsuchenden. Ein Mitglied der »Hausgemeinschaft«, wie man es dazumal genannt hätte. In der Diele, von der die Wohnungen abgehen, steht eine Sitzgruppe, an der Wand auf einem Bord ein Fernsehgerät. An der Decke ist in einem Kreis zu lesen: »1.10.1988 Seoul – Olympiagold, Henry Maske«.

Gefeiert wurde im Kollektiv, »und die Feiern hatten es in sich«, erzählt Maskes ehemaliger Nachbar Jürgen Raschke, einst zehn Jahre Bauleiter und heute in einer Qualifizierungsgesellschaft beschäftigt, mit dem unüberhörbaren Bedauern, daß das wohl nun mit dem Auszug der Weltmeister-Familie vorbei ist. »Bei uns hier oben, da standen alle Türen offen«, erinnert er sich an die besondere Etagen-Harmonie. »Wer wollte, kam raus und hat gequatscht, wer nicht, der blieb in seiner Bude. Und wenn Henry nach einem Erfolg zurückkam, dann haben wir den roten Teppich ausgerollt, Blumen geholt und Beifall geklatscht.« Den Weltmeister-Gürtel, den Maske Williams abgenommen hatte, durften alle mal um die mehr oder weniger schlanken Hüften legen. Man fuhr zusammen mit dem Kleinbus in den Wörlitzer Park, Dampfer auf der Berliner Spree, legte auf der Etage Matratzen aus und absolvierte unter der Anleitung von Henrys erster Frau Anke, erst Krippenerzieherin und später Physiotherapeutin beim ASK, anhand aus Holland mitgebrachter Videokassetten Aerobic-Lektionen, mit Kind und Kegel. »Ein Mordsspaß«, sagt Raschke und erzählt mit hintersinniger Freude, wie er Maske mal bei einem gemeinsamen Angeltrip reingelegt und einen Drei-Pfund-Karpfen an den Haken gebunden hatte. »Da war ich Sieger«, grinst er heute noch. Wie die anderen schwört er auf Maske, schätzt ihn dafür, daß er »einer von uns« geblieben ist. Der habe sich auf »seiner Etage« immer sehr wohl gefühlt – ob als sportlicher Lehrling, ob als Olympiasieger, ob als Profi-Weltmeister.

Und Maske wußte zu schätzen, was er an seinem Zuhause hatte. Zu unterscheiden zwischen »echt« und »falsch«, zwischen »Wahrheit« und »Phrase« hatte er im realen Sozialismus gelernt. Zunächst im Kleinen, in seinem angestammten Metier, dem Sport. Auch da gab es den tagtäglichen Umgang mit Anschiebern und Verhinderern, mit Marschierern und Trittbrettfahrern, mit Aufrechten und Lügnern. Die Guten ins Töpfchen, die Schlechten ins Kröpfchen. Armee, Spitzensport, Partei – die DDR hat Maske wie im Brutkasten er-

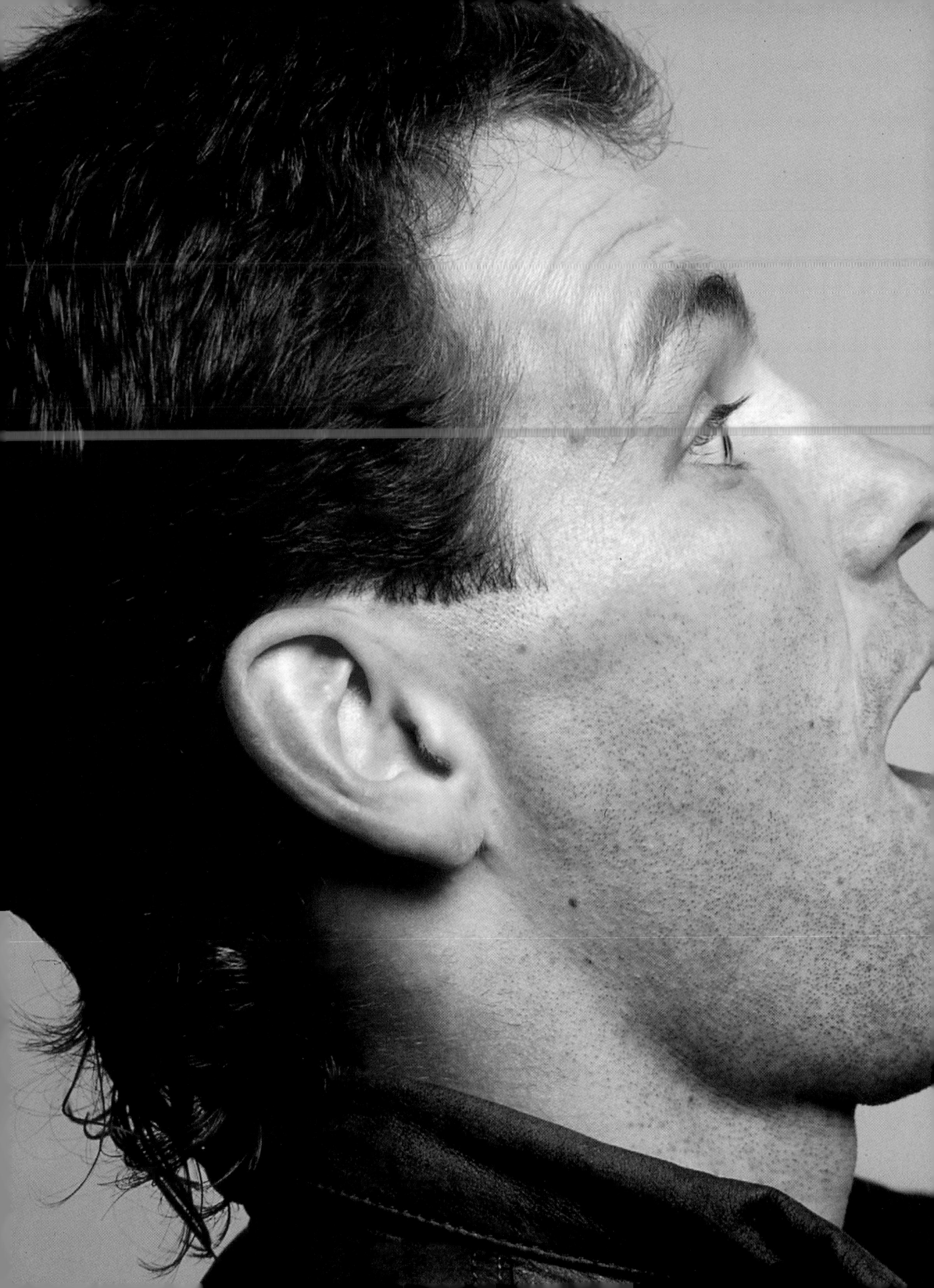

lebt, die schwiemelige Geborgenheit und Kreativität oft behindernde Scheinsicherheit lag wie eine Käseglocke über dem simplen Mühen der Ebene. An den vorhandenen Gestank hatte man sich gewöhnt, weil man frische Luft nicht kannte. Stasi, Doping, Tristesse – der Champion, der nichts weiter wollte als seinen Job gut machen, sollte später auch für andere die Vergangenheit mit bewältigen. Seine Akte, von der er sicher ist, daß sie existiert, hat er bis heute nicht eingesehen. Erstaunlicherweise auch die sonst eifrigen Enthüllungs-Journalisten nicht. Respekt vor einem Meisterboxer, dessen gerader Weg im Ring auch keiner Lügen im Leben bedurfte? Maske scheut das Thema nicht. Aber er braucht es auch nicht. »Für mich persönlich würde sich danach bestimmt nichts ändern. Es ist vorbei. Ich muß von dem leben, was die Zukunft bringt.«

Wolke und Maske galten trotz – oder gerade wegen – ihrer Amateur-Erfolge in der DDR als unbequem, eigensinnig, schwierig. Das war zum einen darin begründet, daß man boxerisch eigene Wege ging, zum anderen, daß sich vor allem der Coach nicht in seine Arbeit hineindirigieren ließ. »Auch wenn hier ein General in die Trainingshalle kommt, gibt es nur einen, der die Befehle gibt, und das bin ich!« war Manfred Wolkes Devise. Das machte logischerweise mehr Feinde als Freunde, und beide sind sicher, daß das Leninsche Prinzip »Vertrauen ist gut, Kontrolle ist besser« um sie keinen Bogen machte. »Es gibt Beispiele von Sportlern, die durch die Umstände gezwungen wurden, bis zu einem bestimmten Punkt mitzumachen«, weiß Maske.

»Ich bin glücklicherweise nie irgendwo in einen Konflikt geraten. Ich bin nicht der Typ, der jemandem auf diese Weise schaden könnte, aber ich bin froh, in diese Situationen gar nicht erst gekommen zu sein. Mich interessiert meine Akte überhaupt nicht, denn ich hatte nie das Gefühl, irgendwo betroffen zu sein. Was würde es mir helfen, wenn ich wüßte, daß Freunde und Bekannte Zuträger waren und mich in irgendeiner Weise beeinflußt haben? Das würde mein Leben morgen nicht mehr verändern.« Der Box-Champion sieht darin keine Verdrängung von Geschichte oder Biographie, er weiß sehr wohl, daß die nicht erst mit der Inthronisation als Profi-Weltmeister beginnt. Doch für den »Mathematiker zwischen den Seilen« ist der große Gesellschaftswandel nicht zuvörderst das Ende, dem nichts als rückwärtsgewandte Abrechnung folgen muß.

Für ihn ist es der Anfang, die Entdeckung der »neuen Welt«. Wie Columbus' »Eroberung des Paradieses«. Der Aufbruch ins ungewisse Irgendwo, die Versuchung des Schicksals, die Belohnung des Risikos, die Entdeckung, daß der Horizont weiter wird, je mehr man sich hinauswagt. Maske hat diesen Mut: »Ich bin der Typ, der eine richtige Aufgabe braucht.« Mut, der auf dem Boden innerer Ausgeglichenheit wächst. Der Boxer bewegt sich in einem Umfeld mit fest abgesteckten Koordinaten. Sicherheit, die er braucht, um im Ring alles wagen zu können. Sicherheit, die ihm die Angst vor dem Fall ins Bodenlose nimmt.

Drei Menschen nennt er, »ohne die ich diese ganze Entwicklung nicht durchgestanden hätte«: Wolke, Sauerland und seine Frau Manuela, als Elektronik-Facharbeiterin in Fingerspitzengefühl ausgebildet. »Sie ist vom Charakter so positiv geprägt, daß ich die Gedanken, daß die Geschichte vielleicht doch nicht so richtig für mich sein könnte, immer wieder überwand.« Sie ist bei den Kämpfen dabei, sooft es nur möglich ist. Und begeistert, »wenn Henry seinen Sport erklärt und darstellt«. Er würde, sagt er, seine Box-Karriere sofort beenden, wenn Manuela das so wollte. Will sie aber nicht, im Gegenteil: »Manchmal sähe ich es gerne, wenn er im Ring noch etwas mehr aus sich herausgehen würde.« Sie sei »die Person an meiner Seite, die absolut zu mir paßt«, meint Henry, und »Frau Weltmeister« bestätigt das ungewollt mit ihrem Statement: »Es war richtig, daß er zu den Profis gegangen ist. Ich bin stolz, wie er das getan hat, wie er die Amateurzeit hinter sich gelassen und sich ein neues Ziel gestellt hat. Und daß er dabei der Alte geblieben ist …«

Daß die Beziehung zwischen den beiden eine rundum glückliche Verbindung ist, beweist sich nicht nur im Ehealltag. »Seitdem ich da bin, hat er noch nie verloren«, sagt Manuela Maske. Die Heirat am 17. März 1990, einen Tag vor den ersten demokratischen Wahlen in der DDR, benennt Henry Maske als glücklichsten Tag seines Lebens. Danach folgt die Geburt seiner zweiten Tochter Sarah am 5. April 1993, weil er da im Kreißsaal dabeisein durfte – mitgebar, mitfühlte, mitlitt, mitweinte. Erst an dritter Stelle folgt der 20. März 1993, jener Tag, an dem er in Düsseldorf mit dem Sieg gegen Charles Prince Williams Weltmeister der Berufsboxer wurde.

Henry Maske ist ein Familienmensch. Erbgut aus dem Elternhaus. Wenn es zu Hause stimmt, dann wird die Problemlast draußen kleiner. Familie ist für Maske das Refugium, wo er dem öffentlichen Raum entfliehen kann. »Bis zu einem bestimmten Punkt ist das alles ganz nett, weil es ja Anerkennung ausdrückt, aber irgendwann kann es auch zur Belastung werden.« Deshalb hält er Öffentlichkeit raus aus dem, was nicht mit seiner Aufgabe, seiner Arbeit – Boxen eben – zu tun hat. Ehefrau Manuela, die Töchter Lina, die im Juni 1995 fünf Jahre alt wird (»Eine richtige kleine Kämpfernatur, sie ist Henry sehr ähnlich«, sagt Manuela), und Sarah – »das ist privat und soll privat bleiben«. Wobei der Weltmeister immer häufiger feststellen muß, daß es »nicht mehr so leicht ist, privat zu leben«. Frankfurt (Oder), deutscher Vorposten weit im Osten, gibt ihm dafür mit seiner Abgeschiedenheit allerdings mehr Möglichkeiten als zentraler gelegene Großstädte, die ihm vom Manager Wilfried Sauerland angedient worden sind.

Köln war im Gespräch, wegen seiner Nähe zum Boxsender RTL, Düsseldorf, das andere Frankfurt am Main. Maske blieb in der reizlosen Oderstadt, und Sauerland bedauerte später diplomatisch, den Heimatort seines Vorzeigeboxers mal »als unglücklichsten Platz, an dem man überhaupt wohnen kann«, bezeichnet zu haben. Als Idyll sieht Henry Maske Frankfurt (Oder) sicher nicht, als Zuhause schon. Man kann die Heimat nicht wie eine Hose wechseln. »Ein Umzug mag Vorteile bringen, aber man gibt dabei auch viel auf«, begründet er seine Seßhaftigkeit. Die wurde auch nicht brüchig, als die Stadtväter ihrem Aushängeschild wenig Zuwendung zuteil werden ließen. Zwar durfte sich Henry am 21. März 1993, dem Tag nach seinem WM-Kampf gegen Williams, ins »Goldene Buch« Frankfurts eintragen (Ehrenbürger war er noch aus DDR-Zeiten), aber bei der Suche nach einem geeigneten Haus oder Grundstück übte man zum Ärger des Champions Zurückhaltung. Der »Umzug im kleinen« aus

Die Mühen der Ebene, ehe der Gipfel des Erfolges winkt: Muskelanspannung von den Zehen- bis in die Haarspitzen. Maske boxt mit Kopf, aber ohne Kraft gewinnt auch der nicht allein.

Nur, wer sich quälen kann, wird im Ring der Triumphator sein.
Henry Maske besiegt sich zigmal selbst, ehe er den Gegner besiegt.

dem Neubau-Massenquartier in ein nur 500 Meter entferntes frischrenoviertes Haus (»Ich muß nicht mal meine Kaufhalle wechseln«, so Maske) mit 150 statt 65 Quadratmetern Platz und einem Garten als Tobewiese für die Kinder hat auch da für Änderung gesorgt. Jugendstil-Villa, las man in einigen Zeitungen. Was Maske aufregt, »weil es klingt, als ob wir jetzt abheben«. Dabei sei es doch auch nur eine Mietwohnung.

Henry Maske – erfolgreich, selbstbewußt, bodenständig, intelligent, bescheiden, ehrlich, zuverlässig, gefühlvoll, ehrgeizig. Das Charakterbild des 31jährigen weist offenbar kaum Mängel auf. Weltmeister Maske, Mensch Maske, Athlet Maske, Denker Maske, Ehemann Maske – einer, der allen Rollen gerecht wird und dabei keine Rollen spielt, sondern nur sich selbst. Ich bin ich: »Ich denke und rede als Original.«

Günther Jauch, TV-Moderator und im Februar 1995 in Frankfurt/Main beim Fight gegen Marcus erstmals live vor Ort bei einem Maske-WM-Kampf, ist vom Charisma des Champions beeindruckt. »Boxen hat in Deutschland einen Namen – und zwar Henry Maske. Der Mann hat mehrere Vorteile: Er boxt sehr ordentlich, er sieht gut aus, er macht das alles sehr sympathisch – und er redet vor allem keinen Stuß. Damit ist Boxen aus der Schmuddelecke raus und gilt nicht mehr so als Prollsport.«

Seit Maske das Berufsboxen repräsentiert, haben die Vereine bis zu 50% mehr Zulauf von plötzlich Faustkampf-Hungrigen. Kinder und Jugendliche vor allem, aber nicht nur. »Bei uns kommen die Leute, die vom Maske-Boom angezogen werden, vor allem aus dem Management«, berichtet Jens Hoyer, Vereinsvorstand in einem Hamburger Klub. »Das sind 40- bis 50jährige, die sich vor allem von der stilistischen Seite des Weltmeisters angesprochen fühlen.«

Boxen ist wieder gesellschaftsfähig, Maske ein »Champion für die ganze Familie« (Wochenpost). Vielleicht ein größerer Triumph des Frankfurters als alle seine WM-Auftritte zusammen. Kämpfe wie die Supermittelgewichts-Weltmeisterschaft am 25. Februar 1995 zwischen dem britischen Titelverteidiger Nigel Benn und dem US-Amerikaner Gerald McClellan, bei dem Maske in London Augenzeuge war, bezeugen, wie unendlich wichtig der Deutsche für die Reputation dieses Sports ist. Eine brutale Ringschlacht endete damit, daß McClellan in die Klinik eingeliefert wurde, nach schweren Kopftreffern mehrere Stunden am Gehirn operiert werden mußte. Maske, der ein Knockout als einen Moment beschreibt, »wie wenn man mit dem Kopf heftig gegen einen Türpfosten stößt«, war nach Serien härtester Schläge auf die Körper beider Boxer entsetzt: »Das ist nicht mein Niveau. Ich lasse mich auch im Ring nur von meinem Kopf steuern. Man darf unseren Sport jetzt nicht verteufeln. Ich habe bewiesen, daß Boxen nichts mit Zerstörung zu tun haben muß.«

Der neu aufgebrochene Streit um die Daseinsberechtigung des Berufsboxens braucht Argumente wie das Vorbild Henry Maske. Faustkampf als Charakterschule, das Maske-Credo. »Verantwortung übernehmen«, für sich selbst, für den unterlegenen Kontrahenten. »Man kann ihm zeigen, du hast dir eine Blöße gegeben, aber das ist auf eine nicht verletzende Art möglich.« Vielleicht kann sich der Champion allein wegen dieser Auffassung seines Sports nicht so schnell verabschieden: »Ich bin ein Mann geworden, der nicht nur oben

anbimmelt, sondern der da oben steht und in der Lage ist, seine Leistung ständig zu wiederholen.«

Maske gibt sich selbst als Lebensmotto vor, nie sein Anspruchsdenken zu verlieren. Wichtiger, als es anderen zeigen zu wollen, sei, daß man an sich selbst glaubt, sagt er als Profi-Weltmeister. Und er ist damit in der Tat der gleiche geblieben, der er schon vor zehn Jahren als aufsteigender Amateur war. »Der ständige Kampf mit sich selbst, ja, der macht Spaß«, hatte er damals bekundet. Schon einigermaßen unüblich für einen, der gerade mal 20 Jahre alt geworden war. Aber was ist schon üblich an Henry Maske?

Nur der Wechsel ist beständig:
Henry Maske – immer ein anderer,
und doch stets der Gleiche.

12. Runde
Zukunftsmusik:
Do it again, Henry!

Das Ende aller Leiden ist der Anfang neuer Leiden. Vor allem aber erst mal das orgiastische Gefühl des Triumphes. Des Sieges gegen den starken Kontrahenten, des Sieges über die eigene Erschöpfung, den Drang, die Fäuste sinken und sich einfach fallen zu lassen. Eine Dreiviertelstunde nach Mitternacht, nicht mehr am 20. März, als der Kampf begann, sondern am Tag danach, schrie es Ringsprecher Jochen Hageleit in den Dunst der Philipshalle, in die vor Erregung kochende, tobende Menschenmenge: »Und hier das Urteil: Neuer Weltmeister im Halbschwergewicht – Henry Maske, Deutschland!«. Werner Schneyder, wie 7000 bewegt, mitgerissen, erhoben, versuchte vor dem

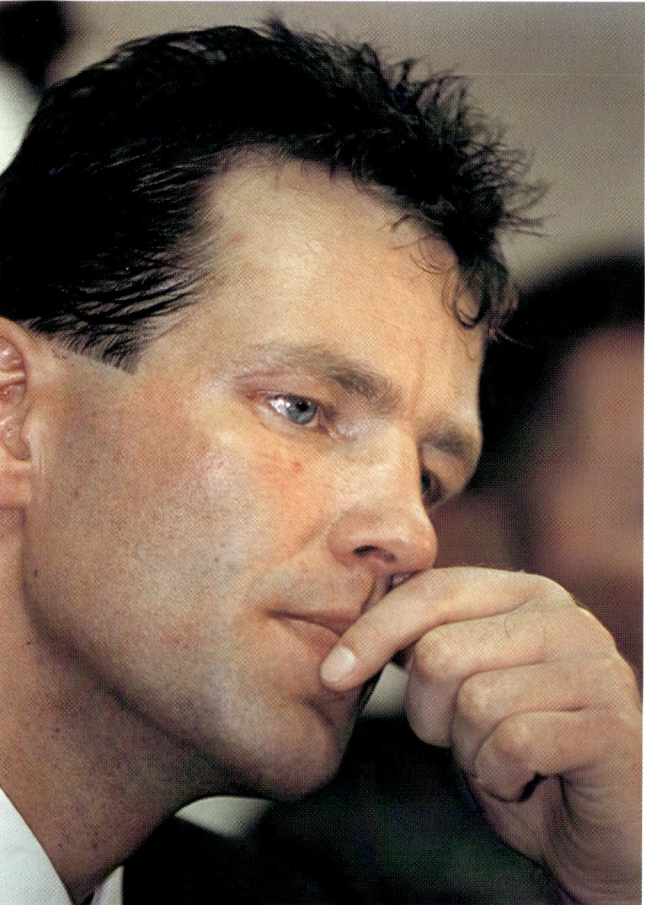

RTL-Mikrofon ein paar Stunden im Dasein des Boxers Maske in ihrer Bedeutung festzuhalten: »Er hat sich den vom Schicksal und von den politischen Zeitläufen aufgezwungenen Traum seines zweiten Lebens verwirklicht.« Eine Momentaufnahme in einer Biographie, die für den Außenstehenden wie ein exakt eingehaltenes Kursbuch aussieht, in dem nun pünktlich die Endstation erreicht ist. Für Maske aber ist auch die nur ein Zwischenstopp. Einer, den er genießt, weil er weiß, daß er dafür viel mehr als nur 12 Runden investiert hat. Dafür hat er geschuftet, geflucht, dafür ist er durch die Hölle gegangen. Hat verbissen auf den Sandsack getrommelt, Tag für Tag vier, fünf, sechs Stunden.

Ein lebloser Gegner, der nie aufgibt. »Wenn ich auf ihn einschlage«, sagt Muhammad Ali, »habe ich das Gefühl, daß er mir das überflüssige Gewicht vom Körper reißt. Er nimmt mir Gewicht, festigt meinen Bauch, macht meine Taille schlanker und stärkt meine Muskeln. Er kräftigt meine Gelenke, meine Fäuste, meine Knöchel. Wenn ich nicht ununterbrochen auf ihn eindresche, während er auf mich zupendelt, habe ich das Gefühl, zu schummeln.« Henry Maske schummelt nicht, auch »wenn das ein verdammt harter Job ist, für den man nicht jeden Tag die gleiche Lust entwickelt«. Da fängt es an, da muß man sich bezwingen – oder man gehört später nicht zu den Siegern. Zig Runden hat Maske in seinen Kampfvorbereitungen Sparringspartner durchs Seilgeviert geboxt. Finten, Kombinationen, Geraden, Haken, die Deckung geprobt. Müde, abgeschlafft, mit der Sehnsucht, daß endlich alles vorbei sein möge. Die 10., die 11., die 12. Runde – wenn er um die Weltmeisterschaft kämpft, muß er auf alles vorbereitet sein. Wird müde sein und die Gegner dennoch besiegen. Kilometerlang ist er in den Wochen davor wie in Trance ums Rundenkarussell des tristen Frankfurter Trainings-Sportplatzes gerannt. Schwere Beine, keuchender Atem, im Mund säuerlicher Speichel. Hat sich am Barren mit muskelzerreißendem Widerstand nach oben gestemmt, die 10-Kilo-Hantelscheibe an den Beinen mitgezogen. »Warum machst du das alles, fragt man sich dann in einigen Momenten«, erzählt Maske über Augenblicke, die nur er kennt. »Aber wenn einer käme, und sagt, ›Henry, du brauchst heute nicht‹ – ich würde nicht aus dem Ring gehen.«

Muhammad Ali hat seine Kampfstrategie vor mehr als 20 Jahren so beschrieben, wie es Maske heute tut: »Ich will, daß Körper und Geist zusammenarbeiten.« Auf alles vorbereitet sein, was der Gegner eventuell auftischen könnte. »Und ich weiß, daß das, was ich ihm auftischen werde, über seine Kräfte geht. So sieht es aus, wenn sich ein Boxer auf einen Kampf vorbereitet.« So arbeiten die Großen des Metiers. Ali

damals, Henry Maske heute. Boxer, die nicht die Regie des Zufalls zum Champion gemacht hat, sondern ihre besessene Konsequenz, der Beste im Ring zu sein.

Zwei, drei Jahre will Maske noch boxen, dann möglichst ungeschlagen abtreten. Wer werden seine nächsten Gegner sein? Der Frankfurter muß niemandem mehr etwas beweisen, außer sich selbst. Immer wieder hat er sogenannte »Unification«-Kämpfe gegen die Weltmeister der anderen Profibox-Verbände gefordert. Immer wieder ist man Maskes Vorschlag, den »Champ der Champs« zu ermitteln, aus dem Wege gegangen. Auch ein Fight in den USA ist derzeit kein Thema. »Für Halbschwergewichtler werden in den USA nur Börsen gezahlt, die wir auch in Deutschland zahlen können«, sagt Manager Sauerland. »Da ist es einfacher, einen Herausforderer nach Deutschland zu bekommen, als den Weltmeister in den USA boxen zu lassen. Wir haben auch da keine Angst. Aber wenn es nicht nötig ist, warum soll man es machen?« Maske selbst allerdings bezeichnet eine Titelverteidigung im Boxland Nummer eins als »Höhepunkt meiner Karriere«. Wichtige Voraussetzung dafür wäre aber die Gewähr fairer Kampfbeurteilung durch die Punktrichter. »Man hat nichts davon, wenn einem hinterher auf die Schulter geklopft wird, daß man der Bessere war – aber den Titel dann doch los ist.«

Also doch der Fight gegen den Berliner Graciano Rocchigiani, fast seit Henrys Profi-Start von der Boulevardpresse herbeigeschrieben und zum Duell nicht nur zwischen zwei grundverschiedenen Boxstilen, sondern zwischen »Gut« und »Böse«, zwischen »Gentleman« und kapriziösem Szeneliebling hochstilisiert?

Rocky und Henry, eine unendliche Geschichte, die nicht erst bei den Berufsboxern begann. Denn schon im Frühjahr 1981 kreuzte sich der Weg der beiden Faustkämpfer. Bei einem Juniorenturnier im polnischen Gniezno lautete die Finalpaarung im Halbmittelgewicht Maske kontra Rocchigiani. Der Frankfurter gewann – kampflos! »Ich kann mich bestens daran erinnern«, erzählt der »Unterlegene«, der schon zweieinhalb Jahre später, am 10. September 1983, als 19jähriger sein Profi-Debüt gab. »Ich hatte eine Verletzung an der Schulter, konnte deshalb nicht antreten. Für mich steht es damit in diesem Duell nicht 1:0 für Maske, sondern weiter torlos unentschieden. Ich habe auch keine Rechnung offen, weil ich ja gar nicht gegen ihn geboxt habe. Das Ding steht noch aus.«

Als Maske 1990 zu den Profis wechselte, wurde er »Stallgefährte« von Rocchigiani. Der war damals als Ex-Weltmeister (IBF, Supermittel-Gewicht 1988–1989) und Europameister der Hauptkämpfer bei den Veranstaltungen von

Wilfried Sauerland. Da stimmte die Welt noch für den Berliner, war die Hierarchie für ihn intakt: Maske im Rahmenprogramm, »Rocky« der gefeierte Mann im Mittelpunkt. Und der Ost-Aufsteiger, wohl wissend, daß man nicht über Nacht ein perfekter Berufsboxer wird, akzeptierte diese Rollenverteilung zunächst durchaus. Aus jener Zeit stammen Sätze für die Ewigkeit, weil sie sich so nicht wiederholen werden.

Im August 1990, Maske ist gerade mal fünf Monate Profi, lobte der Frankfurter den ungebärdigen Arbeitskollegen: »Es war absolut kein Zufall, daß er Weltmeister geworden ist. Er liegt natürlich in puncto Erfahrung mir gegenüber weit vorne. Also würde ich sagen, zur Zeit stehen die Chancen absolut für ihn. So hoch will ich momentan noch nicht greifen.«

Ein Vierteljahr später aber spürte Rocchigiani, noch das »Führpferd« bei Sauerland, bereits den Atem des kräftig an die Spitze galoppierenden Verfolgers im Nacken. »Ich brauche gute Sparringspartner und einen Trainer, der sich nur um mich kümmert. Schließlich war ich Weltmeister und bin noch unbesiegt. Herr Maske hat die Lobby, und ich werde ständig vernachlässigt. Das muß sich 1991 ändern«, grantelte er eifersüchtig.

Am 13. September 1991 erlebte Graciano dann seinen vorerst letzten boxerischen Höhepunkt. In Berlin verteidigte er trotz schwerer Verletzung und danach geschlossenem linken Auge seinen EM-Titel gegen den Holländer Alex Blanchard, den er mit einer Abbruchniederlage wieder nach Hause schickte. Maske war beeindruckt: »Graciano Rocchigiani bleibt die Nummer 1 in Deutschland! Boxerisch ist er nicht besonders aufregend. Aber seine Willenskraft war einfach unglaublich.« Zuvor allerdings hatte der Frankfurter Neu-Profi auch verbal seine Ansprüche angemeldet. Wegen der ständigen Eskapaden »Rockys« befragt, ob er bei dessen möglicher kurzfristiger Absage gegen Blanchard antreten würde, antwortete der Wolke-Schützling gar nicht gentleman-like: »Da ich nicht der Putzlappen von Rocky bin, werde ich das nicht machen. Hoffentlich tritt er gegen Blanchard an und gewinnt auch, denn der nächste, der ihn dann fordert, bin ich. Da muß er dann beweisen, daß er ein Kerl ist.« Maske-Trainer Manfred Wolke zeigte ebenfalls Flagge: »Wir sind davon überzeugt, daß Henry die wahre Nummer eins ist, weil er sich an Rocchigiani, der offensichtlich eine weitere Krise durchmacht, vorbeientwickelt hat.« Und als Maske im Dezember 1991 den britischen Ex-Europameister Tom Collins mit einem technischen K.o. in der 8. Runde ausboxte, da quittierte er den Beifall des Publikums selbstbewußt wie nie zuvor: »Heute war nicht Rocky, sondern Maske im Ring.« Der Gemeinte, der sich nach achtjähriger Zusammenarbeit Ende 1991 von Ma-

nager Sauerland trennte, nahm die Herausforderung nicht an, weil er sie nicht als eine solche ansah. »Sicher braucht er noch weitere Kämpfe, bis er soweit ist«, erklärte Rocchigiani gewohnt forsch und verwehrte dann dem Frankfurter den Kampf, den dieser so begehrte.

»Rockys« Fehleinschätzung hat Maske in den fast vier Jahren danach Fight um Fight, Schlag um Schlag, Sieg um Sieg eindrucksvoll widerlegt. Die Vorzeichen hatten sich umgedreht. Henry ist der Champion, der erfolgreichste deutsche Berufsboxer aller Zeiten. Der Mann, der die Konditionen bestimmt. Graciano Rocchigiani hatte Mühe, seinen Part als Nebendarsteller zu ertragen, versuchte, wenn schon die Fäuste nicht sprachen, seinem Intimfeind wenigstens mit verbalen Ausfällen weh zu tun. Feige sei der Maske, ein Langweiler. »Wenn der boxt, kannst du nach der 1. Runde ein Bier trinken gehen und zur achten wiederkommen. Versäumt hast du nichts.« Wut über den Erfolg des anderen, die sich tief in die Seele gefressen hatte. Selbst als Henry Maske die Kampfmaschine Ernesto Magdaleno kurzrundig bezwang, polterte Rocchigiani weiter: »Eine Verarschung. Magdaleno war doch eine Pflaume.« Dabei hatte der Frankfurter gerade bewiesen, daß er nicht nur ein Kopf-Boxer ist, sondern genau das auch hat, was als »Rockys« größter Vorzug gilt: Herz.

Der Berliner, nur einmal in den 39 Kämpfen seiner Karriere besiegt, blieb dennoch ein Dauerthema für Maske. Kein Interview mit einem der beiden Fern-Duellanten ging ohne Frage nach dem jeweils anderen ab. »Das bleibt so bis zum Karriere-Ende beider Boxer«, meinte Sauerland-Intimus Jean-Marcel Nartz. Es sei denn, man treffe sich doch einmal im Seilgeviert. »Doch es wird sich nichts tun. Wir brauchen ihn nicht, er braucht uns. Denn Henry Maske ist bereits Weltmeister.« Der Champion selbst setzte den sportlichen Wert der Begegnung eher als gering an. »Ich bin mit Leistung Weltmeister geworden, und ich bekomme mit Leistung die Hallen voll. Dazu brauche ich Graciano nicht.«

Dessenungeachtet war er immer für den Fight gegen Rocchigiani bereit, denn »seit ich Profi bin, steht der Kampf gegen ihn im Raum«. Maske hält sich trotz unangenehmer Erfahrungen in Statements über das ehemalige und Noch-Idol des Milieus dezent zurück. Er sei oberflächlich, nehme seinen Beruf nicht ernst, sagt er, setzt dann aber schon mal versöhnlich hinzu: »Ich denke, er ist reifer geworden. Wohl ein guter Kerl.« Und Henry, der Champion, weiß, daß, wie im Ring, genau getroffen mehr zählt als hart geschlagen. »Jetzt hat sich durch mich selbst schon Graciano Rocchigiani verändert. Ich habe es ihm doch vorgemacht, wie es geht. Er zieht sich doch jetzt auch einen ordentlichen Anzug an, obwohl er das sicher nicht gern macht. Kurz gesagt: Ich leiste für ihn Windschattenarbeit.« Nichts, womit sich »Rocky« begnügen könnte. Er will wieder raus aus dem langen Schatten des Champions.

Die unendliche Geschichte zwischen dem »Gentleman« und dem »Bad Boy«, man weiß es seit dem 4. März 1995, könnte nun doch ein Ende haben. Da unterschrieben Maskes Matchmaker Nartz auf der einen, Graciano Rocchigiano auf der anderen Seite jenen Vertrag, der ein Mega-Ereignis verheißt: Am 27. Mai sollen sich Maske, der Weltmeister, und Rocchigiani, der Herausforderer, in der Dortmunder Westfalenhalle im Ring gegenüberstehen. Ein Millionen-Seller, der auch den Beteiligten Rekord-Kampfbörsen verheißt. Eine Million für »Rocky«, anderthalb für Henry Maske. Aus dem »Phantomkampf« ist in den Medien ganz schnell der »Kampf der Giganten« geworden. Nach Posse, Drama, Schwank, Tragödie, Groteske und einer jahrelangen Komödie der Irrungen und Wirrungen hoffen nun Yellowpress, Peepshow-Voyeure, Geldzähler und echte Box-Fans auf das noch kurz zuvor so unerreichbar scheinende Happy-End.

Daß das Finale furioso des Zwei-Personen-Stücks in mehreren Akten indes nur für einen der beiden Ring-Kämpfer ein glückliches sein kann, liegt in der Natur der Sache und der brutal gerechten Logik des faustbewehrten Sportes. Fünf Angebote hatte Maske-Manager Sauerland der anderen Seite zuvor schon unterbreitet – Fehlanzeige. Erst mit der Unterschrift Graciano Rocchigianis an jenem März-Sonnabend im Berliner »Hotel Hamburg« – ebenda, wo am 8. März 1990 Henry Maskes Profi-Karriere begonnen hatte – fand das öffentliche Sandkastenspiel ein vorläufiges Ende. Ein Szenario, in dem man Börsen hin- und herschob, Fernsehanstalten um Senderechte stritten, Termine lanciert, sogar schon – wie beim Marcus-Kampf am 11. Februar in Frankfurt/Main – Ankündigungsplakate geklebt wurden.

Für »Rocky«, nach dubiosen Taschenspieler-Tricks in der Vergangenheit (Maske: »Ich ziehe mir keine Schuhe an, in denen keine Schnürsenkel sind«) und dem Vorwurf, zu kneifen, an seiner Boxer-Ehre gepackt, gab es kein Zurück mehr: »Mein italienisches Blut sagt mir, ich will diesen Kampf gegen Maske.« Sein Manager Klaus-Peter Kohl, Hamburger Imbißketten-Besitzer und einer der zehn reichsten Männer der Hansestadt, aber wollte nicht mehr. »Weil er genau weiß, daß sein Boxer gegen Maske nicht gewinnen kann und anschließend als Hauptkämpfer erledigt ist«, mutmaßt Nartz. Kohl, als Promoter an den Pay-TV-Sender Premiere gebunden, folgte dessen unauffälliger Regie, setzte Himmel und Hölle in Bewegung, um Rocchigiani von Maske fernzuhalten. Nicht ohne Erfolg. Am 13. März, gerade mal neun Tage nach dem Unterschriften-Akt, erwirkte Kohl bei der 18. Zivilkammer des Berliner Landgerichts eine Einstweilige Verfügung, die seinem Ex-Schützling für die Zeit bis zum 31. Dezember 1995 verbietet, Kämpfe ohne Einwilligung des Managers zu bestreiten. Andernfalls drohen dem eine halbe Million Geldstrafe, oder ersatzweise sechs Monate Haft. Der Fight des Jahrzehnts: Er platzt, er platzt nicht, er platzt, er platzt nicht … Geboxt jedenfalls wurde schon wochenlang vor dem geplanten Termin. Nicht mit freiem Oberkörper und offenem Visier, dafür durch Anwälte in eleganter Robe und mit Winkelzügen. Kohl forderte schließlich einen Kampf zu seinen Bedingungen, Sauerland Millionen-Schadenersatz, sollte der er ausfallen.

Für Graciano Rocchigiano war und ist letzteres kein Thema. Er hat wie ein Spürhund längst Witterung aufgenommen, wurde diesen »Geruch« von Maske nicht mehr los und folgte der Fährte: der Instinkt des Boxers. Der Berliner weiß, daß er diesen allgegenwärtigen Maske nur loswerden kann, wenn er sich ihm stellt. Eine Offerte Kohls mit einem 4,1-Millionen-Paket an Kampfbörsen in mehreren Fights lehnte er ab, nachdem er zuvor seinerseits einseitig den bis Dezember 1995 befristeten Vertrag mit seinem Manager aufgelöst hatte. »Der Kampf gegen Maske ist die Chance und die Herausforderung meines Lebens. Wer das nicht einsieht, versteht nichts vom Profiboxen«, begründete Graciano Rocchigiani seine Beharrlichkeit. »Ich trete überall gegen Maske an. Ich war Weltmeister, Maske ist es. Wir werden sehen, wer von uns beiden der Größte ist.«

Der Größte, das ist nicht des Frankfurters Sprache. Der Größere, das vielleicht. »Ich neige mehr zur realistischen Haltung«, sagt Maske über seinen vorsichtigen Umgang mit starken Worten. Zwar meint er noch immer, daß ein Vergleich mit einem der Konkurrenz-Weltmeister »sportlich sicher wertvoller« wäre, weiß aber sehr wohl, daß die Ring-Begegnung mit Rocchigiani »kein normaler Kampf« sein wird: »Sicher wird es hoch hergehen, vielleicht beißen wir uns sogar. Ich bin froh, daß die Sache endlich sportlich ge-

klärt wird.« Die Sache – scheinbar emotionslose Umschreibung einer besonderen Beziehung, die am 27. Mai 1995 – im Falle aller Fälle – an die Fäuste delegiert wird und die doch mehr als nackter Faustkampf ist. Lob bekommt Maske inzwischen in Ausnahmefällen sogar von Graciano Rocchigiani. »Gut geboxt, verdient gewonnen«, kommentierte der von Sauerland eingeladene Augenzeuge (Flug, Hotel und Karten für ihn und Frau Christine) des Kampfes zwischen Maske und Marcus. Beließ es aber nicht bei den vier Worten, sondern kündigte an: »Marcus hat sich die Taktik aufzwingen lassen. Diesen Fehler werde ich nicht machen und Maske schlagen.« Auch Dariusz Michalczewski, wie Henry Maske Profi-Weltmeister im Halbschwergewicht, allerdings in der umstrittenen WBO, hat sich schon mehrfach durch verbale Kraftmeierei hervorgetan. Maske kontert mit Florettstichen: »Es gibt in Deutschland offensichtlich Boxer, die nur in die

Schlagzeilen kommen, wenn sie meinen Namen ins Spiel bringen. Sie sollten vielleicht mal versuchen, Männer mit eigenem Profil zu werden.«

Profil – das hat Henry Maske schon lange gehabt, bevor er ins Lager der Berufsboxer wechselte. Und er hat es wider alle Prophezeiungen nicht verloren, als er durch die politischen Umstände plötzlich vom Meister noch einmal zum Lehrling degradiert wurde. Eine Rolle, die ihm nicht behagte, die er aber aus Einsicht in die Notwendigkeit mit derselben zielstrebigen Konsequenz ausfüllte wie den Part als Champion, als Primus unter seinesgleichen. Daß sich Maske dabei als boxerische Interpretation seiner selbst versteht, hat aus einer vermeintlichen Schwäche seinen größten Vorzug wachsen lassen. »Ich denke, es gibt Künstler, die die Werke anderer Künstler nicht verstehen, aber sie sind sensibel genug, die Form der Ausdrucksmöglichkeiten zu akzeptieren. Es ist überhaupt etwas Besonderes, sich auszudrücken. Schön wäre, wenn die Leute bereit wären, den Menschen Maske und den Kämpfer Maske als Einheit zu sehen.« Der Frankfurter ist eben kein Charakterzwitter, bei dem sich Leben und Ring in »Gut« und »Böse« auseinanderdividieren, dafür aber einer, der die Rufe zweifelhafter Fans am Ring – »Laß das Tier raus, mach ihn alle!« – fast zum Verstummen gebracht hat. Tiere können nicht denken, sagt er und überrascht zu-

nächsten Gegner personifizierte Herausforderung vor sich – eine Sinnstiftung, die plötzlich keine mehr sein kann, wenn die Boxhandschuhe für Henry Maske zum Requisit werden.

Was also kommt danach? Der Frankfurter weiß es nicht, noch nicht. »Da muß etwas gefunden werden, wo ich in irgendeiner Größenordnung, es muß nicht Weltmaßstab sein, wieder abrechnen kann. Etwas, was wieder großen Anspruch hat, was in Unruhe versetzt und was etwas Positives hat.« Maske wäre nicht Maske, wenn er nicht mit Bedacht, Zuversicht und ohne Angst auf diesen Tag zugehen würde. Auf eigene Faust.

»Ich hoffe, daß ich weiß, wann Schluß ist. Es gibt genug Große, die den Zeitpunkt verpaßt haben. Das selbst zu bestimmen wird schwer. Schließlich ist das mein Leben. Ich bin kaum älter an Jahren, als ich Boxer bin.« Einstweilen wird er weiter faustkämpfen, von zwei, drei Jahren ist die Rede. Deshalb auch gibt es noch kein Maske-Buch aus Maskes Feder. »Für Memoiren ist es doch noch viel zu früh. Da kommt noch einiges nach«, sagte er dem Autor des vorliegendes Werkes und fügte knapp hinzu: »Ich wünsche dir viel Glück beim Schreiben.« Danke!

Maske boxt weiter. Gut so! Die Boxwelt kann es gebrauchen, die Fans wird es freuen. Denen hat er bewiesen, daß

Noch eine Montage, aber schon nahe Verheißung: Henry Maske kontra Graciano Rocchjgiani (rechts). Als der Frankfurter Profi wurde, waren die beiden »Stallkameraden« bei Wilfried Sauerland (links). Damals war »Rocky« der Hauptkämpfer, heute hat Henry ihm den Rang abgelaufen.

gleich mit dem Bekenntnis, Stallones »Rocky«- und van Dammes Karate- und Kickbox-Filme zu mögen. »Weniger wegen der Storys als vielmehr wegen der dargestellten Verbissenheit, mit der man um Ziele kämpft, ihnen alles unterordnet. Das versuche ich auf mich zu übertragen. Es gibt keine Zwischenräume zwischen Gewinnen und Verlieren. Das ist knallhart, manchmal brutal, aber gerecht. Jeder ist da für sich selbst verantwortlich. Und ich will nicht verlieren ...«

Was kann nach dem Boxen kommen für einen wie Henry Maske? Viele Große des Sports sind nach ihrem Abtritt zerbrochen an der simplen Nichtigkeit des Alltags. Sind in das schier endlose Loch gefallen, das sich im Leben nach dem Ruhm auftat. Der Beste sein, gewinnen, immer die im

der Faustkampf nicht nur in harten Zeiten, in Wirtschaftskrise, Rezession und Depression Anziehungskraft haben kann. Wie oft wird Henry noch im Ring stehen? Achtmal, zehnmal, fünfzehnmal? »Es ist etwas, woran man sich nie gewöhnt«, sagt Ali. »Das ist immer wieder neu, jedesmal. Wie ein Raketenstart in den Weltraum. Wie die Entdeckung Amerikas. Wie eine Geburt. Als käme man aus dem Mutterleib.« Will Henry Maske länger amtieren als jener Charles Prince Williams, den er am 20. März 1993 in Düsseldorf entthronte, kann er nicht vor September 1998 abtreten. Egal, ob er dann tatsächlich noch durch die Seile klettert oder nicht, solange Henry Maske die Handschuhe schnürt, gilt für die Boxgemeinde nur eins: Do it again, Henry!

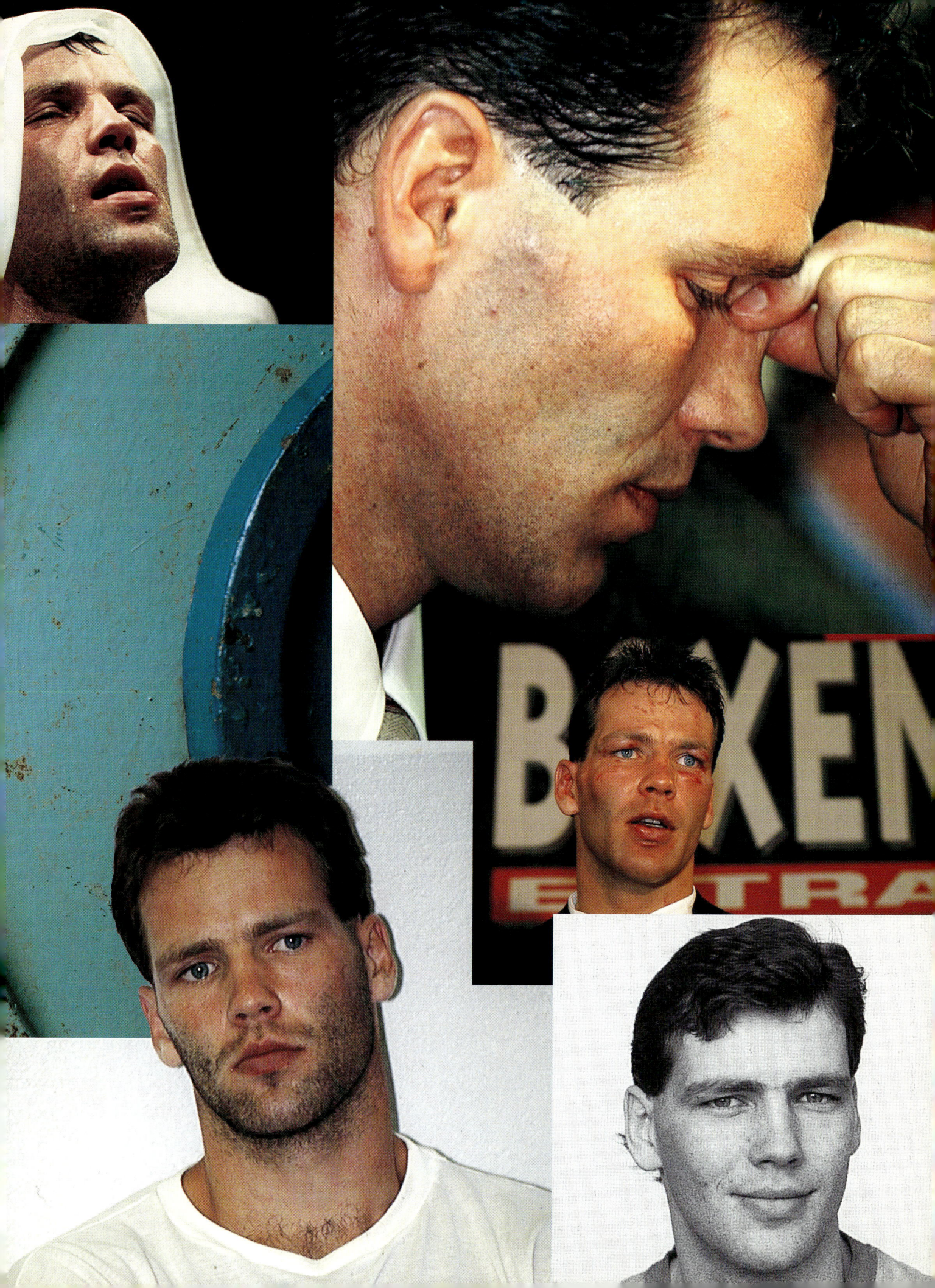

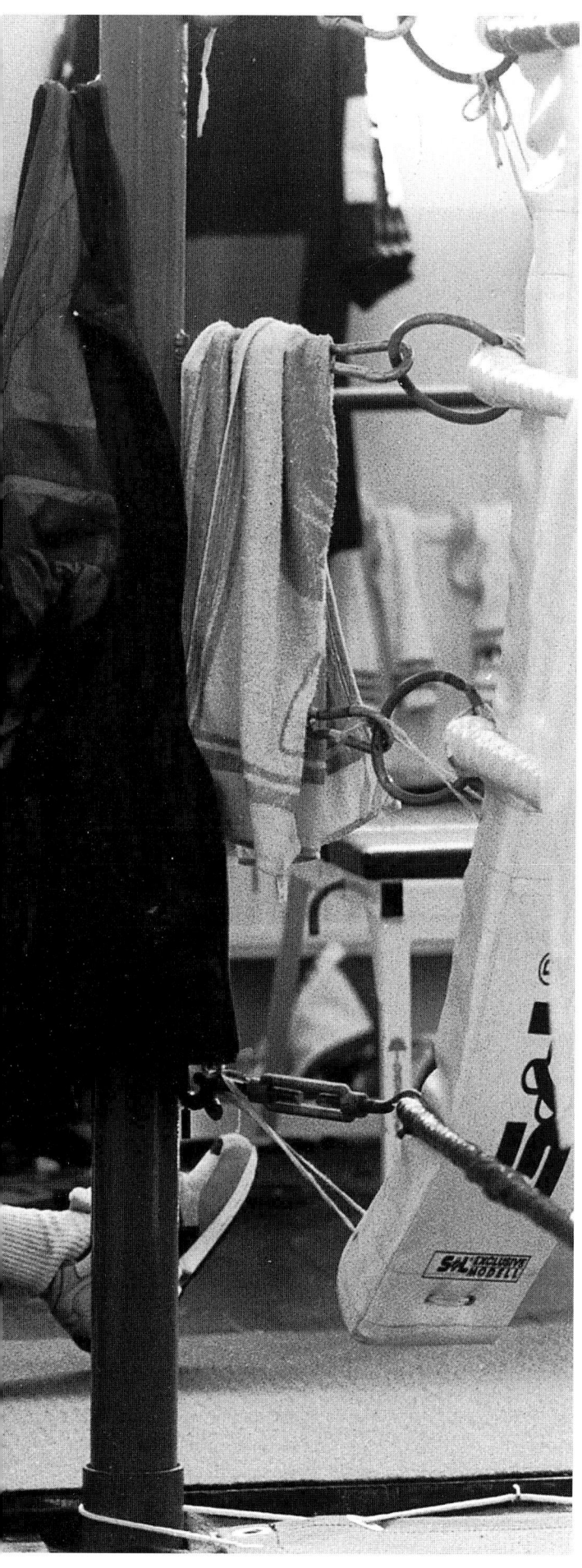

Statistik

Eine Vierteljahrhundert Boxen in Zahlen

Die Karriere Henry Maskes – vom Anfänger zum Champion

Der Amateur: 181 Kämpfe, 163 Siege, 18 Niederlagen

Henry Maskes 100 wichtigste Kämpfe als Amateur*

1970
Erstes Boxtraining als Sechsjähriger in seiner Heimatstadt Jüterbog

1971
Nach dem Umzug nach Ludwigsfelde: Boxer bei der BSG Motor, Übungsleiter Hans Hörnlein

1973
November: Henry Maske besteht als knapp 10jähriger erfolgreich das Vorboxen, gewinnt seinen ersten Kampf, im Dezember den zweiten

1977
Juli, DDR-Spartakiade in Leipzig:
Finale Altersklasse 13: Maske – Mammitzsch (Finsterwalde) n.P. (5:0).

1978
Mai, DDR-Meisterschaften Altersklasse 14 in Rostock-Reutershagen:
Finale: Maske – Hoyer (Gera) n.P. (5:0)
November, DDR-Jugend-Oberliga:
TSC Berlin – ASK Vorwärts Frankfurt (22:22):
Streek (TSC) – Maske n.P. (5:0)
ASK – SC Cottbus (26:12): *Klein (Cottbus) – Maske RSC (Ü) 1. Rd.*

1979
DDR-Meisterschaften der Jugend (AK 15/16) in Cottbus:
Lottermoser – Maske n.P. (5:0)

Juli, DDR-Spartakiade in Berlin:
Finale AK 15/16: *Timm (Schwerin) – Maske n.P. (5:0)*

November, Fritz-Lesch-Turnier in Fürstenwalde:
Dolge (Halle) – Maske n.P. (5:0).

1980
März, DDR-Meisterschaften AK 15/16 in Schwedt:
Finale: Maske – Krause (Berlin) n.P. (5:0)

Oktober, Nachwuchs-Länderkämpfe DDR – England in Senftenberg
(16:8) und Peitz (12:10):
Maske – Young n.P. (5:0); Maske – Young RSC (Disq.) 3. Rd.

Oktober/November, Internat. Juniorenturnier der SV Dynamo in
Neubrandenburg:
Finale: *Rybin (UdSSR) – Maske Niederlage/kampflos*

1981
März, Polus-Juniorenturnier in Gniezno (Polen):
Maske – Sacharow (UdSSR) n.P. (5:0),
Maske – Sankiewicz (Polen) n.P. (5:0)
Finale: Maske – G. Rocchigiani (Berlin) kampflos (Verletzung)

März, DDR-Juniorenmeisterschaften (AK 17/18) in Aschersleben:
Finale: Maske – Skuddis (Berlin) n.P. (5:0)

April, Internat. Schweriner Junioren-Turnier:
Finale: Maske – Koudele (Halle) n.P. (4:1)

April, Nachwuchs-Länderkämpfe Irland – DDR in Dublin (6:16) und
Belfast (10:12):
Maske – Malone n.P.; **Corr – Maske n.P.**

1982
März, DDR-Juniorenmeisterschaften (AK 17/18) in Jüterbog und Treu-
enbrietzen:
Finale: **Koudele (Halle) – Maske n.P. (5:0)**※

April, Internat. Schweriner Juniorenturnier:
Kilimow (UdSSR) – Maske Niederlage/RSC (Ü) 2. Rd.

Dezember, DDR-Meisterschaften in Cottbus:
Friese (Halle) – Maske n.P. (5:0)

1983
DDR-Meisterschaften, Vorrunde in Halle:
Friese (Halle) – Maske n.P. (5:0).

März, Chemiepokal in Halle:
Maske – Stojanow (Bulgarien) n.P., Maske – Gomez (Kuba) n.P. (5:0),
Maske – A. Schroth (Berlin) n.P. (5:0)
Finale: Maske – Schween (Schwerin) n.P. (5:0)

Länderkampf England – DDR (6:18) in Milton Keynes
(erster Einsatz im Senioren-Team):
Schumacher – Maske n.P. (2:1)

April, Klubvergleich ASK Vorwärts Frankfurt – Steaua Bukarest in
Golzow (16:6):
Maricescu – Maske n.P. (3:0)

Mai, Box-EM in Warna (Bulgarien):
Maske – Brandau (Österreich) n.P. (5:0),
Maske – Angelow (Bulgarien) n.P. (2:3/Juryentscheid 4:1),

Melnik (UdSSR) – Maske n.P. (4:1).
Henry Maske damit EM-Dritter.

Oktober, Internat. TSC-Turnier in Berlin:
Finale: Maske – Wassilenko (UdSSR) n.P. (5:0)

Oktober, SKDA-Meisterschaften (Armeesportler sozialistischer
Länder) im Bezirk Frankfurt/Oder:
Finale: Maske – Petrich (Polen) n.P. (4:1)

November, Länderkämpfe Rumänien – DDR in Galati (12:12) und
Braila (14:10):
Maske – Maricescu n.P. (2:1); Maske – Maricescu n.P. (2:1)

Dezember, DDR-Meisterschaften in Gera:
Maske – Preiß (Schwerin) n.P. (5:0),
Maske – Suetovius (Halle) n.P. (5:0)
Finale: Maske – Woge (Magdeburg) n.P. (5:0)

1984
März, Nationalmannschaft DDR – Oberligaauswahl in Jüterbog:
Suetovius (Halle) – Maske n.P. (3:0)

März, Chemiepokal in Halle:
Finale: Maske – Suetovius (Halle) n.P. (4:1)

August, Boxturnier der Freundschaft »Amistad« in Havanna
(Ersatz-Wettkämpfe der sozialistischen Länder, die Olympia 1984
in Los Angeles boykottierten):
Petrich (Polen) – Maske n.P. (3:2)

Oktober, Internat. TSC-Boxturnier in Berlin:
Finale: Maske – Wolkow (UdSSR) n.P. (4:1)

Oktober, Nationencup des Boxklubs Wiener Neustadt:
Finale: Maske – Kraus (Niederlande) RSC (Ü) 2. Rd.

November, Länderkämpfe DDR – Rumänien in Gera (16:8)
und Riesa (20:4):
Maske – Florian RSC (Ü) 2. Rd. (Mittelgewicht);
Maske – Marcu n.P. (3:0/ Halbschwer)

Dezember, DDR-Meisterschaften in Berlin:
Finale: **Walther (Berlin) – Maske n.P. (4:1)**

1985
Februar, DDR-Mannschaftsmeisterschaft, Vorrunde in Halle:
Koudele (Halle) – Maske n.P. (5:0)

März, Chemiepokal in Halle:
Maske – Candido (Angola) n.P. (5:0), Maske – Quintana (Kuba) n.P. (5:0)
Finale: Maske – Koudele (Halle) n.P. (5:0)

Mai/Juni, EM in Budapest:
Maske – Skaro (Jugoslawien) n.P. (5:0), Maske – Canbakis (Türkei) n.P.
(5:0), Maske – Maricescu (Rumänien) n.P. (5:0)
Finale: Maske – Füzesy (Ungarn) n.P. (5:0)

Oktober, Internat. TSC-Boxturnier in Berlin:
Boligusow (UdSSR) – Maske n.P. (3:2)

Oktober/November, Weltcup in Soul:
Finale: Maske – Garland (USA) n.P. (5:0)

Der Champion und der Gürtel – das Bekleidungsstück, das die weltmeisterliche Klasse des Boxers nachweist.

Dezember, DDR-Meisterschaften in Rostock:
Finale: Maske – Koudele (Halle) n.P. (5:0)

1986
März, Chemiepokal in Halle:
Finale: Maske – Koudele (Halle) n.P. (5:0)

März, Japan-Cup in Chiba:
Finale: Maske – Krumow (Bulgarien) n.P. (5:0)

Mai, IV. Box-WM in Reno (USA):
Maske – Joon-Sup Shin (Südkorea) n.P. (3:2),
Maske – Rustschukliew (Bulgarien) n.P. (5:0),
Maske – Petrich (Polen) n.P. (5:0)
Finale: **Allen (USA) – Maske n.P. (4:1)**

September, Internat. Boxturnier der Wiener »Volksstimme«:
Finale: Maske – Füzesy (Ungarn) n.P. (5:0)

Oktober, Internat. TSC-Boxturnier in Berlin:
Halbfinale: Maske – Marcus (Kanada) n.P. (5:0)
Finale: Maske – Koudele (Halle) n.P. (5:0)

Dezember, DDR-Meisterschaften in Schwerin:
Finale: Maske – Koudele (Halle) n.P. (5:0)

1987
Mai/Juni, EM in Turin (Italien):
Maske – Redzepi (Jugoslawien) n.P. (5:0),
Maske – Hranek (Ungarn) n.P. (5:0),
Maske – Taramow (UdSSR) n.P. (5:0)
Finale: Maske – Petrich (Polen) n.P. (5:0)

Oktober, Internat. TSC-Boxturnier in Berlin:
Finale: Maske – Ottke (BRD) n.P. (5:0)

Oktober, V. Weltcup in Belgrad:
Finale: **Espinosa (Kuba) – Maske n.P. (5:0)**

November, Länderkampf DDR – BRD in Rostock (20:4):
Maske – Ottke K.o. 1. Rd.

Dezember, DDR-Meisterschaften in Cottbus:
Finale: Maske – Olesch (Halle) n.P. (5:0)

1988
März, Chemiepokal in Halle:
Finale: **Espinosa (Kuba) – Maske n.P. (5:0)**

März, Vorolympisches Turnier »Seoul Cup« in Seoul:
Finale: Maske – Taramow (UdSSR) n.P. (5:0)

Mai, Internat. »Turnier France Inter« in St. Nazaire:
Zwezerijnen (Niederlande) – Maske n.P. (4:1)

Juli, Internat. TSC-Boxturnier in Berlin:
Maske – Kuschkow (UdSSR) n.P. (5:0),
Espinosa (Kuba) – Maske n.P. (5:0)

September/Oktober, Olympisches Boxturnier in Seoul:
Maske – Palije (Malawi) n.P. (5:0),
Maske – Mojela (Lesotho) kampflos,
Maske – Mastrodonato (Italien) n.P. (5:0),
Maske – Sande (Kenia) n.P. (5:0)
Finale: Maske – Marcus (Kanada) n.P. (5:0)

Dezember, DDR-Meisterschaften in Gera:
Finale: Maske – Schmitz (Schwerin) n.P. (4:1)

1989
März, Chemiepokal in Halle:
Finale: Maske – Duvergel (Kuba) n.P. (3:2)

April, Kings-Cup in Bangkok (Thailand):
Finale: Maske – Waithakis (Kenia) n.P. (5:0)

Mai/Juni, EM in Athen:
Maske – Lentz (Dänemark) n.P. (5:0), Maske – Brink (Niederlande)
RSC (Ü) 2. Rd., Maske – Kurnjawka (UdSSR) n.P. (5:0)
Finale: Maske – Franek (ČSSR) n.P. (5:0)

August, Internat. TSC-Boxturnier in Berlin:
Aufstieg Henry Maskes vom Mittel- ins Halbschwergewicht:
Finale: Maske – S. Lange (Schwerin) n.P. (53:38/Boxpointer)

September/Oktober, V. Box-WM in Moskau:
Maske – Suico (Philippinen) n.P. (23:1),
Maske – Agow (Bulgarien) n.P. (12:5),
Maske – Schanawasow (UdSSR) n.P. (9:6)
Finale: Maske – Romero (Kuba) n.P. (18:11)

Dezember, 1. Internat. Bürgermeister-Cup von Manila:
Maske – Suico (Philippinen) n.P. (5:0),
Maske – Cromp (USA) n.P. (5:0)
Finale: Maske – Schanawasow (UdSSR) n.P. (5:0)
(letzter Amateurkampf)

---

* Die Auswahl von 100 aus den 181 in Henry Maskes offizieller Amateur-Bilanz geführten Kämpfen ist subjektiv. Da Maske selbst Niederlagen stets als Anstöße für seine sportliche Entwicklung betrachtete, sind diese so vollständig wie möglich aufgeführt.
Noch dies ist anzumerken: Es gibt keine einheitliche Praxis bei der Führung von Startbüchern. Mitunter werden Schülerkämpfe mitgewertet (bis AK 14), in der Regel beginnt man mit dem Jugendalter (AK 15/16) neu zu zählen. Das erklärt zum Teil große Differenzen bei Boxern, die etwa gleich lange aktiv sind. Auch bei Übertragungen von einem Dokument in ein neues gibt es manchmal Streichungen. Kampflose Niederlagen gehen nicht in die Bilanz ein. Aus diesen Bemerkungen erklärt sich, warum in der Statistik mehr als 18 Niederlagen verzeichnet sind (die frühen Kämpfe sind kursiv markiert).

** Von hier an fanden alle Maske-Kämpfe, so nicht anders ausgewiesen, im Mittelgewicht statt. Davor startete Henry Maske, dem biologischen Wachstum angemessen, in verschiedenen Gewichtsklassen.

Der Profi: 26 Kämpfe, 26 Siege
(Stand Ende Februar 1995)

	Datum	Ort	Gegner	Ergebnis
1	9. 05.1990	London	Theo Arvizu (Mexiko)	K.o., 1. Runde
2	1. 06.1990	Düsseldorf	Mike Aubrey (England)	Punktsieg, 6 Runden
3	7. 09.1990	Berlin	Jorge Salgado (Argentinien)	PS, 6 Runden
4	5. 10.1990	Düsseldorf	Mike Brothers (USA)	K.o., 2. Runde
5	31. 10.1990	London	Cordwell Hylton (England)	techn. k.o., 3. Runde
6	16. 11.1990	Hamburg	Sean Mannion (USA)	PS, 8 Runden
7	7. 12.1990	Berlin	Glazz Campbell (England)	PS, 8 Runden
8	24. 01.1991	Miami Beach	Saleem Muhammed (USA)	PS, 8 Runden
9	1. 03.1991	Düsseldorf	Miguel A. Maldonado (Argentinien)	PS, 8 Runden
10	31. 05.1991	Berlin	Yawe Davis (Uganda)	PS, 10 Runden
11	13. 09.1991	Düsseldorf	Rodrigo Benech (Uruguay)	PS, 8 Runden
12	12. 10.1991	Halle/Saale	Mike Peak (USA)	K.o., 9. Runde
13	8. 11.1991	Paris	Darryl Fromm (USA)	K.o., 2. Runde
14	6. 12.1991	Düsseldorf	Tom Collins (England)	K.o., 8. Runde
15	6. 03.1992	Berlin	Leslie Stewart (Trinidad)	K.o., 7. Runde
16	4. 04.1992	Düsseldorf	Steve McCarthy (England)	Disqualifikation 9. Runde
17	27. 06.1992	Halle/Saale	Lenzie Morgan (USA)	PS, 10 Runden
18	19. 09.1992	Kassel	Samson Cohen (USA)	techn. K.o., 6. Runde
19	2. 10.1992	Berlin	Frankie Minton (USA)	K.o., 2. Runde
20	20. 03.1993	Düsseldorf	Charles Prince Williams (USA)	PS, 12 Runden

IBF-Weltmeisterschaft im Halbschwergewicht

21	18. 09.1993	Düsseldorf	Anthony Hembrick (USA)	PS, 12 Runden

IBF-Weltmeisterschaft, 1. Titelverteidigung

22	11. 12.1993	Düsseldorf	Dave Vedder (USA)	PS, 12 Runden

IBF-Weltmeisterschaft, 2. Titelverteidigung

23	26. 03.1994	Dortmund	Ernesto Magdaleno (USA)	techn. K.o., 9. Runde

IBF-Weltmeisterschaft, 3. Titelverteidigung

24	4. 06.1994	Dortmund	Andrea Magi (Italien)	PS, 12 Runden

IBF-Weltmeisterschaft, 4. Titelverteidigung

25	8. 10.1994	Halle/Westf.	Iran Barkley (USA)	techn. K.o., 9. Runde

IBF-Weltmeisterschaft, 5. Titelverteidigung

26	11. 02.1995	Frankfurt/M	Egerton Marcus (Kanada)	PS, 12 Runden

IBF-Weltmeisterschaft, 6. Titelverteidigung

Das Halbschwergewicht
der Berufsboxer
Henry Maskes Gewichtsklasse

Gewichtslimit: 79,378 kg

Weltmeisterschaften seit: 1903

Erster Champion: Jack Root (USA) durch Punktsieg (PS) nach 10 Runden über Kid McCoy (USA) am 22. April 1903 in Detroit

Erster Europameister: George Carpentier (Frankreich) durch K.o.-Sieg in der 2. Runde über den Briten Bandsman Rice am 12. Februar 1913 in Paris

WM-Kämpfe seit 1903: 251 – Stand 11. März 1995, einschließlich des Sieges von Dariusz Michalczewski über den Spanier Roberto Dominguez.

Die amtierenden Weltmeister:

IBF : Henry Maske (Deutschland/seit 20.3.1993)

WBA: Virgil Hill (USA/seit 29.9.1992)

WBC: Mike McCallum (Jamaika/seit 23.6.1994)

WBO: Dariusz Michalczewski (Deutschland/seit 10.9.1994)

Deutsche Berufsboxer
im Kampf um den »Gürtel«

Alle Weltmeisterschaftskämpfe mit deutscher Beteiligung

1. 15. Mai 1908, San Francisco, Leichtgewicht:
    Joe Gans (USA) – Rudi Unholz (Mannheim) techn. K.o., 11. Runde
2. 12. Juni 1930 in New York, Schwergewicht:
    Max Schmeling (Klein-Luckow) – Jack Sharkey (USA) Disq. 4. Rd.
3. 3. Juli 1931 in Cleveland, Schwergewicht:
    Max Schmeling – Young Stribbling (USA) K.o., 15. Runde
4. 21. Juni 1932 in Long Island (USA), Schwergewicht:
    Jack Sharkey – Max Schmeling Punktsieg, 15 Runden
5. 10. März 1933 in New York, Halbschwergewicht (NY-Version):
    Maxie Rosenbloom (USA) – Adolf Heuser (Bonn) PS, 15 Runden
6. 29. Oktober 1936 in Berlin, Halbschwergewicht (IBU-Version):
    Gustav Roth (Belgien) – Adolph Witt (Kiel) PS, 15 Runden
7. 21. Januar 1938 in Berlin, Halbschwergewicht (IBU):
    Gustav Roth – Jupp Besselmann (Paderborn) PS, 15 Runden
8. 16. Februar 1938 in Brüssel, Weltergewicht (IBU):
    Felix Wouters (Belgien) – Gustav Eder (Bielefeld) PS, 15 Runden
9. 25. März 1938 in Berlin, Halbschwergewicht (IBU):
    Adolf Heuser – Gustav Roth techn. K.o., 7. Runde
10. 7. April 1938 in Berlin, Mittelgewicht (IBU):
    Edouard Tenet (Frankreich) – Jupp Besselmann techn. K.o., 12. Rd.
11. 22. Juni 1938 in New York, Schwergewicht:
    Joe Louis (USA) – Max Schmeling techn. K.o., 1. Runde
12. 11. Dezember 1939 in Cleveland, Mittelgewicht (NBA):
    Al Hostak (USA) – Erich Seelig (Bromberg) K.o., 3. Runde
13. 23. Juni 1962 in Berlin, Halbschwergewicht:
    Harold Johnson (USA) – Gustav Scholz (Berlin) PS, 15 Runden
14. 10. September 1966 in Frankfurt/Main, Schwergewicht (WBC):
    Muhammad Ali (USA) – Karl Mildenberger (Kaiserslautern) techn. K.o., 12. Runde
15. 16. November 1967 in Tokio, Halbweltergewicht (WBA):
    Paul Fuji (Japan) – Willi Quator (Dortmund) K.o., 4. Runde
16. 20. März 1970 in Berlin, Super-Weltergewicht (WBA):
    Fred Little (USA) – Gerhard Piaskowy (Berlin) PS, 15 Runden

17. 17. Juni 1976 in Berlin, Super-Weltergewicht (WBC):
    Eckhard Dagge (Kiel) – Elisha Obed (Bahamas) techn. K.o., 10. Rd.
18. 18. September 1976 in Berlin, Super-Weltergewicht (WBC):
    Eckhard Dagge – Emile Griffith (USA) PS, 15 Runden
19. 15. März 1977 in Berlin, Super-Weltergewicht (WBC):
    Eckhard Dagge – Maurice Hope (England) remis, 15 Runden
20. 6. August 1977 in Berlin, Super-Weltergewicht (WBC):
    Rocco Mattioli (Italien) – Eckhard Dagge K.o., 5. Runde
21. 7. Oktober 1983 in Frankfurt/Main, Super-Federgewicht (WAA):
    Rene Weller (Pforzheim) – James Ortega (USA) techn. K.o., 1. Rd.
22. 11. März 1988 in Düsseldorf, Super-Mittelgewicht (IBF):
    Graciano Rocchigiani (Berlin) – Vince Boulware (USA) techn. K.o., 8. Runde
23. 3. Juni 1988 in Berlin, Super-Mittelgewicht (IBF):
    Graciano Rocchigiani – Nicky Walker (USA) PS, 15 Runden
24. 7. Oktober 1988 in Berlin, Super-Mittelgewicht (IBF):
    Graciano Rocchigiani – Chris Reid (USA) techn. K.o., 11. Rd.
25. 27. Januar 1989 in Berlin, Super-Mittelgewicht (IBF):
    Graciano Rocchigiani – Thulane Malinga (Südafrika) PS, 12 Rd.
26. 2. Oktober 1992 in Berlin, Leichtschwergewicht (WBO):
    Tyrone Booze (USA) – Ralf Rocchigiani (Berlin) PS, 12 Runden
27. 13. Februar 1993 in Hamburg, Leichtschwergewicht (WBO):
    Markus Bott (Pforzheim) – Tyrone Booze (USA) PS, 12 Runden
28. 20. März 1993 in Düsseldorf, Halbschwergewicht (IBF):
    Henry Maske (Frankfurt/Oder) – Charles Williams (USA) PS, 12 Runden
29. 26. Juni 1993 in Hamburg, Leichtschwergewicht (WBO):
    Nestor Giovannini (Argentinien) – Markus Bott PS, 12 Runden
30. 18. September 1993 in Düsseldorf, Halbschwergewicht (IBF):
    Henry Maske – Anthony Hembrick (USA) PS, 12 Runden
31. 20. November 1993 in Hamburg, Leichtschwergewicht (WBO):
    Nestor Giovannini – Markus Bott PS, 12 Runden
32. 11. Dezember 1993 in Düsseldorf, Halbschwergewicht (IBF):
    Henry Maske – Dave Vedder (USA) PS, 12 Runden
33. 5. Februar 1994 in Berlin, Super-Mittelgewicht (WBO):
    Chris Eubank (England) – Graciano Rocchigiani PS, 12 Runden
34. 26. März 1994 in Dortmund, Halbschwergewicht (IBF):
    Henry Maske – Ernesto Magdaleno (USA) techn. K.o., 9. Rd.
35. 4. Juni 1994 in Dortmund, Halbschwergewicht (IBF):
    Henry Maske – Andrea Magi (Italien) PS, 12 Runden
36. 10. September 1994 in Hamburg, Halbschwergewicht (WBO):
    Dariusz Michalczewski (Hamburg) – Leonzer Barber (USA) PS, 12 Runden
37. 8. Oktober 1994 in Halle/Westfalen, Halbschwergewicht (IBF):
    Henry Maske – Iran Barkley (USA) techn. K.o., 9. Runde
38. 17. Dezember 1994 in Hamburg, Leichtschwergewicht (WBO):
    Dariusz Michalczewski – Nestor Giovannini techn. K.o., 10. Rd.
39. 1. Februar 1995 in Frankfurt/Main, Halbschwergewicht (IBF):
    Henry Maske – Egerton Marcus (Kanada) PS, 12 Runden
40. 11. März 1995 in Köln, Halbschwergewicht (WBO):
    Dariusz Michalczewski – Roberto Dominguez (Spanien) K.o., 2.Rd.

Damit gab es für deutsche Berufsboxer bis zu diesem Kampf bei 40 Weltmeisterschaften 21 Siege, ein Unentschieden und 18 Niederlagen. Das Halbschwergewicht, die Kategorie Henry Maskes, ist dabei **die** deutsche Gewichtsklasse. Vierzehnmal kämpften deutsche Boxer (Stand März 1995) um den Titel, allein siebenmal der ungeschlagene Henry Maske, der damit die zehn WM-Triumphe fast im Alleingang einfuhr.

Projektleitung: Raymund Stolze
Konzeption, Herstellung und Layout: Erika Huss
Produktionsassistenz: Christina Gronholz
Bildredaktion: Eberhard Thonfeld
Umschlagfotos: Eberhard Thonfeld (v), © F.A.Z.-Magazin/
                       Wolfgang Wesener (h)
Umschlaggestaltung: Theodor Bayer-Eynck
Fotos: ABACUS/GALA (6), Archiv (15), Barthel Fotostudio (1), Beyer (3),
Bongarts (1), CAMERA 4 [Hassenstein, Thonfeld, Wiedensohler]: (59);
City Press Berlin (2), Deutsche Presse-Agentur (6), F.A.Z.-Magazin/Wese-
ner (2), Focus/Hendricks (1), Fröbus (1), Geller/SPORTS (1), Illustrierte
BUNTE/Anatol Kotte (1), Lengemann/GHOST (1), Mausolf (18), Nagel (7),
Olm (1), privat [13]: Bleck (9), Hönicke (1), Raschke (1), Röwer (1);
Timm (1); Sport- und Pressefotos Wende (11), Strauß (4), teutopress (5),
Uhlenhut (6), Ullstein Bilderdienst [17]: ADN (1), Almonat (2), Höhne (9),
Schlage (3), Thonfeld (2); U.N.O. SPORTS (1), Weise (2), Winter (1).

Redaktionsschluß: 23. März 1995
Satz: LVD GmbH, Berlin
Lithos: UNIVERS GMBH GRAFIK & DESIGN, Berlin
Druck und Bindung: Westermann Druck, Zwickau GmbH
Printed in Germany 1995
ISBN 3-328-00650-8

Gedruckt auf alterungsbeständigem Papier
mit chlorfrei gebleichtem Zellstoff

In der Reihe SPORTSTARS ist im SPORTVERLAG bereits erschienen:
AYRTON SENNA: seine Siege – sein Vermächtnis/Karin Sturm,
ISBN 3-328-00642-7